公路工程施工项目管理

张艳红　主　编

梁　彬　马高强　副主编

杨　猛　主　审

化学工业出版社

·北京·

本书以《建设工程项目管理规范》（GB/T 50326—2006）为依据，按照公路工程施工项目的管理流程进行编写，主要内容包括公路工程施工项目的项目经理部、公路工程施工项目施工过程组织、网络计划技术、公路工程施工项目的质量管理、公路工程施工项目的劳动管理、公路工程施工项目的设备管理、公路工程施工项目的材料管理、公路工程施工项目的成本管理、公路工程施工项目的安全管理、公路工程施工项目的环境保护、公路工程施工项目的档案管理、公路工程施工项目的竣（交）工验收等内容。全书根据内容配有实际案例，便于读者在实际中使用，具有极强的可操作性。

本书可供公路工程项目技术人员使用，也可作为高等职业院校道桥专业教材及成人教育培训用书。

图书在版编目（CIP）数据

公路工程施工项目管理/张艳红主编．—北京：
化学工业出版社，2012.5
ISBN 978-7-122-14158-3

Ⅰ．公…　Ⅱ．张…　Ⅲ．道路工程-工程施工-
项目管理　Ⅳ．U415.1

中国版本图书馆 CIP 数据核字（2012）第 082710 号

责任编辑：彭明兰　　　　　　　　　　文字编辑：张　赛
责任校对：顾淑云　　　　　　　　　　装帧设计：杨　北

出版发行：化学工业出版社（北京市东城区青年湖南街 13 号　邮政编码 100011）
印　　装：北京云浩印刷有限责任公司
787mm×1092mm　1/16　印张 15½　字数 387 千字　　2012 年 8 月北京第 1 版第 1 次印刷

购书咨询：010-64518888（传真：010-64519686）　　售后服务：010-64518899
网　　址：http://www.cip.com.cn
凡购买本书，如有缺损质量问题，本社销售中心负责调换。

定　　价：39.00 元　　　　　　　　　　　　　　　　　　版权所有　违者必究

前　言

公路工程施工项目属于一次性工程，其特点是规模大、变动因素多、施工单位流动性强、行业竞争激烈，这些特性要求必须加大项目的管理工作，使公路施工企业按照项目管理要求设置施工组织机构，组建施工队伍，对工程项目实施过程组织。同时，又要保证工程进度、质量、劳动、机械、材料、成本、安全、环境、资料、竣工验收等方面能相互协调，并得到很好的控制，以保证项目顺利完成。

本书以《建设工程项目管理规范》（GB/T 50326—2006）为依据，在内容安排上按照公路工程施工项目管理流程，对项目管理各要素：组织、进度、质量、人、机、料、成本、安全、环境等逐一进行详细讲解，力求逻辑清晰、简单易懂、便于操作。特别是在相关章节中增加了实际施工管理的精选案例，使本书更具实践操作性。

本书由张艳红主编，杨猛主审。具体编写分工为：第一章、第二章、第六章、第九章、第十二章、第十三章和附录由张艳红编写；第三章和第四章由梁彬编写；第五章和第八章由李昌春编写；第七章、第十章和第十一章由马高强编写。在案例整理与统稿过程中得到刘晓红、李伟等同志的大力协助，在此表示诚挚的感谢。

限于编写人员水平，书中难免有不妥之处，恳请广大读者批评指正。

编　者

2012 年 3 月

目　录

第一章　绪　　论

项目是指一系列独特的、复杂的并相互关联的活动，这些活动有着一个明确的目标或目的，必须在特定的时间、预算、资源限定内，依据规范完成。项目参数包括项目范围、质量、成本、时间、资源。

与项目的概念相对应，项目管理可以说是在一个确定的时间范围内，为了完成一个既定的目标，并通过特殊形式的临时性组织运行机制，通过有效的计划、组织、领导与控制，充分利用既定有限资源的一种系统管理方法。

按照《建设工程项目管理规范》（GB/T 50326—2006），施工项目管理是企业运用系统的观点、理论和科学技术，对施工项目进行的计划、组织、监督、控制、协调等全过程管理。

公路工程施工项目管理是公路施工企业按照工程项目设置施工组织机构，组建施工队伍，对工程项目实施进度、质量、成本、劳动、机械、材料、安全、环境、资料等方面的控制与协调，使项目得以顺利完成，项目完成后，其组织机构随之撤销的施工管理方式。

第一节　项目管理的属性

1. 一次性

一次性是项目与其他重复性运行或操作工作最大的区别。项目有明确的起点和终点，没有可以完全照搬的先例，也不会有完全相同的复制。项目的其他属性也是从这一主要的特征衍生出来的。

2. 独特性

每个项目都是独特的。或者其提供的产品或服务有自身的特点；或者其提供的产品或服务与其他项目类似，然而其时间和地点，内部和外部的环境，自然和社会条件有别于其他项目，因此项目的过程总是独一无二的。

3. 目标的确定性

项目必须有确定的目标，具体有以下几种。

（1）时间性目标　如在规定的时段内或规定的时点之前完成。

（2）成果性目标　如提供某种规定的产品或服务。

（3）约束性目标　如不超过规定的资源限制。

其他需满足的要求，包括必须满足的要求和尽量满足的要求。

目标的确定性允许有一个变动的幅度，也就是可以修改。不过一旦项目目标发生实质性变化，它就不再是原来的项目了，而将产生一个新的项目。

4. 活动的整体性

项目中的一切活动都是相关联的，构成一个整体。多余的活动是不必要的，缺少某些活动必将妨碍项目目标的实现。

5. 组织的临时性和开放性

项目班子在项目的全过程中，其人数、成员、职责是在不断变化的。某些项目班子的成员是借调来的，项目终结时班子要解散，人员要转移。参与项目的组织往往有多个，多数为矩阵组织，甚至几十个或更多。他们通过协议或合同以及其他的社会关系组织到一起，在项目的不同时段，不同程度地介入项目活动。可以说，项目组织没有严格的边界，是临时性的、开放性的。这一点与一般企业、事业单位和政府机构组织很不一样。

6. 成果的不可挽回性

项目的一次性属性决定了项目不同于其他事情可以试做，做坏了可以重来；也不同于生产批量产品，合格率达 99.99％ 是很好的了。项目在一定条件下启动，一旦失败就永远失去了重新进行原项目的机会。

第二节　公路工程施工项目管理的目标及职能

一、公路工程施工项目管理的目标

在确保承包合同规定的工期和质量要求的前提下，降低工程成本，使项目利润最大化。

二、公路工程施工项目管理的职能

（1）计划职能　在实施工程项目管理的全过程中，将全部目标经营活动纳入计划的轨道，用动态的管理来协调控制整个项目，使项目有序、协调地达到预期目标。

（2）组织职能　通过职权划分、授权、合同的签订与执行，运用各种规章制度等方式，建立一个高效的组织体系，以确保项目目标的实现。

（3）控制职能　施工项目要经过计划、决策、实施、反馈、调整，来对项目实行有效控制，其控制内容主要包括进度控制、质量控制、成本控制、人机料控制、安全与环境控制、资料控制等。

（4）协调职能　施工项目需要在不同阶段、不同部门、不同层次间进行协调与沟通、相互支持。

第三节　公路工程施工项目管理的内容

公路工程施工项目管理的内容包括以下几点：①项目经理部的组建；②施工过程组织；③进度管理；④质量管理；⑤劳动管理；⑥设备管理；⑦材料管理；⑧成本管理；⑨安全管理；⑩环境保护；⑪档案管理；⑫竣工验收。

总之，公路工程施工项目管理是一个复杂而系统的工程，虽然管理内容中的进度管理、质量管理、成本管理处于较为重要的位置，但只有各管理内容协调、控制有效，才能保证项目管理目标全面、顺利完成。

第二章　公路工程施工项目的项目经理部

项目经理部是由项目经理在企业的支持下组建并领导、进行项目管理的组织机构，也就是由项目经理和一支队伍的组合体，是一次性的、具有弹性的现场生产组织机构。

公路工程施工项目的项目经理部是项目管理的组织机构，是在项目经理的领导下，负责工程项目从开工到竣工的全过程施工管理活动，是企业在工程项目上的管理层，是项目经理的办事机构。

第一节　项目经理部的设置原则

1. 功能优先原则

项目经理部要充分发挥其功能，实现施工全过程的管理就必须做到因事设机构、设岗位、定人员。

2. 精干高效原则

简化机构，精干人员，做到一专多能，严格控制二线人员，减少管理中的重复环节。

3. 分工协作原则

提高管理效率，把任务目标分解到人，在此基础上，加强协作配合关系，做到事事有人管，人人有专责。

4. 责、权、利一致的原则

做到以责定权，以尽责定利。

第二节　项目经理部组织机构和岗位设置

1. 项目经理部领导班子配备

根据项目等级配备项目经理部领导班子。通常配备项目经理1人、项目总工1人、项目副经理2人、工会主席1人，组成项目领导班子，实行项目经理负责制。

2. 项目经理部机构设置和人员构成

项目经理部组织结构设置一般为工程办、材料设备办、财务办、综合管理办等机构。按照优化组合、动态管理、以岗定员的原则，项目经理部由项目经理、项目总工程师、技术员、施工员、测量员、试验员、材料员、质检员、核算员、安全员、资料员等人员组成。大型项目经理部人员数一般为20~25人，中型项目经理部一般为15~20人，小型项目经理部一般为10~15人。

3. 项目经理部工区的设置

项目经理部下设工区，工区是项目的作业层。

项目经理部对工区具有管理和服务双重职能。工区一般设主任1人，工长1~2人，统计员1人。负责劳务作业现场管理，并按规定及时上报完成的工程量和工、料、机消耗情况。施工现场的管理应做到纪律严明、物流有序、设备完好、消息灵敏、节奏均衡、关系协调。

第三节　项目经理部内部组织机构的职责范围

一、工程办主要职责

（1）贯彻、执行技术标准、技术规范和操作规程。

（2）编制项目的施工组织设计。

（3）参与设计文件和施工图纸会审，组织工程复测，核定工程量。

（4）组织并负责编制、上报、下达年度施工生产计划及月份计划，检查、督促执行计划并汇总计划的完成情况。

（5）负责编制本项目的施工预算，并负责分解和控制工作。

（6）确定施工工艺、技术方案，推广应用新技术。

（7）贯彻质量体系标准并检查运行结果，定期召开质量分析会。

（8）施工中组织质检工序交接并参与竣工验收工作。

（9）负责本项目计划完成数据和工、料、机消耗统计工作，及时进行项目的统计核算。

（10）负责试验室建设及检查、试验和检测仪器的管理工作。

（11）负责编制工程项目和各工区预决算，做好合同变更索赔工作。

二、材料设备办主要职责

（1）负责材料计划、材料价格的管理工作。

（2）负责材料采购及与材料供应商议定委托代办合同，做好物资入场、保管、使用工作。

（3）材料成本统计、核算、分析工作，会同财务办制定储备资金定额。

（4）贯彻设备管理制度，编制项目生产设备配置计划。

（5）项目内部设备管理、调配、使用、维护保养，加强机械设备成本核算。

（6）施工期设备配件管理、采购、使用，并协助主管部门进行设备改型配备和机械事故处理工作。

（7）设备资料管理、数据统计和报表工作。

（8）工程项目所需设备进、退场和技术状态鉴定、维修、验收。

三、财务办主要职责

（1）做好项目内、外结算和财务日常管理工作。

（2）及时编制资金计划，做好资金筹措工作。

（3）加强成本管理，及时按工程施工需要提出资金运转计划。按期进行会计核算和月份决算、报表工作。

（4）加强债权、债务管理，及时回收工程结算款。

（5）遵章守纪，按财务制度做好会计、出纳、核算工作。

（6）工程项目竣工后，参加善后小组工作，负责清理债权、债务，编制清单报表，做好财务账目的结算、移交工作。

四、综合办主要职责

（1）做好项目内部合同、文件管理工作。

（2）理顺项目内部工作关系，协调甲乙双方的关系以及项目经理部与施工地区的关系。

（3）负责项目经理部内部职工的动态管理，调入、调出工作，实行定岗、定员，并认真做好考勤工作，登记劳动力消耗台账、工资台账。职工工资、补贴、津贴和绩效工资、项目承包工资的分配做表、发放工作。按规定组织劳动力，签订合同，支付工资。

（4）负责企业管理的综合工作，成本管理的协调检查工作。

（5）开展项目经济承包工作。

（6）组织制定岗位工作标准。

（7）项目经理部和工区的岗位责任制定期考核工作。

（8）认真贯彻预防为主、安全第一的方针，检查安全操作规程执行情况，确保实现安全生产。杜绝重大责任事故。教育职工遵纪守法，加强综合治理，有效开展施工现场的治安防范工作。突出重点，加强保卫工作，确保无重大火灾和重大责任事故的发生。

（9）定期开展经济活动分析工作。

（10）加强食堂、办公室、寝室、驻地环境的管理，改善职工生活条件。

五、工区职责范围

（1）从事施工现场的劳务作业，加强施工现场的指挥、调度工作，做到工、料、机生产要素合理配置，形成设备完好、物流有序、生产节奏均衡的文明施工现场。

（2）全面完成合同规定的各项生产指标，及时上报完成的工程量和日作业消耗等统计报表。

（3）认真执行施工技术规范和各项技术文件，贯彻质量标准，保证实现优质工程，树立企业信誉。

（4）加强成本控制，实行定额管理，使工、料、机消耗控制在作业承包指标之内。

（5）加强人员、机械、物资等各项管理工作，保证按期完成施工进度计划，提高工程质量，降低工程成本，实现安全生产。

（6）做好内部绩效工资分配工作。

（7）提高队伍素质，加强精神文明建设，创造良好的施工作业和生活环境。

第四节　项目经理部人员的岗位职责

一、项目经理的岗位职责

（1）必须树立集体主义思想，坚持四项基本原则，忠于职守、兢兢业业，搞好安全生产、文明施工，提高工程质量和经济效益。

（2）负责本项目部技术、生产、安全、质量、进度、财务、生活等全面管理工作。

（3）认真执行国家和上级下达的方针、政策、法令、法规及各种规章制度，完成上级下达的安全、质量、经济等各项指标。

（4）主持召开本工程技术、生产计划、安全等重要会议，研究解决技术、生产、安全、行政等工作中的重大问题。

（5）参加本工程的图纸会审、设计交底，安排工程施工现场的组织机构成员和职能分工，贯彻落实上级下达的工程任务和施工目标。

（6）负责审定单位工程施工方案，制定重要工程施工技术措施，并负责组织实施。

（7）组织领导已完工程的预验收，参加单位工程的验收工作。

（8）负责组织有关部门办理分项工程验收及竣工预验，协助建设单位组织有关部门进行竣工验收。

二、项目总工程师的岗位职责

（1）认真贯彻执行国家有关法律、法规、规程、规范、标准和企业技术质量管理制度，积极引导项目部技术人员进行技术创新，实施新材料、新工艺、新技术的推广应用，提高工程的科技含量。

（2）组织项目部技术人员编制单位工程的施工组织设计与施工方案，并进行审批。

（3）组织并会同项目部技术人员进行工程的图纸会审和技术核定工作。

（4）检查、督促项目部技术人员对技术质量资料的整理工作，保证资料整理的真实性、及时性、完整性。

（5）帮助项目部技术人员解决工程当中的技术问题，对一般技术问题作出处理方案，对疑难问题上报企业技术部门，由技术部门会同总工程师作出处理意见或处理方案。

（6）对关键、特殊工序以及易产生质量通病的工序进行技术交底，作到事前预防、事中控制、事后监督。

（7）负责审核项目部上报的分部或分项工程施工方案。

（8）组织项目部的技术人员学习贯彻有关标准、规范、规程和建设工程强制性条文。贯彻执行企业下达的各项管理制度。

（9）负责项目部上报的竣工资料的初审工作，初审合格后，上报企业技术部门。

（10）组织项目部技术人员绘制竣工图。

（11）检查项目部施工组织设计与技术交底的执行情况，对不符合要求的提出整改措施。

（12）负责对项目部工程技术人员的考核。

（13）实施质量和环境管理体系文件，保持有效运行。

三、技术员的岗位职责

（1）认真执行各项方针、政策、法令、法规及各种规章制度，胸怀大志，忠于职守，兢兢业业搞好安全文明施工，提高工程质量和经济效益。

（2）贯彻技术管理各项制度，推行全面质量管理。

（3）负责图纸的收发保管工作，接收办理施工中设计变更、洽商记录，拒绝接收非正式设计和未经建设单位签证的图纸。

（4）开工前负责取得各种技术资料及有关标准图集等。

（5）组织熟悉、审查、会审图纸及设计交底，收集整理审查意见，并负责办理设计变更交底及技术交底。

（6）编制施工组织设计，施工设计简要、质量、安全、节约等技术措施。对新材料、新工艺取得可靠资料后组织交底。

（7）组织对班组进行分部、分项工程技术交底及安全技术交底。

（8）参加单位工程质量、安全检查，参加企业组织的工程质量安全大检查和质量安全事故分析会。

（9）及时办理隐蔽验收评定工作及图纸变更手续。

（10）负责组织督促各工序质量检查，对技术难点提出解决办法，对较大质量事故向上级反映，研究确定处理方案。

（11）负责按设计变更绘制竣工图，收集施工技术资料，及时整理移交甲方，并按上级规定及时上报各项技术管理制度和各种报表。

四、施工员的岗位职责

（1）认真执行各项方针、政策、法令、法规及各种规章制度，搞好安全文明施工，提高工程质量和经济效益。

（2）在自己所管工程内，遵守规范，按图施工，参加图纸会审、设计交底和施工方案编制，并认真贯彻执行。

（3）根据施工方案现场平面布置，组织完成有关施工准备工作。

（4）严格执行上级批准的施工组织设计、施工方案，在执行中如需修改，必须报上级审批。

（5）在计划、布置、检查、总结、评比等生产活动中，必须同时把安全生产工作贯穿到每个生产环节中去。特别要做好有针对性的书面交底工作。

（6）领导所属班组，搞好安全活动日。组织班组学习安全技术操作规程、工艺标准，并经常检查执行情况，教育工人遵章守纪。

（7）参加工程施工组织设计、编制，并安排落实，合理安排劳动组织，创造施工条件，确保施工计划完成。

（8）协调各工种、班组之间的人员调配、交叉作业顺序及材料工具的使用。

五、测量员的岗位职责

（1）严格遵守测量规范、规程和企业制定的各项管理制度。

（2）负责项目部测量仪器、工具的管理工作，主要包括仪器工具的调派、保管、维修、保养、借用、回收、检校、报废等管理工作。

（3）主要测量仪器包括：全站仪、经纬仪、水准仪、水准尺、钢卷尺、塔尺、焊缝检测尺等。

（4）负责全站仪等贵重精密仪器的专项使用管理工作，不得私自转借他人使用，否则造成仪器损坏或丢失由本人负责。

（5）执行质量管理体系文件，负责对测量仪器的自校情况进行记录。

（6）参加工程项目的验收工作，并做好验收记录，对不符合规范要求的及时汇总，上报技术质量部门，以便及时采取纠正和预防措施。

（7）对仪器的采购、入库、借用等留好记录，确保账目平衡。

（8）对仪器使用人员因保管不善导致仪器工具丢失者，有处罚权。

（9）所有仪器、工具一律不准外借，特殊情况需征得领导同意，否则一经发现，将视情节给予处罚。

（10）不准私自为外单位的工程进行测量、放线或检测等工作，特殊情况需征得部门领导同意。

（11）项目开工前负责作好仪器的配置工作，随时掌握生产动态，确保生产需求。

（12）工程竣工后及时对项目部的仪器、工具进行回收、检校、维修，以便做到合理调派，不积压、不闲置仪器。

六、试验员的岗位职责

（1）认真执行国家有关标准和行业标准，遵守操作规程，确保检测数据的准确性和可靠性。

（2）做好自己的本职工作，按时完成上级下达的工作任务。

（3）对各自负责的检测工作质量负责。

（4）认真填写检测原始记录及检测报告单，做到实事求是，一丝不苟，严禁弄虚作假。

（5）按时填写仪器设备操作使用记录。

（6）做好试验仪器设备的保养工作。

（7）遵守试验室的各项管理制度，做好安全工作。

（8）认真钻研业务，不断提高检测水平。

（9）掌握计量检测仪器、设备状态，制订计量、检测仪器、设备的检定校准计划，并按期组织实施。

（10）负责计划检测仪器的标志管理工作，做到设备状态与标志相符。

七、材料员的岗位职责

（1）按照技术标准、设计文件和合同，采购和使用材料、配件和设备。

（2）进入现场的材料、构配件和设备，要严把质量关，坚决杜绝不合格的材料或设备使用到工程中，不能随意降低材料的质量标准，否则材料员负直接责任。

（3）所有进场材料需经技术人员和监理人员共同认定合格后方可使用，否则材料员负责退货。

（4）材料进场时，必须提供合格证、准用证和厂家资质证及设备的使用保养说明等。

（5）搞好材料入库保管和存放工作，尤其是易损、易燃品。

（6）做好所有材料往来台账，以备查账。

（7）必须做到常驻工地，了解施工进度情况，掌握材料需用量，保证施工的顺利进行。

（8）必须严格遵守企业的各项规章制度、法律、法规，不准弄虚作假、吃回扣、开假发票、买次品，如查出上述问题，必须严肃处理，严重的送交执法机关处理。

八、质检员的岗位职责

（1）认真贯彻执行国家标准与施工规范及有关政策、方针和规定。

（2）学习图纸及有关技术资料，对工程施工全过程的材料验收、技术交底、施工操作等环节进行技术监督。

（3）参加单位工程的隐蔽工程、预检工程验收，工程竣工验收工作。

（4）负责对工程材料、设备的检查验收，对各分项进行质量检查、验收评定，定期组织工地大检查，并用书面总结检查情况，向领导汇报。

（5）对违章或材料不良继续施工可能造成质量事故的隐患有权向工长、班组长及工人提出纠正意见，必要时有权先停工，并报领导处理，对不符合工程质量的分项工程，拒绝验收。

（6）参加工程质量检查分析会，写出事故分析报告。

（7）协助技术员、工长搞好全面质量管理工作，消灭质量通病，搞好工程质量创优活动。

（8）对工程质量坚持日日检、时时查，发现隐患及时提出处理意见，对有违反操作规程的工人有权停止其工作，并酌情给予罚款处理。

九、核算员的岗位职责

（1）依据生产部门下达的生产任务单，按照施工图纸、技术变更，做好各种材料的计划，计划要及时准确。

（2）及时按照项目部给各班组下达的施工任务单，做出各分项工程的工程量和各种使用材料用量。

（3）积极配合项目经理办理变更签证手续。

（4）提供各劳务队所完成的工程量，以便结算劳务工资。

（5）提供各分项、分部工程的工程量，同时要提出各工种定额工日数及定额人工费，企业、项目部以此来签订劳务合同。

（6）及时向企业、业主监理上报每月完成产值。

（7）整理好本工程有关的各种经济资料。

十、安全员的岗位职责

（1）认真贯彻执行安全生产条例及有关安全技术操作规程、劳动法规，忠于职守，兢兢业业搞好安全文明施工，杜绝一切事故的发生。

（2）作好安全生产的宣传教育和管理工作，总结交流推广先进经验。

（3）对班组进行安全技术交底，指导现场施工人员，严格执行各项操作规程，掌握安全生产情况，调查研究生产中的不安全因素，并提出改进意见和措施。

（4）定期组织安全活动和每日对施工项目部进行安全检查。

（5）参加编制施工组织设计和编制安全技术措施，并对贯彻执行情况进行督促检查。

（6）制止违章指导和违章作业，遇有严重险情有权暂停生产，并报告领导处理。

（7）进行工伤事故统计、分析和报告，参加工伤事故的调查和处理。

（8）收集、整理安全技术资料，建立项目部安全生产档案。

（9）进行危险源调查，制定紧急情况预案。

十一、资料员的岗位职责

（1）严格贯彻执行国家法律、法规、技术规程、规范标准，落实资料管理制度。

（2）负责项目部施工工程技术资料的整理、收集、核查、装订工作。

（3）负责专业工具书籍、图集、标准、规程、规范、软件的借阅、保管、更新、发放、报废、回收、调派等管理工作。

（4）负责工程所用资料、表格的领购及资料的打印工作。

（5）负责上级部门文件的签收及本项目部文件的发放工作。

（6）负责质量管理体系和环境管理体系运行资料的收集、整理工作。

第五节　项目经理的选聘

一、项目经理的基本素质要求

（1）具有全局意识，能抓好工程管理及项目部的各项工作。

（2）具有良好的政治思想品质，强烈的事业心和责任感，敢于承担风险。

（3）勇于创新，有果断、准确的决策能力和计划、组织协调、控制能力。

（4）具有中专或中专以上学历，同时具有中级或中级以上道桥专业或相近专业技术职称。

（5）具有国家注册一级或二级建造师资格证书。

（6）在基层工作不少于三年，并担任过基层单位或业务部门负责人。

（7）以往担任项目经理期间所承担的工程项目未出现亏损。

二、选聘项目经理程序

（1）成立项目经理选聘领导小组　项目经理选聘领导小组包括组长、副组长及成员。

（2）发布内部招标公告　内容包括项目概况，投标基本条件、范围、时间、地点。

（3）投标　凡符合项目经理基本素质要求者均可投标。投标人将投标书在规定时间内交至项目经理选聘领导小组。

投标书内容包括经济标和技术标二方面内容，及完成上述指标的具体措施（施工方案、特殊工艺、施工组织、质量保证措施、保证效益手段、外部协调、项目管理措施等）。

（4）候选人的产生

① 通过项目经理选聘领导小组的资格审查。

② 按经济标和技术标进行评分，得分前二名者为项目经理候选人，参与答辩。

（5）答辩　项目经理选聘领导小组对候选人听取竞聘答辩，答辩会上，投标人要在规定时间内，说明自己承包指标及具体实施方案，并回答项目经理选聘领导小组提出的问题。

（6）项目经理的产生　由项目经理选聘领导小组对候选人以打分的形式进行评议考核，其中得分最高者为中标者。

（7）项目班子组成　由项目经理推荐项目总工、项目副经理，经项目经理选聘领导小组考核，上级领导部门通过，任命项目总工、项目副经理。

（8）公告项目班子组成

三、履约条件

项目班子被公告后，应立即交纳风险抵押金，抵押金交企业财务部门代管。并签订经济承包合同。

四、监督机制

项目施工全过程中，由项目经理选聘领导小组、监督部门及审计部门等对此项目进行检查，如发现以下问题之一，有权随时撤换项目经理，并扣罚风险抵押金，（罚金归缴企业）直至追究法律责任。

（1）有经济违纪行为。

（2）触犯法律。

（3）业主对本人工作能力不认可。

（4）有重大质量事故。

（5）有重大安全生产事故、交通事故、责任事故。

（6）已确认不能完成承包合同。

（7）施工组织不得力，完不成业主下达的施工进度和质量标准。

第六节　项目经理部的经济承包工作

一、实行经济承包责任制的原则

（1）宏观调控、微观放活、坚持目标管理的原则。

（2）兼顾企业、承包者、职工三者利益的原则。

（3）责、权、效、利统一的原则。

（4）坚持按劳分配，多劳多得的原则。

二、经济承包责任制形式

（1）企业与项目经理部实行工程项目承包。

（2）项目经理部与工区实行定额指标承包。

（3）工区与班组实行定额计件承包。

各种承包形式应以计量化指标为主。

三、工程项目承包的主要内容

承包主体为项目经理部。

1. 施工生产指标

（1）工程量　按业主清单或中标清单分年度核算。

（2）产值　按业主清单或中标清单分年度计算。

（3）工程进度　按合同进度分别确定年度施工期。

（4）工程质量　已完工程抽检合格率达到 100%，竣验工程实现优良工程。

（5）安全生产　无重大人身、设备、交通、火灾责任事故。

2. 上缴比例与金额

（1）按工程总造价的百分比确定上缴额。核定基数以业主清单、中标清单、企业施工预算为依据。

（2）折旧费、大修理费、税金按规定计提。

（3）年终超过合同造价部分的收入，按原合同上缴比例的一定百分比上缴。

四、项目经理部与工区实行施工作业定额指标承包

承包主体为作业工区。由项目经理部根据其承担的作业项目进行科学测算，确定各种定额和计划价格。

1. 施工作业指标

（1）工程数量　由项目经理部预算分解。

（2）工程进度　按项目经理部分项工程进度核准。

（3）工程质量　分项工程抽检合格率 100%。

（4）安全生产　无重大人身、机械、交通、火灾等责任事故。

2. 经济指标

（1）定额耗用工日数量。

（2）材料定额消耗数量。

（3）机械台班消耗数量。

（4）规定人、机、料计划价格和分项消耗额。

3. 管理指标

按工区职责范围和企业管理要求规定。

五、定额计件承包

作业工区与班组实行定额计件承包，承包主体为作业班组。

作业工区将承担的单项、单件作业工程以计件的形式发给班组，由作业工区核定工、料、机数量和预算总价，在保证质量，按期完成任务的前提下，以计件工资的形式发放绩效工资。

六、项目经理部的解体

项目经理部是项目施工现场临时性的组织机构，项目竣工时，项目经理部自行解体，管理人员和作业队伍陆续撤出现场，因此，必须做好善后和移交工作。

1. 项目经理部解体程序和善后工作

项目经理部组成以项目经理部为首的善后工作小组，由工程技术、预算、财务、材料人员组成，负责剩余材料的处理，工程价款的回收，财务账目的结算、移交，以及解决与业主的遗留事项，负责工程保修工作的具体安排。善后小组工作应在两个月内完成，并向企业提出项目结束报告。

2. 解聘业务人员

3. 目经理部效益审计和债权债务处理

由企业审计部门牵头，预算、财务、物资、工程部门参加对项目工程的盈亏情况进行内部审计，项目经理和各职能部门在报告上签字，然后经总经理审批。

项目经理部的工程结算、价款回收及债权债务应由善后工作小组处理。项目经理要处理好变更索赔和债权债务等事项。

➤ 精选案例 *1*

×××路桥工程有限公司内部承包施工合同协议书

第一部分　协　议　书

发　包　人（全称）：×××　路桥工程有限公司

承包人代表（姓名）：

依照《中华人民共和国合同法》、《中华人民共和国建筑法》、《×××路桥工程有限公司内部承包实施细则》及其他有关法律、行政法规，遵循平等、自愿、公平和诚实信用的原则，双方就本建设工程施工项协商一致，订立本合同。

一、工程概况

工程名称：×××公路××段改扩建项目 C4 合同段

工程地点：×××市境内

工程内容：路面工程

具体工程内容见附件 4：业主《工程量清单》

二、工程承包事项

承包范围：基层：K40＋000～K67＋400　　面层：K40＋000～K74＋000

承包性质：集体承包

承包人代表（项目经理）：

承包集体名称：第八项目部

三、合同工期

开工日期：2010.11

竣工日期：2011.09

合同工期总日历天数：　　　　　　　　　　天

四、质量标准

工程质量标准：满足国家及业主质量标准

五、价款

1. 业主合同价款：

金额（大写）：壹亿贰仟玖佰零壹万壹仟零玖拾　　　　　　　元（人民币）

Ｙ：129011090　　　　　　　　　　　　　　　元

暂定金及计日工金额（大写）：＿＿＿＿＿＿＿＿＿＿元（人民币）

Ｙ：＿＿＿＿＿＿＿＿＿＿＿＿＿＿　元

2. 内部合同价款（大写）：壹亿零陆拾叁万壹仟零玖拾　　　　元（人民币）

Ｙ：100631090　　　　　　　　　　　　元

应上缴利润：（大写）：贰仟捌佰叁拾捌万　　　　　　　　元（人民币）

Ｙ：28380000　　（一次性包死利润总额）　　元

应上缴利润率：＿＿22＿＿％

履约担保金额（大写）：＿＿贰佰壹拾壹万＿＿＿＿元（人民币）

Ｙ：2110000　　　　　　　　　　　元

六、组成合同的文件

1. 本合同协议书
2. 内部中标通知书
3. 公司内部承包细则及竞标办法
4. 业主投标书及其附件
5. 本合同专用条款
6. 本合同通用条款
7. 国家及业主标准、规范及有关技术文件
8. 业主下发的施工图纸
9. 业主下发的工程量清单
10. 内部竞标投标书及其细则
11. 集体承包协议书

双方有关工程的洽商、变更等书面协议或文件视为本合同的组成部分。

七、 本协议书中有关含义本合同第二部分《通用条款》中分别赋予它们的定义相同。

八、 承包人向发包人承诺按照合同约定进行施工、竣工并在质量保修期内承担工程质量保修责任。

九、 发包人向承包人承诺按照合同约定的条件和方式进行兑现。

十、合同生效

合同订立时间：＿＿＿＿年＿＿＿＿月＿＿＿＿日

合同订立地点：＿＿＿＿＿＿＿＿＿＿＿＿＿＿

本合同双方约定＿＿＿＿＿＿＿＿＿＿＿＿＿后生效。

发包人：（公章）＿＿＿＿＿＿＿；承包人代表：（公章）＿＿＿＿＿

住　所：＿＿＿＿＿＿＿＿＿＿＿；住　所：＿＿＿＿＿＿＿＿＿

第二部分　通用条款

一、词语定义及合同文件

1. 词语定义

下列词语除专用条款另有约定外，应具有本条所赋予的定义。

1.1　通用条款：是发包人与承包人根据法律、行政法规规定、发包人规定及建设工程施工的需要订立，通用于建设工程施工的条款。

1.2　专用条款：是发包人与承包人根据法律、行政法规规定、发包人规定，结合具体工程实际，经协商达成一致意见的条款，是对通用条款的具体化、补充或修改。

1.3　发包人：指"×××路桥工程有限公司"。

1.4　承包人：指在协议书中约定，被发包人接受的具有工程施工承包资格的承包集体的代表，在本合同中指项目经理

1.5　项目经理：指发包人在专用条款中指定的负责施工管理和合同履行的代表。

1.6　工程师：指本工程监理单位委派的总监理工程师或监理工程师。

1.7　工程：指发包人和承包人在协议书中约定的承包范围内的工程。

1.8　主合同：指业主与发包人签订的施工合同或协议。

1.9　主合同价款：指发包人业主在主合同中约定，发包人用以支付承包人按照合同约定完成承包范围内全部工程并承担质量保修责任的款项。

1.10　内部合同价款：指发包人和承包人在本协议书中约定承包人的承包价款。

1.11　内部结算价款：指发包人依据本合同中的有关规定，在清算时所确认的承包人的承包指标，即内部结算价款。

1.12　应上缴利润率：指发包人和承包人在本合同中约定的在内部结算时，按从业主计量回来的合同价款和追加合同价款之和乘以应上缴利润率进行内部结算的利润率。

1.13　履约担保：指承包人在签订本协议前按发包人规定所交纳的履约担保，确保工程按本合同全面执行。

1.14　追加主合同价款：指在合同履行中发生需要增加合同价款的情况（含变更及索赔），经业主确认后按计算合同价款的方法增加的合同价款。

1.15　工期：指业主发包人在协议书中约定，按总日历天数（包括法定节假日）计算的承包天数。

1.16　开工日期：指业主发包人在主合同中约定，承包人开始施工的绝对或相对的日期。

1.17　竣工日期：指业主发包人在主合同中约定，承包人完成承包范围内工程的绝对或相对的日期。

1.18　图纸：指由业主提供，满足承包人施工需要的所有图纸（包括配套说明和有关资料）。

1.19　施工场地：指由业主提供的用于工程施工的场所以及业主在图纸中具体指定的供施工使用的任何其他场所。

1.20　书面形式：指合同书、信件和数据电文（包括电报、电传、传真、电子数据交换和电子邮件）等可以有形地表现所载内容的形式。

1.21　违约责任：指合同一方不履行合同义务或履行合同义务不符合约定所应承担的责任。

1.22　索赔：指在合同履行过程中，对于并非自己的过错，而是应由业主承担责任的情况造成的实际损失，向业主提出经济补偿和（或）工期顺延的要求。

1.23　工程进度款：指按主合同约定，业主每期支付给承包人的工程款。

1.24　不可抗力：指不能预见、不能避免并不能克服的客观情况。

2. 合同文件及解释顺序

合同文件应能相互解释，互为说明。除专用条款另有约定外，组成本合同的文件及优先解释顺序如下：

(1) 本合同协议书；

(2) 本合同专用条款；

(3) 本合同通用条款；

(4) 内部中标通知书；

(5) 内部竞标投标书及其附件；

(6) 发包人内部承包实施细则及竞标办法；

(7) 业主投标书及其附件；

(8) 国家及业主标准、规范及有关技术文件；

(9) 业主下发的施工图纸；

(10) 业主下发的工程量清单；

(11) 集体承包协议书。

合同履行中，业主、发包人、承包人有关工程的洽商、变更等书面协议或文件视为本合同的组成部分。

二、双方一般权利和义务

3. 发包人主要权利和义务

3.1　有权在项目实施过程中对项目在物资、设备、技术、现场管理等方面进行监督、检查和考核。

3.2　可以根据合同规定和管理需要，向承包方指派常驻管理人员，进行进度、安全、质量及资金使用方面监督，有权制止和处罚承包方违反主合同和本协议规定的行为。

3.3　具有知情权。重大事件承包人必须及时通知发包人，尤其在合同管理方面，对应管理机构将对承包人涉及经济往来的所有合同进行审批。

3.4　按照合同要求及时向承包方交付发包人在业主招投标阶段的招标文件、投标文件、报价清单、投标阶段的设计文件。

3.5　履约保证金由发包人专户存储，成立履约保证金管理委员会，负责履约保证金的监督管理。

4. 项目承包方的主要权利和义务

4.1 保证与发包人共同遵守业主与发包人签订的主合同,严格全面地履行主合同。并严格遵守国家和地方各项法律法规、标准、规范。

4.2 必须按合同或业主要求,建立齐备的现场管理机构和配备充足的资源,对工程实施有效管理。

4.3 承担发生不可抗力事件时发包方与业主的合同中所约定的发包人的权利和义务。

4.4 按发包人内部经营管理要求,承担并及时完成各项基础工作(含贯标各种要求)。

4.5 必须提供合格的各类工程原始文件资料,负责交工、竣工图纸和资料的编制、整理。

4.6 工程验收后应负责场地清理、恢复工作。

4.7 负责缴纳营业税等税种。

4.8 承包方必须及时结清农民工工资,并代为缴纳保险。发包人有权监督此项工作的落实情况,有权扣划农民工工资并代为支付。

4.9 原则上按出资比例等比例原则制定承包集体的内部分配办法,并上报发包人审批。

4.10 在公司管理制度框架内有权制定内部各项管理制度,决定相关奖励和处罚。

4.11 负责签订各项对外合同,需要建立备案跟踪制度,所有涉及经济往来的合同,必须报发包人相应机构审批。

4.12 项目经理有权辞退其项目经理部的施工人员,但必须以文字形式上报发包人,并经项目经理部班子成员共同签字,说明辞退理由及其薪酬处理办法,发包人批准后方可实施。出现项目经理辞退承包集体中成员的情况时,除以上要求外,还需提出对其所出资的履约担保提出补偿方案。

三、成本管理

5. 成本审核

5.1 内控定额审核:各项目部成本计划审核之前必须制定合理的内控定额,报企业策划科审核后并报主管副总经理审批。

5.2 成本计划审核:新开工的项目必须按要求编制年度成本计划,并于开工前报送企业策划科,由审核机构审核、修订后方可实施。

5.3 合同的审批:基层单位向主管科室报送合同相关文件,主管科室审核并报主管副总经理同意后,由主管科室签合同审批回执单,接到申请至发出反馈意见不得超过2日,否则视为同意签订合同。项目对外经济合同要严格执行报审制。

5.4 审核周期为每项目每月一次,对于经审核后的成本计划和合同所涉及的正常成本,项目部可以按正常程序当月入账,待成本检查组到项目审核后确认,除此之外发生的成本则必须报成本检查小组审核确认后方可入财务账。成本检查组经审核没有确认的成本视为无效成本。

四、施工组织设计和工期

6. 施工组织设计和工程进度计划

6.1　承包人应按主合同和内部承包合同条款约定的日期，将施工组织设计和工程进度计划提交发包人，相关科室在接到后 3 日内审核批准。承包人所报施工组织设计和施工进度计划必须具备指导性和可操作性，同时也必须按审核批准后的文件执行。施工期发生变化的要及时申报调整方案。

6.2　承包人必须接受业主方、监理工程师对进度的检查、监督。工程实际进度与经确认的进度计划不符时，承包人应按发包人、业主方、监理工程师的要求提出改进措施，经确认后予以实施。

7. 工期延误

7.1　承包人应对非业主或监理工程师原因造成的开工滞后、工期拖延负责，并承担业主给予的罚款及给予发包人造成的损失。

7.2　承包人应对由于自身原因造成的工程暂停负责；若由于发包人设备不到位造成误工的，由发包人承担赔偿由此给承包人造成的损失；若由于业主原因造成的工程停工，承包人应向业主追加合同价款。

五、质量与检验

8. 工程质量

工程质量应当达到主合同和工程师约定的质量标准，质量标准的评定以国家或行业或业主的质量检验评定标准为依据。因承包人原因工程质量达不到约定的质量标准，承包人承担违约责任。

9. 检查和返工

9.1　承包人应认真按照标准、规范和设计图纸要求以及工程师依据合同发出的指令施工，随时接受工程师的检查检验，为检查检验提供便利条件。

9.2　工程质量达不到约定标准的部分，工程师的要求拆除和重新施工，直到符合约定标准。因承包人原因达不到约定标准，由承包人承担拆除和重新施工的费用，工期不予顺延。若由于设计因素造成的，需承包人向业主提供索赔价款。

9.3　因工程师指令失误或其他非承包人原因发生的追加合同价款，承包人应向业主申请索赔。

10. 隐蔽工程和中间验收

隐蔽工程和中间验收由承包人按业主要求进行，并自行承担相关费用。

六、安全施工

11. 安全施工与检查

11.1　承包人应遵守工程建设安全生产有关管理规定，严格按安全标准组织施工，并随时接受行业、业主、发包人、安全检查人员依法实施的监督检查，采取必要的安全防护措施，消除事故隐患。由于承包人安全措施不力造成事故的责任和因此发生的费用，由承包人承担。

11.2　承包人应对其在施工场地的工作人员进行安全教育，并对他们的安全负责。发包人不得要求承包人违反安全管理的规定进行施工。

12. 安全防护

12.1　承包人在动力设备、输电线路、高空作业、易燃易爆地段、爆破作业以及临街交通要道附近施工时，施工开始前应向工程师提出安全防护措施，经工程师认可后实施，并确保防护设施的配备，以确保安全生产。

12.2　承包人应对危险性强的工种建立意外伤害保险等险种，以实现风险转移，一旦发生安全事故，可降低风险损失。

13. 事故处理

发生重大伤亡及其他安全事故，承包人应按有关规定立即上报有关部门并通知工程师和发包人相关部门，同时按政府有关部门要求处理，由事故责任方承担发生的费用。

七、内部合同价款及内部结算价款

14. 内部合同价款及调整

14.1　内部合同价款由发包人和承包人依据内部中标通知书中的中标价格在协议书内约定，并约定应上缴利润率。

14.2　内部合同价款和应上缴利润率在协议书内约定后，任何一方不得擅自改变。

15. 工程预付款

内部承包项目，承包人无权利要求发包人垫付启动资金（另有约定除外）。

16. 工程量的确认

承包人所完成工程的工程量，按业主计量凭证为依据，非业主确认的工程量，发包人不予确认。

17. 计量管理及内部结算价款的计算

内部承包项目每月需将业主计量支付凭证证明上报发包人企业计划部门（计划管理软件和复印件两种上报方式），发包人企业计划部门负责内部结算价款的结算，计算公式按业主批复收入总金额乘以应上缴利润率计算，同时承包人要确保合同中约定的应上缴利润足额上缴。

八、物资、设备供应

18. 物资、设备的供应

18.1　实行发包人供应物资、设备的，双方应当约定发包人供应物资、设备一览表，并明确租用价格、租用期限和方式。一览表包括发包人供应物资设备的品种、规格、型号、数量、单价、提供时间和地点。

18.2　发包人供应的物资和设备，承包人应派人参加清点后由承包人妥善保管，并承担保管费用，因承包人原因丢失损坏，由承包人负责赔偿。

19. 物资、设备的结算

19.1　发包人供应物资、设备的租赁费结算方法，按租赁合同执行，承包人应发包人核定标准配备自有设备，少于标准配备的，应将所缺设备的年度折旧费上缴发包人，使用发包人自有设备的必须执行发包人内部的租赁价格。

19.2　内部承包人在施工过程中，可自行采购办公用品、小型机具、周转材料、检试验仪器等，无权购买任何机械设备，并执行发包人有关管理办法。

九、工程变更

20. 工程设计变更

20.1　施工中承包人不得对原工程设计进行变更。因承包人擅自变更设计发生的费用和由此导致业主和发包人的直接损失，由承包人承担，延误的工期不予顺延。

20.2　承包人在施工中提出的合理化建议涉及到对设计图纸或施工组织设计的更改及对材料、设备的换用，须经工程师同意。未经同意擅自更改或换用时，承包人承担由此发生的费用，并履行业主提出的有关要求。

20.3　合同履行中业主要求变更工程质量标准及发生其他实质性变更，由业主与承包人双方协商解决。

21. 确定变更价款所对应的内部结算价款

21.1　承包人承担因变更或索赔工作而发生的一切直接费用和间接费用。

21.2　对变更、索赔和小额奖金，发包人按业主批复金额乘以应上缴利润率进行内部结算价款的计算，对于主合同中约定的质量奖、进度奖，和施工过程中业主增加的大额度奖金（累计值超过 30 万）的，由双方在专用条款中约定或签订补充协议。

十、竣工验收与结算

22. 竣工验收

22.1　工程具备竣工验收条件，承包人按国家工程竣工验收或业主要求的有关规定，向业主提供完整竣工资料及竣工验收报告，同时向发包人提供一份存档。

22.2　承包人施工年度内部结算和竣工内部结算时，要积极配合企业计划部门进行，全部结算完毕后，承包人要向发包人出具承诺书，以确保将来不再发生任何债务，否则由本人负责一切后果。

22.3　原则上项目经理在本项目未办理完与业主、外委队伍、民工连队、外雇设备结算的，不另行安排工作。

23. 质量保修

承包人应按主合同中关于质量保修的规定执行，对应交付业主使用的工程在质量保修期内承担质量保修责任，并负责保修费用。

十一、财务及资金

24. 会计人员管理

24.1　发包人委派会计和出纳对项目资金进行监督管理，会计人员对项目资金具有建议、监督、上报的权利，并严格按发包人的要求落实。具体如下。

（1）承包项目的会计人员由发包人实行委派制，人员编制标准为两人，一名会计和一名出纳。承包人对核算员的设置可提出设置申请。

（2）财务人员薪资报酬由承包人负担。

（3）会计人员必须报告资金到位情况和按规定比例上缴资金。

（4）必须按发包人内部财务规章制度对项目的各项支出进行审核监督，对不符合规定的支出有权不予处理；对不完整的经济业务有权退回并要求经办人员按要求办理。

（5）必须按发包人规定进行会计核算、实行会计监督。

（6）有权行使《中华人民共和国会计法》赋予会计人员的所有权利。

（7）按发包人要求处理会计业务，按要求编制和报送各种财务会计报表。

（8）有义务及时结算和催收项目工程款，保证项目资金及时到位。

（9）项目财务专用章、项目公章由会计保管，承包人所涉及的所有经济业务往来，需要使用公章时，必须经会计审核后方可使用，并建立公章使用记录档案，对使用人、使用事项、批准人、使用时间等逐笔记录。在签订经济合同时，承包人必须将合同情况上报发包人审批机构，会计按审批意见执行。

（10）履行国家会计法的各项义务。

24.2　对不认真履行义务的会计人员，发包人有权予以处罚并及时撤换。

（1）会计人员没有及时报告资金情况及按比例上缴资金的，一经发现，取消会计人员上岗资格。

（2）对工作不认真负责，会计核算业务处理不及时的，对各种财务报表编制不正确、不完整、不及时的，首次发现扣发当月薪金。第二次发现的，对其予以警告处分。第三次发现的，取消其上岗资格。

（3）在项目实施过程中，承包人发现会计人员有触犯法律、违反财经制度行为的，应及时制止并报告发包人，发包人要在接到报告之日起五个工作日内核实情况并作出处理决定。会计人员与项目部发生争议由发包人仲裁。

（4）发包人有义务保护会计人员的正当行为和正当要求，严厉禁止承包人对会计人员因履行职责而造成的打击报复行为。

25. 资金管理

25.1　发包人财务科负责对项目资金的管理和监督。项目在每月结算期的第一天上报财务科本月资金使用计划，财务科审核。在业主计量款支付后，会计必须在第一时间上报发包人财务科科长，并编制针对本次计量款相对应的资金使用计划，上报财务科，财务科在两日内予以审核，在财务科审核前，承包人不能使用此项资金，只有在财务科审核或调整审批后方可按审批后的用途使用。同时财务科也要定期对承包人的执行情况进行考核。

25.2　承包人在资金到位后应按以下要求上缴资金。

（1）首期预付工程款，承包人应充分考虑发包人所垫付其项目的资金，包括履约保证金、预付款担保等前期经营费用，全部或按一定比例将发包人所垫付的资金偿还于发包人，具体规定在合同专用条款中约定。

（2）承包人上缴资金比例统一按应上缴利润率比例进行上缴，即每期业主拨付工程款乘以应上缴利润率；同时对承包人租用发包人的机械设备，每月按租赁费总额的60%上缴资金，剩余40%待年度结算时交齐；承包人还应交纳项目部自管的发包人设备的使用费，当月交纳50%资金，年度结算时补齐剩余的50%的资金。

（3）上缴由发包人负责发放的应由承包人承担的基础薪金部分的资金。

十二、工程合作

26. 工程合作

26.1　对于工程合作项目，承包人应执行发包人有关的管理办法和规定，做到事前审批制度。

（1）非经发包人同意，承包人不得将承包工程的任何部分与他人合作。

（2）承包人不得将其承包的全部工程转包给他人，也不得将其承包的全部工程肢解以后以分包的名义分别转包给他人。

26.2　承包人有合作项目的，必须经业主书面或口头同意后方可实施。非经业主同意或默许，承包人不得将承包工程的任何部分与他人合作。

26.3　工程合作不能解除承包人任何责任和义务。承包人应在分包场地派驻管理人员，保证合同的履行（业主指定合作视情况而定）。

26.4　合作工程价款由承包人与合作单位结算，结算要求按合作协议或合同办理，同时相关财务账目处理要符合国家规定及发包人要求。

十三、工程保险

27. 工程保险

27.1　工程开工前，承包人要了解本项目工程一切险和第三方责任险的执行情况，即是否为业主代扣代缴，同时要熟悉保险合同的投保内容和相关义务，掌握自己的权利和义务，防范和降低风险。

27.2　承包人必须为从事危险作业的职工办理意外伤害保险；本着自愿原则为施工场地内自有人员生命财产和施工机械设备办理保险，支付保险费用。

27.3　保险事故发生时，承包人有责任尽力采取必要的措施，防止或减少损失。

十四、项目的管理和监督

28. 项目管理和监督

28.1　内部承包项目应严格执行发包人的各项管理制度。

28.2　发包人对内部承包项目实行严格监控，在质量、进度、安全、财务、效益等方面仍实行监督和约束机制，以确保企业信誉，成立经营承包考核小组，对承包项目实施有效监控。

28.3　发包人经营承包考核小组对承包项目进行定期的巡检，考评内容为各项技术经济指标的完成情况以及公司和发包人有关规章制度的贯彻执行情况，及时发现问题和纠正问题，并对内部承包的管理工作进行打分评定，评定综合结果作为兑现的调整系数。

28.4　集体承包项目在实施过程中，承包人必须坚持重大事项集体决策的原则。

28.5　承包人负责发包人各种检查、考核人员在工地的住宿和吃饭费用。费用标准执行财务科有关规定。

十五、合同的兑现

29. 合同兑现

29.1　在发包人与业主的主合同完成后，内部承包合同已经全面履行、项目债权债务清理完毕（即债务为零）、保修工作得到妥善安排的情况下，承包人提出兑现申请，发包人批准后承包人方可兑现。

29.2　集体承包的项目，发包人审批同意进行兑现或预兑现的，需按集体承包人所签订且经发包人审批后的合作承包协议书的规定编制兑现或预兑现方案，即将分配总额进行详细的分配，报发包人审核同意后方可发放。

29.3　涉税事项按相关税法处理，承包人应提供完税证明。

29.4　项目亏损，按等同额度扣除承包人或承包集体的履约保证金，如保证金不足，由承包人或承包集体缴纳不足部分。扣除和补偿比例按承包集体出资比例进行计算。

29.5　对承包人的恶意行为，发包人将采取警告、经济处罚、解除合同，直至付诸法律等办法解决。

十六、其他

30. 企业信誉

承包人不能以任何理由为由做出影响发包人信誉的行为，尤其在质量、进度、安全、环境等方面作出对企业不利的行为。若因承包集体在以上方面的不当行为造成省级、部级的负面通报，发包人将立即停止本合同，同时没收承包集体的履约保证金，并追加责任人的行政责任或法律责任。

31. 工资管理

31.1　承包人应负责因其主要人员包括项目经理等人员在资格条件等方面不满足业主要求而发生的一切费用和罚款，在此方面，发包人有义务协助办理。

31.2　劳动工资管理按发包人规定的《劳动工资分配管理办法》执行。其中在基础薪金方面，承包人承担其所聘用职工的费用期间为：不足半年的按半年算，超过半年且不足一年的按一年算。内部承包项目的所有人员（职工）薪金必须按以下规定执行。

（1）基础薪金　按人劳部门规定执行。

（2）管理层岗位薪金　施工期项目管理层岗位薪资，按发包人批准的施工组织设计编排的施工期确定发放期间。当年工作量在5000万以上的项目正职以每月4500元预支；当年工作量在3000万～5000万元的项目正职以每月4000元预支；项目工作量在3000万以下项目正职以每月3500元预支。此外项目副职按本项目正职的80%预支。

（3）工作人员施工补助　按职工进入工地工作时间计算，在工地工作一天，省内项目给予20元施工补助；省外项目给予30元施工补助。

（4）工作人员绩效考核生产奖　每月按实际参加施工人数（项目班子成员除外），人均1200元核定项目奖金总额当月做表发放。

（5）内部承包项目所聘用职工的工资发放总额不得低于本款（1）、（3）、（4）条规定的总额；班子承包集体不得高于本款第（1）、（2）条规定的总额。

32. 不可抗力

32.1　不可抗力包括因战争、动乱、空中飞行物体坠落或其他非发包人和承包人责任造成的爆炸、火灾，以及专用条款约定的风雨、雪、洪、震等自然灾害。

32.2　不可抗力事件发生后，承包人应立即通知工程师，在力所能及的条件下迅速采取措施，尽力减少损失，发包人应协助承包人采取措施。不可抗力事件结束后48小时内承包人向工程师通报受害情况和损失情况，及预计清理和修复的费用。不可抗力事件持续发生，承包人应每隔7天向工程师报告一次受害情况。不可抗力事件结束后14天内，承包人向工程师提交清理和修复费用的正式报告及有关资料。

32.3　因不可抗力事件导致的费用及延误的工期由承包人与业主按协商解决，并承担各自费用方的相应责任。

32.4　因项目经理身体疾病等原因，不具备承担项目经理条件时，由项目经理在承包集体中重新指定代项目经理，报发包人同意后，继续履行本协议。若因各种原因，项目经理不能或未指定代项目经理，由发包人决定在其承包集体中选出，并继续履行本协议，其内部报酬分配由承包集体拿出新的分配办法，报发包人审批。

33. 合同解除

33.1　发包人和承包人协商一致，可以解除合同。

33.2　有下列情形之一的，发包人和承包人可以解除合同：

（1）因不可抗力致使合同无法履行；

（2）因一方违约致使合同无法履行。

33.3　一方依据33.1、33.2约定要求解除合同的，应以书面形式向对方发出解除合同的通知，并在发出通知前7天告知对方。

33.4　合同解除后，承包人应妥善做好已完工程和已购材料、设备的保护和移交工作，按发包人要求将自有机械设备和人员撤出施工场地。除此之外，有过错的一方应当赔偿因合同解除给对方造成的损失。

33.5　合同解除后，不影响双方在合同中约定的结算和清理条款的效力。

34. 合同生效与终止

34.1　双方在协议书中约定合同生效方式。

34.2　除本通用条款第32条外，发包人和承包人履行合同全部义务，工程保修期结束，承包人债权债务清理完毕，本合同即告终止。

34.3　合同的权利义务终止后，发包人和承包人应当遵循诚实信用原则，履行通知、协助、保密等义务。

35. 合同份数

本合同正本两份，具有同等效力，由发包人和承包人分别保存一份。

36. 补充条款

双方根据有关法律、行政法规规定，结合工程实际经协商一致后，可对本通用条款内容具体化、补充或修改，在专用条款内约定。

十七、违约、索赔和争议

37. 发包人违约

发包人承担违约责任，赔偿因其违约给承包人造成的经济损失，顺延延误的工期。

38. 承包人违约

38.1　承包人承担违约责任，赔偿因其违约给发包人造成的损失。

38.2　承包人违约后，发包人要求承包方继续履行合同时，承包方承担上述违约责任后仍应继续履行合同。

第三部分　专 用 条 款

一、项目经理

姓名：＿＿＿＿＿＿＿＿　　　职务：＿＿＿＿＿＿＿＿

二、发包人需要做的工作：

_____

三、承包人需要做的工作：

_____

四、双方补充条款

_____

五、附件

附件1：集体承包协议书

附件2：发包人供应物资设备一览表及设备租赁合同、物资租赁合同

附件3：所聘用职工明细表

附件4：业主工程量清单

附件5：承包人投标文件及中标通知书

小　　结

　　本章重点讲解了公路工程施工项目的项目经理部。包括项目经理部的组建、项目经理的选聘、项目机构的设置、项目人员的配备、项目各职能部门的职责、项目各岗位的职责、企业内部经济承包工作、项目的解体。

　　项目经理部是项目管理的临时机构，是公路工程施工项目管理的先行工作，只有选取优秀的项目经理，配备高效、精干的项目人员，才能为项目顺利完成提供有效的组织保证。

思考与练习

1. 如何组建项目经理部？
2. 如何选聘项目经理？
3. 项目经理部应设置哪些机构？各自职能是什么？
4. 项目经理部应配备哪些人员？各自职责是什么？
5. 如何开展企业内部经济承包工作？
6. 项目经理部解散时的注意事项有哪些？

第三章　公路工程施工项目施工过程组织

第一节　公路施工过程及组织原则

一、公路施工过程及层次划分

1. 施工过程分类

公路施工过程是生产的过程，是劳动者利用劳动工具，作用于劳动对象，使其按预定目标形成社会所需产品的过程。它由一系列相互关联的施工活动所组成。施工过程的基本内容主要是劳动过程，在某些施工情况下，还包含自然过程，如水泥混凝土路面的自然养生、沥青路面的成型等。此时，施工过程就是劳动过程和自然过程的结合，是互相关联的劳动过程与自然过程的全部生产活动的总和。根据各种活动在性质上以及对产品所起的不同作用，施工过程有不同类别。

（1）施工准备过程　施工准备过程是指产品在进行生产前所进行的全部生产技术和现场的准备过程，如工程项目的勘察设计、设计文件准备、招标投标工作、施工准备等。

（2）基本施工过程　基本施工过程是指直接为完成产品而进行的生产活动，如涵洞开挖、砌基础、路基填筑、路面摊铺等。

（3）辅助施工过程　辅助施工过程是指为保证基本施工过程的正常进行所必需的各种辅助生产活动，如动力（电、压缩空气等）的生产、机械设备维修、材料采集与加工等。

（4）施工服务过程　施工服务过程是指为基本施工和辅助施工服务的各种服务工作过程，如原材料、半成品、工具、燃料的供应与运输等。

2. 工程项目的划分

公路工程的施工组织，必须研究施工过程的组成，以适应施工组织、计划、管理等工作的需要。按照现行的公路工程概预算编制办法，将公路工程划分为临时工程、路基工程、路面工程、桥梁涵洞工程、交叉工程、隧道工程、公路设施及预埋管线工程、绿化及环境保护工程、管理养护及服务等分项工程。相应于各个分项工程，又划分为若干目。例如桥涵分项工程中，按工程性质与结构的不同，分为漫水工程、涵洞工程、小桥工程、中桥工程、大桥工程、特大桥工程六个目。目根据需要可划分为若干个节，节也可以再划分为几个细目。

例如"挖土方"这个节，可划分为挖路基土方、挖改路土方、挖改河土方等几个细目。公路施工过程是由上述之项、目、节和细目所组成。

施工组织与管理工作，按上述项目可以总体安排，但更多情况下还要进一步划分。从施工组织的需要出发，公路施工过程原则上可依次划分如下。

（1）综合过程　综合过程是若干个在产品结构上密切联系的，能最终获得一种产品的施工过程的总和。如一座独立桥梁、一条隧道、一条路线工程等。

（2）施工段　施工段是由几个在技术上相互关联的工序所组成，可以相对独立地完成某一项细部工程或分部分项工程的独立过程，如整个路基工程、路面工程、桥梁基础工程等。

（3）工序　工序由若干个操作所组成。从施工流程看，工序在工作地点、施工工具、施工机械和材料等方面均不发生变化。如果上述因素中某个因素改变，就意味着从一道工序转入另一道工序。施工组织往往以工序为最基本对象。

（4）动作与操作 动作是指工人在劳动时一次完成的最基本的重要活动，若干个相互关联的动作组成操作。完成一个动作所耗用的时间和占用的空间是制定定额的原始资料。

以上划分，因工程性质及施工对象的复杂程度不同而具有相对性，并无统一划分的规定，实际工程中要以是否有利于科学地进行施工组织与管理而定。

二、施工过程的组织原则

影响施工过程组织的因素很多，如施工性质、施工生产类型、建筑产品结构、材料及半成品性质、机械设备条件、自然条件等，导致施工过程的组织变化较多、困难较大。因此，科学合理地组织施工过程显得尤为重要，在符合国家现行法规、政策以及满足工程项目质量和安全的前提下，施工过程有以下组织原则。

1. 施工过程的连续性

连续性是指产品在施工过程中的各阶段、各工序在时间上的紧密衔接，不发生不合理的停滞现象，表现为劳动对象时始终于被加工状态，或者在进行检验，或者处于自然过程中。保持和提高施工过程的连续性，可以缩短建设工期，减少在制品数量，节省流动资金，可以避免产品在停放等待时可能引起的损失，对提高劳动生产率及节省工程造价具有很大意义。

2. 施工过程的协调性

施工过程的协调性也叫比例性，它是指产品施工各阶段、各工序之间，在施工能力上要保持一定的比例关系，各施工环节的工人数、生产效率、设备数量等都必须互相协调，不发生脱节和比例失调现象。协调性是保证施工顺利进行的前提，可使施工过程中人力和设备得到充分利用，避免产品在各个施工阶段和工序之间的停顿和等待，从而缩短施工周期。施工过程的协调性在很大程度上取决于施工组织设计的正确性。

3. 施工过程的均衡性

施工过程的均衡性又称节奏性，是指企业的各个施工环节都按照施工生产计划的要求，工作负荷保持相对稳定，不发生时松时紧、前松后紧的现象。均衡施工能充分利用设备和工时，避免突击赶工造成的各种损失，有利于保证施工质量、降低成本，有利于劳动力和机械的调配。

4. 施工过程的适应性

施工过程的适应性是指在工程施工过程中，对由于各项内部或外部因素引起的变动情况具有较强的应变能力。这种是适应性要求建立信息迅速反馈机制，注意施工全过程的控制与监督，及时调整施工过程进度。

5. 施工过程的经济性

施工过程组织除满足技术要求外，必须讲究经济效益。上述施工过程的连续性、协调性、均衡性和适应性，最终都要通过经济效果集中反映出来。

上述合理组织施工过程的五个原则是相互制约、互为条件的，在实际进行施工组织时，必须保证全面符合上述五个原则的要求，不可偏重某一方。

第二节 施工过程的组织方法

公路施工是在一定的空间与时间范围内进行的。空间范围只承担施工任务的施工单位在空间上所占据的工作地点；时间范围是指施工单位为完成施工任务在时间上所作的安排。

　　施工过程组织不仅要求在空间上合理设置生产作业单位，进行合理布局，而且要在时间上进行合理的、科学的组织安排。公路工程项目的施工过程组织包括时间组织、空间组织和资源组织等方面的问题，由于时间组织是施工组织设计必须解决的基本问题，时间变化影响施工工期，因此研究时间变化规律对工程施工的影响成为首要问题。

一、施工过程的空间组织

　　施工过程的空间组织，主要解决施工生产单位的组织机构设置、人员的配备以及具体工程项目的各种生产、生活、运输、行政等临时设施的空间分布问题。空间组织具体成果为施工平面图设计，即根据施工过程空间组织的原则，对施工过程所需的工艺路线、施工设备、原材料堆放、动力供应、场内运输、半成品生产、仓库、料场、生活设施等进行空间（平面）的科学规划与设计，并以平面图的形式加以表达，在此主要介绍生产作业单位设置问题。

　　一个建设项目的施工作业单位如施工队（项目经理部）、工段（工区）、班组等的设置通常按下列原则确定。

1. 工艺原则

　　工艺原则也叫工艺专业化形式。它是按生产工艺性质的不同而设置施工作业单位的。在工艺专业化的生产单位里，集中同工种的工人和同工种所需的工具、机械和设备，对工程项目的各组成部分或其他有关工程项目进行同类工艺的施工。

　　这种设置形式的特点是：充分发挥技术、机具、设备的潜力，设备投资较少，便于专业化的管理，在一定程度上满足多品种多规格生产的要求。但是，由于在工艺专业化的生产作业单位不能独立地生产产品，所以增加了生产单位之间协作配合关系的难度，施工组织也比较复杂。

2. 对象原则

　　对象原则也叫做产品专业化形式。它是按照产品（如分项工程、构件、分部工程等）的不同而分别设置生产作业单位。在产品专业化单位里，集中为生产某种产品所需的各种工具、设备，对同产品进行不同工艺的施工生产，其工艺过程基本上是封闭的，能够独立地生产出产品或半成品。

　　这种设置形式简化了作业单位之间的协作配合关系，也便于施工现场管理。但是它需要较多的设备投资、技术工人和机械设备，由于分散使用一般不能充分发挥工人和设备的生产潜力，对产品品种变化适应能力较差。

3. 混合原则

　　通常在一个建设项目中，根据工程特点或按照产品、工艺建立的不同而设置生产作业单位。

　　施工生产过程的空间组织中，究竟按哪一种原则来组建生产作业单位，要从实际需要出发，通过全面分析比较，择优而定。

二、施工过程的时间组织

1. 时间组织任务

　　施工过程时间组织任务是在施工时间上使各生产作业单位之间、各工序之间按设计和施工工艺顺序紧密衔接，在充分利用人力、工时和设备的条件下，达到缩短工期的目的。具体表现为：①施工顺序的安排与施工方法、施工机具协调一致，符合施工质量的要求；②在施工时间安排上使各生产作业单位之间按设计的工作程序紧密衔接；③在符合工艺要求下，充分利用工时和机械设备等条件，使工序紧密衔接，尽量缩短工期；④合理安排影响施工全局的关键工程的施工顺序。

2. 时间组织表示方法

由于公路工程施工生产自身特点及其复杂性，在施工生产过程的时间组织表示方法上，为便于指导实际工程项目施工，满足简洁实用、直观方便的要求，最终用一种含有相关数据、各种信息的图标方式表达出来，这称之为工程施工计划进度图。目前，公路工程施工生产过程时间组织所采用的"工程施工计划进度图"主要有如下几种：①横道式工程施工进度图，也叫做横道图或甘特图（包括带有进度曲线图的横道图）；②垂直坐标式工程施工进度图，也叫斜线图或坐标图；③网络图形式的工程施工进度图。

3. 时间组织类型

在施工过程中，把施工对象（工程项目）人为地划分成若干段（有些是自然形成的），这些段称为施工段。施工过程时间组织类型主要有以下三种。

（1）单施工段多工序型　单施工段多工序型是指施工任务不能划分或不需要划分为若干施工段，而只有一个施工段，在这单一的施工段中含有多道工序的施工过程。

（2）多施工段多工序型　多施工段多工序型是指施工任务可以划分为多个施工段，每个施工段又含有多道工序的施工过程。

（3）混合型　混合型使之在一个施工任务中，即含有单施工段多工序型，又含有多施工段多工序型。

4. 时间组织基本作业方法

在施工过程中，根据作业单位对各施工段施工顺序的不同，时间组织有三种基本作业方法：顺序作业法、平行作业法、流水作业法。在进行公路施工组织设计时，这三种作业方法既可以单独运用，也可以综合运用。顺序作业法、平行作业法、流水作业法既可以用横道图表示，也可以用网络图表示。

（1）顺序作业法　当施工任务有若干个施工段时（人为划分或自然形成），完成一个施工段后，再去接着完成另一个施工段，依次按顺序进行，直至完成全部施工任务的作业方法。如多层结构型的路面工程，先后操作程序是：路槽、底基层、基层、连接层、面层和路肩。石方爆破工程的施工顺序是：打眼、装药、堵塞、引爆和清方等。其施工顺序选择除了取决于工艺要求外，还与施工组织安排相关。

（2）平行作业法　当施工任务有若干个施工段时，各个施工段同时开工、平行生产、同时完工的作业方法。在平行作业法中，施工任务含有多少个施工段，就相应的组织多少个施工队。线形工程作业面很大，根据工程或技术的需要，可采用平行作业法组织施工。

（3）流水作业法　当施工任务有若干个施工段时，将不同施工段的同一工序交给专业施工队执行，各专业队依次在各个施工段上完成相同的工作内容，前一施工段上施工结束后转移至另一施工段，后一工序则由其他专业队继续执行，从而保证建设项目的施工全过程在时间和空间上实现有节奏、连续、均衡施工。

【例题 3.1】 拟修建跨径 6.0m 的同类型钢筋混凝土矩形板桥 4 座（甲、乙、丙、丁桥），假定 4 座小桥的劳动量相等，施工条件、技术配备、工程数量等完全相同，即 $m=4$，每座小桥分 4 工序，即 $n=4$（挖基坑 6 人、砌基础 5 人、砌桥台 12 人、矩形板 3 人）。试按照三种基本作业方法绘制工程进度横道图，并比较施工工期和劳动力需要量。

【解】 假定四座桥的同一工序工作量相等、施工班组按完全相同的条件组建，则在每座桥上每一工序所需的工日数亦固定不变，即：$t_1=4d$，完成一座桥施工所需时间 $t=16d$。采用三种基本作业方法完成该项施工任务，绘制工程进度横道图，如图 3-1 所示。

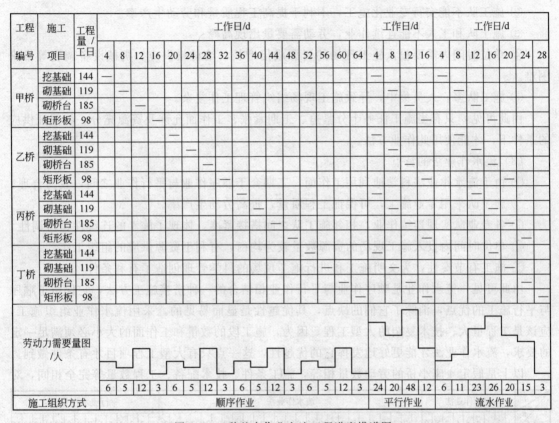

图 3-1 三种基本作业方法工程进度横道图

由图中 3-1 可以看出，顺序作业施工工期 $t=64d$，同时投入施工的劳动力最多 12 人，最少 3 人，作业时间天数与劳动力数量乘积（工作量）为 416 工日。平行作业施工工期 $t=16d$，同时投入施工的劳动力最多 48 人，最少 12 人，作业时间天数与劳动力数量乘积（工作量）为 416 工日。流水作业施工工期 $t=28d$，同时投入施工的劳动力最多 26 人，最少 3 人，作业时间天数与劳动力数量乘积（工作量）为 416 工日。

通过比较可以看出顺序作业工期最长，同时投入人数最少；平行作业工期最短，同时投入人数最多；流水作业施工工期和同时投入人数均介于前两者之间。

5. 基本作业组织的特点

（1）顺序作业的特点

① 单位时间内需要投入施工现场的资源数量较少，有利于资源供应的组织工作。

② 只有一个施工队在施工，所以施工现场的组织管理工作最简单。

③ 同一施工队的劳动资源（劳动力）波动大，不利于管理。

④ 施工队伍不能实行专业施工，不利于提高工程质量和劳动生产率，机械设备不能充分利用。

⑤ 不能充分利用工作面去争取时间，导致工期较长。

由此可见顺序作业法只适用于规模小、施工技术单一的工程，或对工期要求不严的小型项目。在大型项目中，顺序作业法只能作为一种辅助的施工组织方法。

（2）平行作业法的特点

① 充分利用了工作面，完成任务的施工工期短。

② 施工队不能实行专业化施工，不利于提高工程质量和劳动生产率。

③ 施工队和工人不能连续作业，劳动需要量出现高峰。

④ 单位时间内需要投入施工现场的资源成倍增长，给材料供应、机械设备调度等带来困难。

⑤ 施工队多，人员集中，导致施工现场组织管理工作复杂。

由此可见，只有当施工任务十分紧迫、工期紧张、工作面允许及资源充分、能保证供应的条件下，才能使用此作业方法。

（3）流水作业法的特点

① 由于流水作业法科学地利用工作面，工期介于顺序作业与平行作业之间，较为合理。

② 施工队采用专业施工，可保证工程质量，提高劳动生产率。

③ 各专业队实现连续作业，相邻施工队之间搭接紧凑，体现了施工的连续性、协调性。

④ 单位时间内投入施工现场的资源数量较为均衡，有利于资源供应的组织工作。

⑤ 施工有节奏性，为文明施工和进行施工现场的科学管理创造了有利条件。

由此可见，流水作业是顺序作业与平行作业相结合的一种搭接施工方法，它保留了顺序与平行施工的优点，消除了它们的缺点，其优越性是显而易见的。采用流水作业组织施工，应该是工程量大、技术复杂的大型工程。因为，施工段的数量和工作面的大小必须满足一定的要求，流水作业法才能更好地发挥它的优越性，这一点只有大型工程项目才有条件做到。

以上是假定 4 座小桥的劳动数量相等，施工条件、技术配备、工程数量等完全相同，对

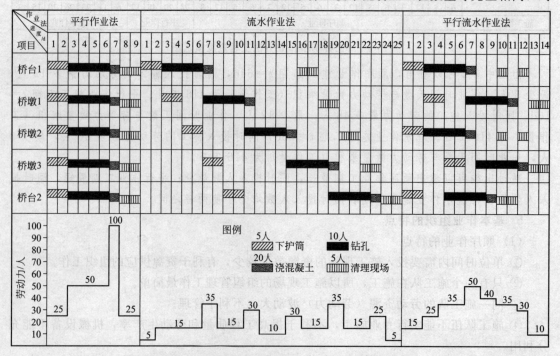

图 3-2　平行作业法、流水作业法、平行流水作业法进度图

三种基本作业方法的施工工期和劳动力需要进行比较，而实际工程施工中的情况要复杂得多。之所以进行上述比较，主要是为了说明这三种基本作业方法的基本概念，同时也是因为任何工程的工程数量和施工方法确定之后，施工组织设计的首要任务是正确地解决施工期限和劳动力（以及相应的技术物资供应）需要量之间的相互关系。

6. 作业方法的综合运用

综合应用上述三种方法，可以组成平行流水作业法、平行顺序作业法等。某些技术复杂的大型集中性工程，还可以组成立体交叉平行流水作业法等，以进一步缩短工期。这是生产过程时间组织的高度综合形式，一般均能取得较好的经济效益。

（1）平行流水作业法　在平行作业法的基础上，按照流水作业法的原则组织施工，以达到适当缩短工期，而又使劳动力、材料、机具需要量保持均衡，从而既可以发扬平行作业法

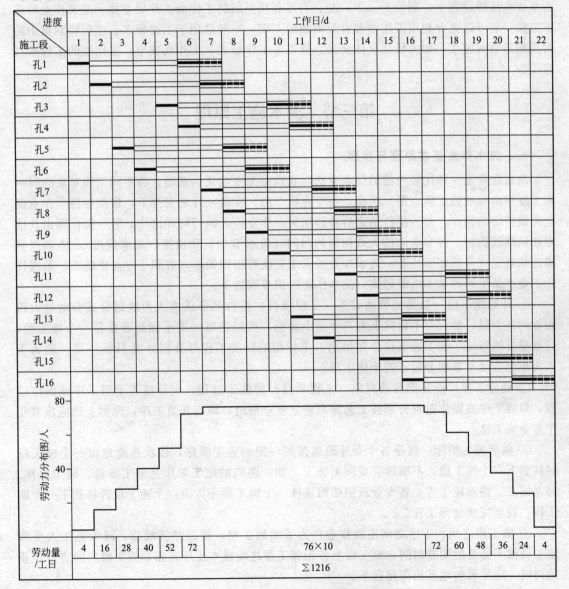

图 3-3　立体交叉平行流水作业进度图

工序图例：——埋护筒 4 人；——钻孔 12 人；▬灌混凝土 20 人；＝＝＝清理现场 4 人

和流水作业法的长处，又可克服两法的不足，这种方法叫平行流水作业法，如图3-2所示。

从图3-2中可以看出平行作业法施工工期虽然最短，但劳动力和材料以及机具设备需要量集中，不经济。流水作业法，需要劳动力的峰值最低，但工期相对来说稍长，劳动需要量曲线峰谷交错均衡性不够理想。平行流水作业法，系按三组平行流水作业进行组织，其中的1号桥台与1号桥墩为第一组，桥墩2和桥墩3为第二组，桥台2为第三组。平行流水作业法施工工期及其动力高峰值介于前两种方法之间，劳动力曲线及材料供应在三种方法中最理想。

（2）平行顺序作业法　这种方法的实质是用增加施工力量的方法来达到缩短工期的目的它未能消除平行作业法和顺序作业法的缺点，故仅适用于突击性施工。

（3）立体交叉平行流水作业法　图3-3为立体交叉平行流水作业法进度图。它是在平行流水作业法的原则上，利用上、下、左、右可利用空间的工作面，开展立体、交叉作业的施工方法。它可以充分利用工作面和有效地缩短工期，一般适用于工序繁多、工程特别集中的大型构造物的施工，如大桥、立体交叉、隧道等工作量大、工作面狭窄、工期短的工程项目施工。

第三节　流水施工原理

一、流水作业基本原理与步骤

流水作业是一种比较先进的作业方法，它以施工专业化为基础，将不同工程对象的同一施工工序由专业施工队（组）操作，各专业队（组）在统一计划安排下，依次在各个作业面上完成指定的操作。前一操作结束后转移至另一作业面，执行同样操作，后一操作则由其他专业队继续执行。各专业队按大致相同的时间（流水节拍）和速度（流水速度），协调而紧凑地相继完成全部施工任务。流水作业要求工艺流程组织紧凑，有利于专业化施工，是现代化工业产品生产的基本组织形式。流水作业组织步骤如下。

① 计划施工段　就是把劳动对象（工程项目）按自然形成或人为地划分成劳动量大致相等的若干段。如：一个标段上有若干道小涵洞，可以把每一道小涵洞看作是一个施工段，这就是自然形成了若干施工段。如果把一个标段的路线工程部分划分成1km一段，就属于人为地把劳动对象划分成了若干施工段。

② 划分工序　就是把劳动对象（工程项目）的施工过程，划分成若干道工序或操作过程，每道工序或操作过程分别按工艺原则建立专业班组，即有几道工序，原则上就应该有几个专业施工队。

③ 确定施工顺序，就是各个专业班组按照一定的施工顺序，依次连续地由一个施工段转移到下一个施工段，不断地完成同类施工。如：路线的施工顺序是施工准备、施工放样、路基施工、路面施工等，各专业班组按照这样一个施工顺序，由一个施工段转移到下一个施工段，直至完成全部工程。

④ 施工段之间、工序之间连续作业，为了缩短工期，提高经济效益，减少施工人员和施工机械不必要的闲置时间，施工段上各相邻工序之间或本工序在相邻施工段之间进行作业的时间，应尽可能地互相衔接起来。

⑤ 绘制流水作业施工进度图（横道图）。

⑥ 确定流水作业施工工期。

【例题 3.2】　一个工程项目有 5 道涵洞，对其基础施工采用流水作业法。

【解】　(1) 5 道涵洞，自然形成 5 个施工段；

(2) 将基础分成三道工序：施工放样、挖基坑、砌基础；

(3) 分别组成三个施工队，即施工放样 3 人、挖基坑 4 人、砌基础 8 人；

(4) 施工顺序是施工放样、挖基坑、砌基础。

(5) 施工放样、挖基坑、砌基础专业施工队在每座涵洞上作业时间分别为 1d、2d、2d。流水作业法组织成果见图 3-4。

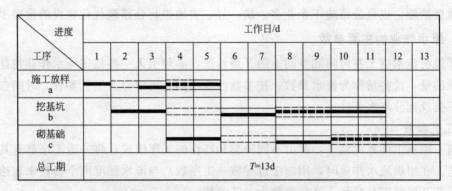

图 3-4　流水作业施工进度图

图例：━━涵洞 1，====涵洞 2，━━涵洞 3，━━━━涵洞 4，━━涵洞 5

由图 3-4 可见，当涵洞 1 的施工放样工序完成后，涵洞 1 的挖基坑作业可以进行；同时，涵洞 2 的施工放样和涵洞 1 的挖基坑作业平行地进行施工；依次进行下去，形成流水作业。

二、流水作业的特点

流水施工的主要特点是生产的连续性和均衡性，是使各种物质资源均衡地使用，施工机构及其附属企业的生产能力充分地发挥，劳动力得到合理地安排和使用，从而带来较好的经济效果。

1. 流水组织的特点

(1) 避免了施工期间劳动力的过分集中，从而减少临时设施工程量，节约基建投资。

(2) 由于实行工程队（组）生产专业化，为提高工人的技术水平和进行技术改造与革新创造了有利条件，促进劳动生产率和工程质量的不断提高。

(3) 在采用流水施工方法时，单位时间内完成的工程数量，对于机械操作过程是按照主导机械的生产能力来确定的；对于手工操作过程是以合理的劳动组织为依据确定的，因此保证施工机械和劳动力得到合理和充分利用。

(4) 消除了工作间的不合理中断，缩短了工期，从而降低了工程间接费用；保证了劳动力和资源消耗的均衡，各种资源得到充分利用，提高了劳动生产率和资源的使用率，减少了各种不必要的损失，从而降低了工程直接费用。

2. 组织流水施工时需要注意的问题

(1) 把劳动对象的施工过程划分为若干工序或操作过程，每个工序或操作过程分别由按工艺流程建立的专业班组来完成。

(2) 把一个劳动对象尽可能地划分为劳动量大致相等的若干施工段。

（3）各个作业班组按照一定的施工顺序，携带必要的机具，依次连续地由一个施工段转移到另一个施工段，反复完成同类工作。

（4）不同工种或同种作业班组完成工作的时间尽可能地互相衔接起来。

必须指出，流水施工法只是一种组织措施，它的使用可以带来很好的经济效果，而不要求增加任何的额外费用。现代化公路的发展除需要科学的组织措施外，还要依赖施工技术现代化，如建筑设计标准化、建筑结构装配化、构建生产工厂化、施工过程机械化、建筑机构专业化和施工管理科学化等。这些方面是密切联系、互为条件的，既是实现建筑工业化必不可少的重要措施，也是公路施工企业多、快、好、省地进行公路现代化建设的重要手段。

三、流水作业的主要参数

为了说明流水施工在时间和空间上的开展情况，必须引入一些描述流水作业特征和各种数量关系的量，这些量称为流水参数。按参数性质不同，可以分为工艺参数、时间参数、空间参数三类及充分流水条件。

1. 工艺参数

任何一项施工任务的施工，都由不同种类和特性的工序组成，每一道工序都有其特定的施工工艺。在组织流水作业时，用施工过程数（工序数）与流水强度两个参数来表达流水作业施工工艺开展顺序及特征，这些参数为工艺参数。

（1）施工过程数（工序数）n　为了描述一个施工过程中工艺的复杂程度，根据具体情况，可把一个综合的施工过程划分为若干具有独自工艺特点的单个施工过程，划分的数量"n"称为施工过程数（工序数）。由于每一个施工过程一般有专业班组承担，故施工班组（或专业队）数等于 n。

施工过程数要根据构造物的复杂程度和施工方法来确定，太多、太细，则给组织施工和编制执行计划增添麻烦，在施工进度计划上也会带来主次不分的缺点；太少，则会使施工进度计划过于笼统和专业队分担的作业过于繁杂，而失去指导施工的作用。

例如钻孔灌注桩施工，可划分为：筑岛、埋设护筒、搭设平台；安装钻机、钻孔；安放钢筋笼、安装导管；水下混凝土灌注 4 道工序，这样划分比较合适。

（2）流水强度 V　流水强度又称流水能力或生产能力，每一施工过程在单位时间内所完成的工程量（如浇捣混凝土施工时，每工作班能浇捣的混凝土的数量）叫流水强度。流水强度越大，专业队应配备的机械、需用的人工及材料也越多，工作面相应增加，施工期限缩短。

① 机械施工过程的流水强度按下式计算：

$$V = \sum_{i=1}^{x} R_i C_i \tag{3.1}$$

式中　R_i——某种施工机械台数；

C_i——该种施工机械台班生产率（即台班产量定额）；

x——用于同一施工过程的主导施工机械种数。

② 手工操作过程的流水强度按下式计算：

$$V = RC \tag{3.2}$$

式中　R——每一施工过程投入的人数（R 应小于工作面上允许容纳的最多人数）；

C——每一工人每班产量（即劳动产量定额）。

2. 时间参数

每一道工序的完成都要消耗时间。在组织流水作业时，用流水节拍、流水步距、时间间歇这几个时间参数来表达流水作业施工在时间排列上所处的状态，这些参数为时间参数。

(1) 流水节拍 t_i　流水节拍是某个施工过程（或作业班组）在某个施工段上的持续时间。当施工段数目确定后，流水节拍的长短影响施工工期。影响流水节拍长短的因素有：施工方案、施工段的工程数量、专业施工队的人数、机械台数、每天的作业班次等。它的大小关系着投入的劳动力、机械设备的多少，决定着施工的速度和施工的节奏性。通常有两种确定方法，一种是根据工期要求来确定；另一种是根据现有能投入的资源（劳动力、机械台数和材料数量）来确定。

流水节拍按下式计算：

$$t_i = \frac{Q_i}{CRn\delta} = \frac{P_i}{Rn\delta} \tag{3.3}$$

式中　Q_i——某施工段的工程数量（$i=1, 2, 3, \cdots, m$）；

　　　C——每一工日（或台班）的实际产量或产量定额；

　　　R——施工人数（或机械台数）；

　　　P_i——某施工段所需要的劳动量（或机械台班量）；

　　　n——作业班制；

　　　δ——资源的使用效率。

(2) 流水步距 B_{ij}　两个相邻的施工队（组）在保持连续施工的条件下，先后进入第一个施工段进行流水施工的时间间隔，叫流水步距。其数目取决于参加流水的施工过程数，如施工过程数为 n，则流水步距的总数为 $n-1$ 个。

确定流水步距的基本要求是：①始终保持合理的两个施工过程的先后工艺顺序；②尽可能保持各施工过程的连续作业；③做到前后两个施工过程施工时间的最大搭接（即前一施工过程完成后，后一施工过程尽可能早地进入施工）；④流水步距与流水节拍保持一定关系，应满足施工工艺、组织条件及质量要求。例如钻孔灌注桩施工，必须保证钻孔与灌注混凝土两道工序紧密衔接，目的是防止坍孔。

(3) 时间间歇　流水作业往往由于工艺要求或组织因素要求，两个相邻的施工过程需增加间歇时间，这种间歇时间是必要的，它们分别称为工艺间歇时间和组织间歇时间。

① 工艺（技术）间歇时间 Z_1　在组织流水作业时，不仅要考虑专业队之间的协调配合、施工质量、施工安全等，有时应根据材料特点和工艺要求，还要考虑合理的工艺等待时间，然后下一专业队才能进入施工，这个等待时间叫工艺间歇时间。如混凝土浇筑后，需要一定的养护时间才能进行后道工序的施工；又如水泥混凝土路面浇筑完成后，需等待一定时间，使其达到一定的强度，才能进行面层板的切缝施工等。

② 组织间歇时间 Z_2　由于组织因素要求两个相邻的施工过程在规定的流水步距以外增加必要的间歇时间进行质量验收、安全检查等，这种间歇时间称为组织间歇时间。

上述两种间歇时间在组织流水作业时，可根据间歇时间的发生阶段一并考虑或分别考虑，以灵活应用工艺间歇和组织间歇的时间参数特点，简化流水作业组织。

3. 空间参数

执行任何一项施工任务，都要占用一定范围的空间。在组织流水作业时，用工作面、施工段数这两个参数来表达流水作业施工在空间布置上所处的状态，这些参数为空间参数。

（1）工作面 A　工作面又称工作前线，是专业队或机械在进行施工操作时所必须具备的活动空间。它的空间大小表明了施工对象上可能安置多少工人和布置多少机械作业。在工作面上，前一施工过程的结束为后续施工过程提供了工作面。在确定一个施工过程必要的工作面时，不仅要考虑前一施工过程为这个施工过程可能提供的工作面大小，还要考虑工作效率，同时也要遵守安全技术和施工技术规范的规定。

（2）施工段数 m　在组织流水施工时，通常把施工对象划分为所需劳动量大致相等的若干段或按工程结构部位划分的分部分项工程段，这些段就叫施工段。每一施工段在某一时间内只供一个施工队完成其承担的施工过程，施工段的数目用 m 表示。

施工段可以是固定的，这样施工段的分界对所有施工过程都是固定不变的；施工段也可以是不固定的，这样施工段的分界对不同的施工过程是不同的。固定的施工段便于组织流水作业，采用较广。

在划分施工段时，应考虑以下几点：①施工段的分界同施工对象的结构界限（温度缝、沉降缝和单元尺寸等）取得一致；②各施工段上所消耗的劳动量大致相等；③每段要有足够的工作面，使工人操作方便，既有利于提高工效，又能保证施工安全；④划分段数的多少，应考虑机械使用效能、工人的劳动组合、材料供应情况、施工规模大小等因素。

流水作业中施工段的划分一般有两种形式，一是在一个单位工程中自身分段；二是在建设项目中各单位之间进行流水段划分。

4. 充分流水条件

流水作业具有较高经济效益，是施工队伍积极采用的办法。但并不是在任何情况下都可以使用流水作业法的，只有具备如下条件才能保证充分流水。

$$m \geqslant n$$

即施工段数大于或等于工序数。在工程规模较大的情况下，工艺过程又较复杂，则将工程划分为多个段，调入多个专业队伍施工，才是充分流水的施工最好选择。

四、流水作业的组织方法

由于工程构造物的复杂程度不同、所处的具体位置多变以及工程性质互异等因素的影响，根据流水节拍的特征，流水施工的组织可分为有节拍流水和无节拍流水，其中有节拍流水又分为全等节拍流水、成倍节拍流水、分别流水。

1. 全等节拍流水

所谓全等节拍流水，是指各施工过程在所有施工段上的流水节拍均相等，即各施工过程的流水节拍 t_i 与相邻施工过程之间的流水步距 B_{ij} 完全相等的流水施工，即 $t_i = B_{ij} =$ 常数。每个施工专业队都能连续作业，施工段没有空闲，实现了连续、均衡而又紧凑的施工，是一种理想的组织方式。

全等节拍流水的施工工期为：

$$T = (n-1)B_{ij} + mt_i = (m+n-1)t_i \tag{3.4}$$

图 3-5 是一个全等节拍流水的例子。图中 $m=5$、$n=3$、$t_i = B_{ij} = 2$，全等节拍流水的施工工期为：$T = 14d$。

如果全等节拍流水中存在工艺（技术）和组织间歇时间，则其施工工期为：

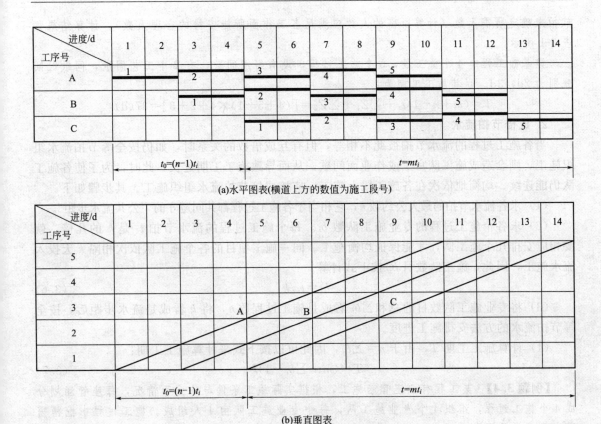

(a)水平图表(横道上方的数值为施工段号)

(b)垂直图表

图 3-5　全等节拍流水施工进度图

$$T=(m+n-1)t_i+\sum Z_1+\sum Z_2 \tag{3.5}$$

【例题 3.3】　某工程有 4 个同类型的构造物，其基础工程组织流水作业，各施工过程的工程量及每工日（台班）的产量定额如表 3-1 所示。土方开发采用 2 台挖土机，其他施工过程的人数可根据施工组织安排。基础墙施工应在混凝土养护 2d 后进行，回填土施工应在基础墙砌筑养护 3d 后进行。试计算其施工工期。

表 3-1　某工程基础施工概况

施工过程	工程量	产量定额	人数(台班)	流水节拍 t_i	备注
挖土与垫层	2100m³	65m³/台班	2 台	4d	垫层施工部及工期
钢筋绑扎	45.6t	0.45t/工日	6 人	4d	
混凝土浇筑	600m³	1.5m³/工日	25 人	4d	
基础墙砌筑	560m³	1.25m³	28 人	4d	施工前间歇 2d
回填土	1200m³	65m³/台班	1 台	4d	施工前间歇 3d

【解】　由于本工程 4 个构造物类型相同，将工程划分为 4 个施工段，即 $m=4$，可以满足各施工过程在各施工段上劳动量基本相等。因此，可以组织全等节拍流水作业。现根据计划投入的挖土机械计算挖土与垫层这一施工过程流水节拍：

$$t_i=\frac{Q_i}{CRn\delta}=\frac{2100/4}{65\times2}\approx4(d)$$

因为其他施工过程的人数可根据施工组织安排，故按挖土与垫层这一主导施工过程流水节拍来确定所需人数（计算所需的人数应满足各工作面所能安排的合理人数）。计算结果如表 3-1 所示。

该基础工程有 4 个施工段，5 个施工过程，没有组织间歇，有 2 个工艺间歇，间歇时间分别为 2d，3d。则其施工工期为：

$$T=(m+n-1)t_i+\sum Z_1+\sum Z_2=[(4+5-1)\times4+2+3]=37(d)$$

2. 成倍节拍流水

当各施工过程的流水节拍彼此不相等，但有互成倍数的关系时，如仍按全等节拍流水组织施工，则会造成施工队窝工或作业面间歇，从而导致施工工期延长。此时，为了使各施工队仍能连续、均衡地依次在各施工段上施工，应按成倍节拍流水组织施工。其步骤如下。

（1）求各流水节拍的最大公约数 k，它相当于各施工过程都共同遵守的"公共流水步距"。

（2）求各个施工过程的专业施工队数 b_i。每个施工过程的流水节拍 t_i 是 k 的几倍，就要相应安排几个施工队，才能保证均衡施工。同一施工项目的各个施工队依次相隔 k 天投入流水施工，因此，施工队数目 b_i 按下式计算：

$$b_i=t_i/k \tag{3.6}$$

（3）将专业施工队数目的总和 $\sum b_i$ 看成是施工过程数 n，将 k 看成是流水步距后，按全等节拍流水的方法安排施工进度。

（4）计算施工工期 T，由于 $n=\sum b_i$，因此可以按下式来计算施工工期：

$$T=(m+\sum b_i-1)k \tag{3.7}$$

【例题 3.4】 某工程有 6 座管涵施工，根据实际施工条件与作业面情况，每座管涵划分成 4 个施工过程，组织 4 个专业施工队，每个专业施工队由 4 人组成。施工过程中挖槽需 2d，基础砌筑需 4d，安涵管需 6d，洞口砌筑需 2d。采用成倍节拍流水组织施工。试确定施工工期，并绘制成倍节拍流水施工进度图。

【解】 根据已知条件：施工过程中挖槽需 2d，基础砌筑需 4d，安涵管需 6d，洞口砌筑需 2d。它们的最大公约数 $k=2$，计算得到的各施工过程数 b_i 为：挖槽 1 个队；基础砌筑 2 个队；安涵管 3 个队；洞口砌筑 1 个队。

$m=6$，$n=\sum b_i=1+2+3+1=7$，$k=2$，计算得到施工工期：

$$T=(m+\sum b_i-1)k=(6+7-1)\times2=24(d)$$

图 3-6 为 6 座管涵按成倍节拍流水组织施工的进度图。

3. 分别流水

所谓分别流水是指各施工过程的流水节拍 t_i 各自保持不变（$t_i=$ 常数），但不存在最大公约数 k，流水步距 B_{ij} 也是一个变数的流水作业。也就是说同类工序的流水节拍 t_i 在各施工段上相等，而不同类工序的流水节拍 t_i 相互不完全相等的流水作业。

分别流水作业的组织方法用图 3-7 说明。

由于流水步距 B_{ij} 是一个变数，其作图不同于全等节拍流水作业和成倍节拍流水作业作图。分别流水作业作图可以采用两种方法：①紧凑法（只要具备开工要素就开工）；②作业队连续作业法，分别流水施工的施工工期一般采用作图法确定。

组织分别流水施工时，首先应保证各施工过程本身均衡而不间断地进行，然后各施工过程彼此搭接协调。也就是说。既要避免各施工过程之间发生矛盾，也要尽可能减少作业面的间歇时间，使整个施工安排保持最大程度的紧凑，以达到缩短工期的目的。

（1）基本特点

① 同一施工过程在各个施工段上的流水节拍彼此相等，不同施工过程在同一施工段上

施工项目	所需工日	施工对数	施工进度/d											
			2	4	6	8	10	12	14	16	18	20	22	24
挖槽	8	1	1	2	3	4	5	6						
砌基础	16	2		1		3		5						
					2		4		6					
安涵管	24	3				1			4					
							2			5				
								3			6			
砌洞口	8	1							1	2	3	4	5	6

(a)水平图表(横道上方的数值为施工段号)

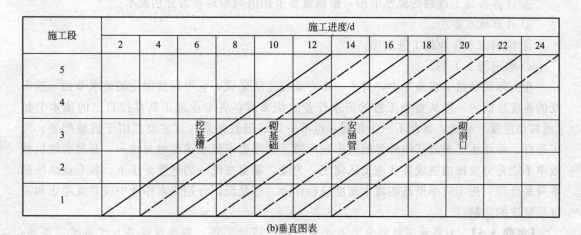

(b)垂直图表

图 3-6　成倍节拍流水施工进度图

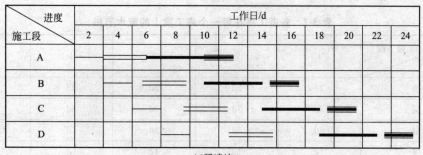

(a)紧凑法

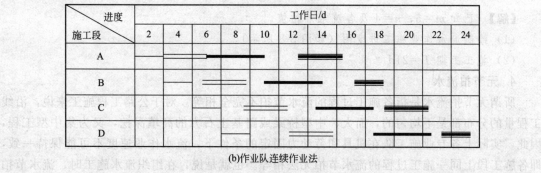

(b)作业队连续作业法

图 3-7　分别流水施工进度图

工序图例：━━ a，═══ b；▬▬ c，▭▭ d

的流水节拍彼此不相等，各流水节拍之间不存在大于1的整数倍关系，这也是组织分别流水作业的条件。

② 专业队的数目等于施工过程的数目，即每一施工过程只组织一个专业施工队。

③ 各专业施工队能始终保持连续有节奏地施工。

④ 施工段有发生空闲的情况，如不允许发生空闲，就应采用成倍节拍流水。

（2）施工组织要点

① 分解施工过程，确定施工过程数。

② 按前述划分施工段的原则和方法确定施工段数。

③ 计算各施工过程的流水节拍，根据流水节拍值判断是否为分别流水。

④ 计算流水步距。

⑤ 绘制流水作业施工进度图。

⑥ 确定施工工期。

在实际的公路工程施工中，对于一个专业施工队来说，它可以按固定的流水节拍（或不变的速度）前进。但从整个工程的流水作业组织来看，各专业施工队都按自己的流水节拍（或移动速度）前进，彼此不一定相同，也不一定成倍数关系，这主要是由于机械配备、施工条件、劳动生产率或其他外界因素影响所致。如果要求流水速度绝对统一，必然会使机械效率不能充分发挥或造成某些施工队窝工。为此，需要在统一的进度要求下，各专业队按照本身最合理、施工效率最高的流水速度进行作业。这是组织分别流水作业中应着重考虑和需仔细解决的问题。

【例题3.5】 某路面工程划分为五个施工段，四道工序，即清理路基与挖路槽、垫层、基层、面层。已知各道工序的流水节拍如表3-2所示，在保证各专业施工队连续作业的前提下，试组织流水施工。

表 3-2　各道工序在每一个施工段上的流水节拍

工序　　　　　施工段	1	2	3	4	5
路槽	2d	2d	2d	2d	2d
垫层	3d	3d	3d	3d	3d
基层	3d	3d	3d	3d	3d
面层	1d	1d	1d	1d	1d

【解】 已知 $m=5$，$n=4$ 及各流水节拍值。

（1）绘制流水作业施工进度图（如图3-8所示）。

（2）施工工期 $T=21d$。

4. 无节拍流水

所谓无节拍流水是指各施工过程的流水节拍不完全相等。对于公路工程施工来说，沿线工程量的分布都是不均匀的，而大、中型桥梁或路基土石方的高填深挖，又为集中型工程，因此，实际上各专业施工队在机具和劳动力固定的条件下，流水作业速度不可能保持一致，即各施工段上同一施工过程的流水节拍无法相等。也就是说，在组织流水施工时，流水节拍不为常数，流水步距不为常数，流水节拍与流水步距非整数倍关系。图3-9为无节拍流水施工进度图。

(a)水平图表

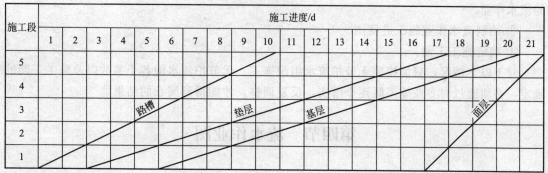

(b)垂直图表

图 3-8 分别流水施工进度图

(a)紧凑法

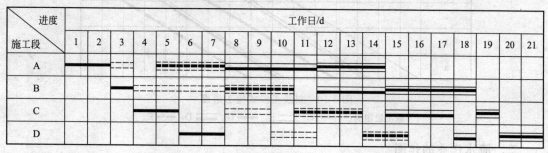

(b)作业队连续作业

图 3-9 无节拍流水施工进度图

工序图例: —— a, ==== b, ▤▤▤▤ c, ━━ d, ══ e

（1）基本特点

① 同一施工过程在各个施工段上的流水节拍彼此不相等，不同施工过程在同一施工段上的流水节拍彼此不相等，这也是无节拍流水作业的条件。

② 专业队的数目等于施工过程的数目 n，即按施工过程组织专业施工队。

③ 各专业施工队能保持连续施工，但没有固定的节奏。

④ 施工段有发生空闲的情况，如不允许发生空闲，专业施工队就不能实现连续施工，二者不能兼顾。

（2）施工组织要点

① 确定施工过程数和施工段数，计算各施工段上每一施工过程的流水节拍。

② 计算流水步距，无节拍流水的各个流水节拍之间互无关系，不能建立计算公式，一般用"数字错差法"计算，这种方法能保证各专业队连续作业，自然也适用于前述各种情况的流水作业。

③ 绘制流水作业施工进度图。

④ 确定施工工期。

对于以上情况，只能按照无节拍流水组织施工。无节拍流水的各个参数以及施工工期的确定，必须通过对专业施工队逐个落实，反复调整，才能得到满意的结果。

第四节　流水作业图

一、流水作业图的形式

按流水作业图中的图形和线条形态及其所表达的内容可以分为以下几种：

（1）横线工段式，如图 3-4 所示；

（2）横线工序式，如图 3-9 所示；

（3）斜线工段式，如图 3-10 所示；

（4）斜线工序式，如图 3-11 所示。

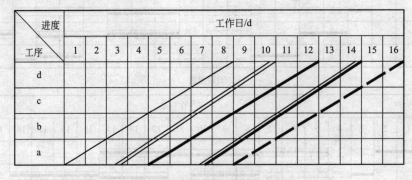

图 3-10　斜线工段式施工进度

施工段图例：——A，══B，▬▬C，══D，－－E

二、流水作业的作图

流水作业的作图过程，是施工组织设计的过程，需要综合考虑各种因素，才能做出比较好的进度图。流水作业法的施工组织意图和内容通过流水作业图的形式表达出来。有关作图要点如下。

1. 开工要素

也称开工条件，每一道工序开工时，必须具备工作面和生产力（施工班组、机械、材料等资源）两个开工要素，二者缺一不可。

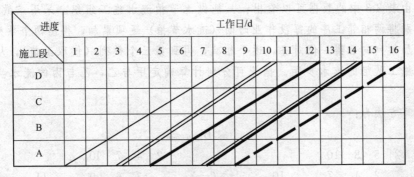

图 3-11　斜线工序式施工进度

施工段图例：—— a，══ b，▬▬ c，▬▬ d，－－ e

2. 工序衔接原则

（1）相邻工序之间及工序本身，应尽可能衔接，以取得最短施工工期。

（2）工序衔接必须满足工艺要求和自然过程的需要。

（3）尽量争取同工序在各施工段上能连续作业，并尽量使相邻不同工序在同一施工段上能连续作业。

（4）图中的首工序和末工序，均可按需要采取连续作业或间歇作业。

3. 工序紧凑法流水作业组织

为了使流水作业图取得最短施工工期，在作图时，各相邻工序之间，尽量紧凑衔接，即尽量使所排工序向作业开始方向靠拢（一般向图的左端靠拢）。

4. 专业队在各施工段间连续作业的组织

在流水作业组织中，可使各个专业队在各施工段间连续作业，以避免"停工待面"和"干干停停"的现象；这样尽管不能保证工期最短，但有助于提高经济效益。

专业队实现连续作业，不等于施工工期最短；但施工工期最短，不等于不能实现连续作业，为了组织在施工期尽可能短的情况下，各施工专业队能在各个施工段间进行连续作业，必须确定相邻各专业队（相邻工序）间最小流水步距 $B_{ij(\min)}$。最小流水步距 $B_{ij(\min)}$ 可以用"数字错差法"确定。

数字错差法是先做错误的假设，即设各道工序（队组）在第一施工段上同时开工，分别求出各施工队组在各施工段上的完工时间，形成新的数列矩阵；前行数列向前（左）移一位，相对紧邻后一行数列向右移一位；对应两行数列相减，缺位补零，即可求出差值数列，其中最大差值即为流水步距。所谓"相邻工序（对组）每段节拍时间累加数列错位相减取大差"法。可以分为四个步骤：①累加数列；②错位相减；③取大差；④作进度图。

【例题 3.6】　表 3-3 表示某 4 个施工段的三项（甲、乙、丙）施工过程所需的作业时间，按照无节拍流水组织施工。求各工序（施工过程）之间的最小流水步距 $B_{ij(\min)}$ 和施工工期。

表 3-3　施工过程作业时间　　　　　　　　　　　　　（单位：d）

工序＼施工段	1	2	3	4
甲	2	3	3	2
乙	2	2	2	2
丙	3	3	3	2

【解】 由表 3-3 中的数据可以看出：只能做无节拍流水施工组织。采用"数字错差法"求解。先分别将两相邻工序的每段作业时间（流水节拍）逐项累加，得出两个数列，然后将后工序的累加数列向后错一位对齐，逐个相减，得到第三个数列（仅取正值），从中取大值即为两工序施工队组的流水步距。据此可分别计算确定甲与乙，乙与丙的流水步距分别为 4d 和 2d。

具体计算方法为：

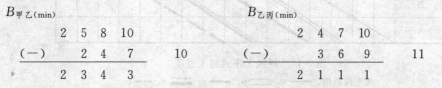

$$B_{甲乙(min)} \qquad\qquad B_{乙丙(min)}$$

2	5	8	10		2	4	7	10
（－） 2	4	7		10	（－） 3	6	9	11
2	3	4	3		2	1	1	1

用横道图表示流水作业进度如图 3-12 所示，施工工期为 17d。

图 3-12 连续作业施工进度图

三、流水作业法总结

（1）流水作业法分别有节拍流水和无节拍流水两大类，根据流水节拍之间的相互关系，有节拍流水可以分为全等节拍流水、成倍节拍流水和分别流水。全等节拍流水是流水作业法中最理想的状态，完全能够实现连续、均衡而有节奏地施工。因此，创造条件按全等节拍流水组织施工是工程施工时间组织的一项重要任务。

（2）各种流水作业都可以用水平图表和垂直图表来安排施工进度，不同和各类型的流水作业，施工进度图表现出不同的特征，见表 3-4。

表 3-4 各种流水作业类型图表特征表

流水作业类型		主要流水参数关系	图表特征
有节拍流水	全等节拍流水	$t_i = B_{ij} =$ 常数	1. 各流水线呈直线 2. 各流水线彼此平行 3. 各流水线的间距相等
	成倍节拍流水	$t_i = nB_{ij} =$ 常数	1. 各流水线呈直线 2. 各流水线彼此平行 3. 各流水线的间距不等
	分别流水	t_i 常数 t_i 不等于 B_{ij} t_i 不等于 nB_{ij}	1. 各流水线呈直线 2. 各流水线彼此不平行
	无节拍流水	t_i 不等于常数 t_i 不等于 B_{ij} B_{ij} 不等于常数	1. 各流水线呈折线 2. 各流水线彼此不平行

注：表中 n 为大于 1 的正整数。

（3）流水作业法施工工期可采用公式计算，也可采用作图法确定。求最小流水步距的通用方法是"数字错差法"。

（4）对于分别流水作业法和无节拍流水作业，当施工对象既划分施工段又划分施工层时，计算和施工进度安排都是十分繁琐的。如果采用网络计划法，将会更清楚、明了、简便。

小　结

本章重点讲解了公路工程施工项目进度图的绘制，特别对公路工程施工项目的横道图和公路工程施工项目的斜线图的绘制进行了详细讲解，同时讲解了公路工程施工项目的施工总工期的计算。对公路施工进度管理起到重要的控制作用。

思考与练习

1. 某工程有 3 个涵洞，每个涵洞的施工过程及流水节拍如下表，若按成倍节拍流水作业，试计算其总工期。

施工过程	挖基坑	砌基础	砌墙身	砌洞口
作业时间/d	5	10	10	5

2. 某工程由 A、B、C、D 四个工序组成，施工顺序为：A→B→C→D，各工序的流水节拍为：T_A=2d，T_B=4d，T_C=4d，T_D=2d。在劳动力相对固定的条件下，且保证各工作队连续施工，试绘制其施工横道图。

3. 某工程有 7 个施工段（A、B、C、D、E、F、G），每个施工段有 3 道工序（a、b、c）。a 工序在各施工段上的流水节拍为 2d，b 工序在各施工段上的流水节拍为 6d，c 工序在各施工段上的流水节拍为 4d，若按成倍节拍流水作业，试计算其总工期。

4. 请按下列流水节拍表绘制施工横道图（要求：保证各工作队连续施工）。

流水节拍表

（单位：d）

工序 ＼ 施工段	A	B	C	D
a	2	3	3	2
b	2	2	3	3
c	3	3	3	3

5. 某工程有三个涵洞，共有挖基础、砌基础、砌墙身三道工序，工作日分别为 3d、3d、3d，请绘制其斜线图。

6. 某工程有三个涵洞，共有挖基础、砌基础、砌墙身三道工序，工作日分别为 2d、6d、4d，请绘制其斜线图。

7. 某工程有三个涵洞，共有挖基础、垫层、砌基础、砌墙身四道工序，工作日分别为 2d、3d、7d、1d，请绘制其斜线图。

第四章　网络计划技术

第一节　网络计划技术概述

网络计划技术是利用网络图将项目计划进行图示化的一种管理方法，所谓网络图是由箭线和节点组成的用来表示工作流程的有向、有序的网状图形。网络计划技术是在 20 世纪 50 年代后期，由美国发展起来的管理方法，包括关键线路法（CPM）和计划评审法（PERT）等。

一、网络计划的发展应用

1955 年，美国杜邦·奈莫斯公司提出设想，规定每一项活动的起讫时间，并按工作顺序绘制成网状图形。1956 年，开发出计算机程序，用来合理安排工程项目的进度计划方法，即关键线路法（CPM）。1958 年，将此方法用于投资 1000 万美元的化工厂建设管理，使整个工程的工期缩短 4 个月。接着又把此法用于编制设备检测维修计划，使设备因维修而停产的时间由原来的 125 小时缩短到 78 小时，取得了巨大成绩。杜邦公司采用 CPM 安排施工和维修工程等计划，仅一年就节约了近 100 万美元，相当于公司用于研究开发 CPM 所用经费的 5 倍。

1958 年，美国海军特种计划局在研制北极星导弹核潜艇时，提出控制进度的另一先进的计划方法——计划评审法（PERT）。北极星导弹核潜艇计划的规模庞大，有 8 家总承包公司、250 家分包公司、3000 家三包公司、9000 多家厂商，协调工作十分复杂，应用此法后，不但使原定 6 年时间的研制提前两年完成，并节约了大量资金，效果很好。20 世纪 60 年代后，美国采用 PERT 组织了阿波罗登月计划，使人类的足迹在 1969 年第一次踏上了月球，也使 PERT 法声誉大振。

CPM 和 PERT 的主要差别是对工作的作业时间的估计方法不同：CPM 只估计一个时间，因建筑施工中不肯定因素少，所以一半多采用此法；PERT 使用三种时间计算法，即最长时间、最短时间、最可能时间，然后再推算出一个作业时间，因科研和试验工作的不肯定因素多，所以一般多采用此法。这两种方法很快被各行各业所采用，为适应各种计划管理的需要，以此为基础，研制了其他一些网络计划法，如搭接网络计划技术（DLN）、图形评审技术（GERT）、风险评审技术（VERT）等。

我国是从 20 世纪 60 年代开始引入网络计划技术的，著名的数学家华罗庚教授在吸收国外网络计划技术的基础上，结合我国实际情况将 CPM、PERT 统一定名为统筹法，并在全国进行指导与推广。

网络计划工作要求明确，责任清晰，有利于贯彻执行各级岗位责任制，提高计划管理工作的质量及工作效率，克服了传统横道图、垂直图的缺点。因此，网络计划技术在公路、水利、工业与民用建筑等工程项目建设管理中得到广泛地运用。

二、网络计划技术的特点

与传统的进度计划相比较，网络计划技术具有以下特点：①从工程整体出发，统筹安排，明确反映各工作之间的先后顺序，以及相互制约、相互依赖的关系；②通过时间参数的计算，能找出关键工作与非关键工作，以及各项工作的机动时间，管理人员能够从中抓住主要矛盾，采取技术措施进行有效控制与监督，通过合理安排人员、材料、机械等资源，降低成本，缩短工期；③网络计划可以进行优化比较，并通过优化，选取最佳方案；④可以通过计算机计算时间参数，从而提高管理效率。

三、网络计划的分类

1. 按性质分类

（1）肯定性网络计划　工作、工作之间的关系、工作持续时间都是肯定的。

（2）非肯定型网络计划　工作、工作之间的关系、工作持续时间有一项或多项不肯定。各工作持续时间有三个值，即最长时间 a、最短时间 b、最可能时间 m。

2. 按节点和箭线含义分类

（1）单代号网络计划　节点表示工作，箭线表示工作之间的关系。

（2）双代号网络计划　箭线表示工作，节点表示工作的衔接瞬间。

3. 按有无时间坐标分类

（1）按时标网络计划　以时间坐标为尺度绘制的网络计划，实箭线的长度表示该工作的工期。

（2）非时标网络计划　不按时间坐标为尺度绘制，实箭线的长度不表示该工作的工期。

4. 按层次分类

（1）总网络计划　以整个任务为对象编制。

（2）局部网络计划　以任务的某一部分为对象编制。

5. 案最终控制目标分类

（1）单目标网络计划　只有一个最终目标（终点节点）的网络计划。

（2）多目标网络计划　具有若干个独立的最终目标（终点节点）的网络计划。

6. 按工程复杂程度分类

（1）简单网络计划　工作数在 500 道以内的网络计划。

（2）复杂网络计划　工作数在 500 道以上的网络计划。

7. 按工作的衔接特点分类

（1）普通网络计划　工作关系按首尾衔接关系绘制。

（2）搭接网络计划　按各种搭接关系绘制。

（3）流水网络计划　能够反映流水施工的特点。

第二节　双代号网络计划图的绘制

一、双代号网络计划图的组成

双代号网络计划是目前应用较为普遍的一种网络计划，它表示工程任务或一个计划中各项工作的先后顺序、衔接关系和所需时间及资源，它的工作用两个代号表示。双代号网络图由箭线、节点、流三个要素组成，如图 4-1 所示。

在图 4-1 中，→表示具体的工作内容，○表示工作的关系。箭线下方的数表示工作的持续时间，箭线上方的数表示工作的日资源需要量。

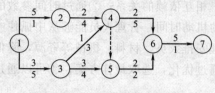

图 4-1　双代号网络图

1. 箭线

（1）箭线表示工作，又表示施工方向、施工顺序。工作可以是一道工序，也可以是分项、分部工程，构造物，单位工程等。箭尾表示工作开始，箭头表示工作结束，箭线表示工作内容。

（2）箭线有实箭线和虚箭线两种，实箭线表示工作既消耗时间又消耗资源，用"→"表示，如混凝土构件的自然养护、预应力混凝土的张拉等过程都需要时间。虚箭线表示虚拟工作，既不消耗时间又不消耗资源。用"--→"表示。它在工程中实际并不存在，因此无工作名称。

（3）工作有紧前工作、紧后工作、先行工作、后继工作、平行工作等，当连续施工时，箭线会连续画，就某工作而言，紧靠其前面的工作成为紧前工作，紧靠其后面的工作成为紧后工作，该项工作成为本工作，所有在其前面完成的工作成为先行工作，所有在其后面的工作成为后继工作。

（4）在无时标的网络图中，箭线不表示工作的持续时间长短，为了整齐，一般用直线或折线绘制箭线。

2. 节点

（1）节点用圆圈表示，是两项工作交接点，既不消耗时间又不消耗资源，表示前一项工作的结束，同时也表示后一项工作的开始。网络图中第一个节点叫起点节点，最后一个节点叫终点节点，箭线头部的节点叫做箭线节点，箭线尾部的节点叫箭尾节点。

（2）在网络图中，可能有许多箭线指向同一节点，对于该节点来讲，这些箭线称为内向箭线；也可能有许多箭线从同一节点出发，对于该节点来讲，这些箭线称为外向箭线（图 4-2）。起点节点只有外向箭线，终点节点只有内向箭线，其他节点既有内向箭线又有外向箭线。

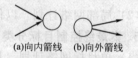

(a)向内箭线　　(b)向外箭线

图 4-2　节点图

（3）节点编号　为便于检查和计算，每个节点均应统一编号，一条箭线前后两个节点的号码就是该箭线所表示工作的代号。节点编号可以不连接，但不能重复，且箭尾节点的号码 i 要小于箭头节点的号码 j。一项工作的表示方法如图 4-3 所示。

图 4-3　工作表示方法

满足节点编号原则的条件下，可采用水平编号法、垂直编号法、删除箭线法等方法对节点进行编号。水平编号法即从网络图的起点开始，由左到右按箭线顺序逐行编号；垂直编号即从网络图的起点开始由左到右逐列按原则进行编号；删除箭线法即先对起点编号后，划去该点引出的全部箭线，对网络图中剩下的没有内向箭线的节点依次编号，直到全部节点编完为止。

3. 流

流表示完成各项工作所需的资源量，包括具体工作所需的时间、费用和材料设备等，通常标注在箭线的上方。

二、双代号网络计划图绘制

1. 工作关系及其表示

双代号网络计划图的工作关系及其表示方法见表 4-1。

表 4-1　双代号网络工作关系表示方法

序号	工作关系	网络中的表示方法
1	A、B 工作依次施工	
2	B、C 在 A 后同时进行	
3	A、B 完工后进行 C	
4	A、B 完工后同时进行 C、D	
5	A 完工后进行 C、D； B 完工后进行 D	
6	A 完工后进行 C、D； B 完工后进行 D、E	
7	A 完成后进行 B、C 同时开始； D 在 B、C 后开始；C 后 E 开工； F 在 D、E 后开始	

2. 虚箭线的作用

虚箭线是在绘制双代号网络图时，根据工作关系的需要增设的箭线，它不是一项实际工作，只是为了正确表达逻辑关系，防止发生代号混乱。虚箭线的作用如下。

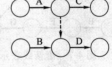

图 4-4　虚箭线应用

（1）虚箭线用于解决工作间的逻辑关系。在图 4-4 中，A 工作的紧后工作是 B、D，C 的紧后工作是 D，为了正确表示 A、D 的工作关系，就需要使用虚箭线。虚箭线的持续时间为 0，A 完成后 D 才能开始。

（2）当两项或两项以上工作同时开始并同时完成时，必须引入虚线，以避免造成错误。如图 4-5 所示。

（3）虚箭线可解决逻辑关系"断路"的问题。在绘制双代号网络图时，很容易将原本没有逻辑关系的工作联系到一起，为了避免发生此种错误，就要使用虚箭线，将没有关系的工作隔开。

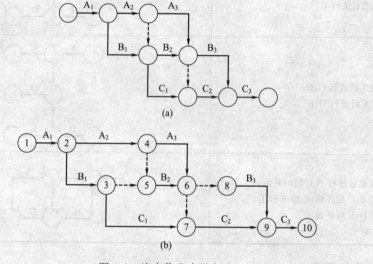

(a)错误的表达方式

(b)正确的表达方式

图 4-5 虚箭线应用

例如某隧道工程，分别为三道工序，掘进 A、支撑 B、衬砌 C，分三段交叉施工，如果绘制成图 4-6(a)，就是把没有关系的第二段的掘进工作 A_2 与第一段的衬砌工作 C_1 连在一起，同样还有 A_3 和 C_2。所以要引进虚箭线，将不该发生逻辑关系的工作隔断，如图 4-6(b) 所示。这种断路法在组织分断流水施工时应用非常广泛。

（4）虚箭线可表示不同工程项目之间的工作联系。甲、乙两项独立工程施工时，应分别绘制双代号网络图，但如果两工程的某些工作存在联系时，如利用同一台机械或班组进行施工时，可以用虚箭线来表示它们的互相关系，如图 4-7 所示。

(a)

(b)

图 4-6 流水作业表示方法

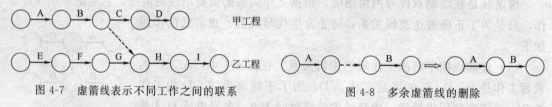

图 4-7 虚箭线表示不同工作之间的联系

图 4-8 多余虚箭线的删除

三、虚箭线的增设与删除

从虚箭线的作用可以看出，虚箭线在双代号网络图中是很重要的，在绘制网络图时，通常是先主动增设虚箭线，待网络图构成后，再删除不必要的虚箭线。删除多余虚箭线的方法有以下几种。

（1）如果虚箭线是进入一个节点的唯一一条箭线，则一般可将这个虚箭线删除，如图 4-8 所示。

当一个节点只有两条虚箭线进入时，可以删除其中一条，但不能改变原有逻辑关系，如图4-9所示。

（2）当虚箭线是为了区分两个节点间同时开始同时结束的工作时，虚箭线不能删除，如图4-10所示。

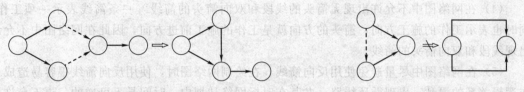

图 4-9　多余虚箭线的删除　　　　　　　　图 4-10　不能删除的虚箭线

四、绘制双代号网络计划图的基本规则

在绘制网络图时，应正确表达工作间的逻辑关系，引用虚箭线，遵循相关的绘图基本原则，否则，网络图就不能正确地反映项目的工作流程和进行时间参数的计算。绘制双代号网络计划基本规则如下。

（1）一个网络图只允许有一个起点节点和一个终点节点　如果一个网络图中存在多个起点节点或多个终点节点时，可增设虚箭线把各个起点节点或终点节点连接起来，如图4-11、图4-12所示。

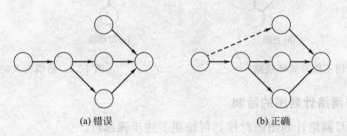

(a) 错误　　　　　　　　　　　　　　　　(b) 正确

图 4-11　起点节点只能有一个

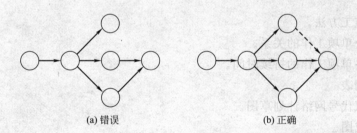

(a) 错误　　　　　　　　　　　　　　　　(b) 正确

图 4-12　终点节点只能有一个

（2）一对节点之间只能有一条箭线　在双代号网络中，一条箭线和两个代号表示一项工作如果一对节点之间存在多条箭线，就无法分清这两个代号表示哪一项工作，如出现这种情况，应引进虚箭线。

网络图的节点编号不能重复，一项工作只能使用唯一的代号，不允许出现相同编号的节点或相同代码的工作。一条箭线的箭头节点编号要大于箭尾节点编号，如图4-13所示。

i ───→ j　$i<j$

图 4-13　节点编号不能重复

（3）网络图中不允许出现循环线路　在网络图中，从一个节点出发顺着某一线路又能回到原出发点的线路成为循环线路，如图 4-14（a）所示。循环线路表示的工作关系错误的，在工艺顺序上相互矛盾，无法反映出先行工作与后续工作，在计算时间参数时也只能循环进行，无法得出结果。遇到这种情况，表示绘制工作的逻辑关系有误，应按工作本身的逻辑顺序连线，取消循环线路，如图 4-14（b）所示。

（4）在网络图中不允许出现无箭头的线段和双向箭头的箭线　一条箭线表示一项工作，同时也表示工作的施工方向，箭头的方向就是工作的施工前进方向，因此在网络图中不允许出现线段和双向箭头的箭线。

（5）在网络图中尽量避免使用反向箭线　在绘制网络图时，使用反向箭线很容易造成工作逻辑关系的混乱，出现循环线路，尤其在时标网络计划中，时间是不可逆的，更不允许出现反向箭线。

（6）网络计划布局应合理，使图面整齐美观，避免箭线交叉，当箭线的交叉不可避免时，可用"暗桥"或"断线"法处理，如图 4-15 所示。

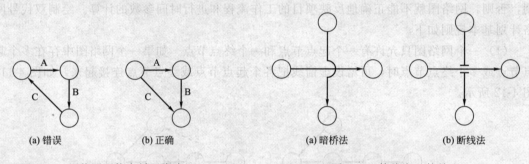

图 4-14　网络图不能有循环线路　　　　　图 4-15　箭线交叉的处理

五、双代号网络计划图的绘制

在绘制双代号网络计划图的时候，可按照下述步骤进行。

工程任务分解，首先应清晰地显示出整个计划的内容，将一个工程项目根据要求分解成若干单项工作。

（1）确定施工方法。

（2）确定个单项工作的关系。

（3）确定各单项工作的持续时间。

（4）资料列表。

（5）绘制双代号网络计划草图。

（6）整理成图。

【例题 4.1】　某工程各工作关系见表 4-2，试绘出双代号网络图。

表 4-2　例题 4.1 工作关系表

工作代号	A	B	C	D	E	F	G	H	I
工作名称	准备	测量	土方工程	路基工程	安装排水管	清杂	路面施工	路肩施工	清场
紧后关系	B	C	D、E、F	G、H	G	H	I	I	—

【解】　根据工作关系表，先找出常见的逻辑关系，绘图时，注意其绘制方法，即可很顺利的绘制出该草图，整理后得出网络图（图 4-16）。

【例题 4.2】　根据表 4-3 的工作关系绘制双代号网络图。

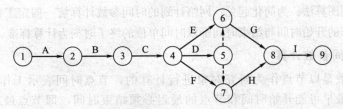

图 4-16 例题 4.1 网络图

表 4-3 例题 4.2 工作关系表

工序代号	A	B	C	D	E	F	G	H
紧前工序	—	A	A	B、C	B	D	D、E	F、G
持续时间	1	3	1	6	2	4	2	4

【解】 双代号网络图见图 4-17。

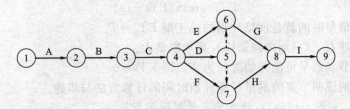

图 4-17 例题 4.2 网络图

【例题 4.3】 某工程需预制 4 个通道涵，划分工作为挖基、基础、通道墙、盖板及回填土 4 项，分别组织 4 个作业队进行流水施工，绘制双代号网络。

【解】 挖基——A，基础——B，通道墙——C，盖板及回填土——D。双代号网络图见图 4-18。

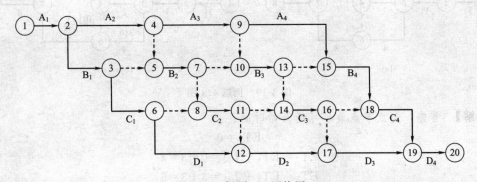

图 4-18 例题 4.3 网络图

第三节 双代号网络计划图时间参数的计算

网络计划的时间参数按其特性可分为两类，第一类为控制性参数，第二类为协调性参数。控制性参数包括节点时间参数和工作（序）时间参数；协调性参数指工作（序）的时差，即工作的机动时间。

计算网络计划时间参数是确定计划工期的依据，是确定机动时间和关键线路的基础，也是进行网络计划的调整与时间、资源、费用优化的前提。时间参数计算方法有图算法、表算法、电算法等，在此只介绍图算法。为简化起见，网络计划的时间参数计算统一假定工作（序）的持续时间是已知的，工作的开始时间与结束时间都以时间单位的终了时刻为计算标准。

一、节点时间参数计算

节点时间参数是以节点作为研究对象进行计算的，节点时间表示工作开始或结束的瞬间，包括节点的最早可能开始时间和节点的最迟必须结束时间，即节点最早时间（ET）和最迟时间（LT）。

1. 节点的最早时间（ET）

节点的最早时间指以计划起始节点的时间为起点，沿着各条线路达到每一个节点的时刻，它表示该节点的紧前工作的全部完成，其紧后工作最早可能开始的时间。

在计算时，从起点节点开始，沿箭线方向依次计算每一个节点，直至终点节点。规定起点节点的最早时间 ET＝0，其他节点的最早时间是紧前各节点的最早时间分别与相应工作的持续时间之和的最大值。用公式表示为：

$$\mathrm{ET}_j = \max\{\mathrm{ET}_i + t_{ij}\} \tag{4.1}$$

终点节点的最早时间就是网络计划的总工期 $\mathrm{ET}_n = T_n$。

口诀：从左往右，（只加内向箭线）累加取最大。

规定：开始节点最早可能开始时间为零，即 $\mathrm{ET}_1 = 0$。

下面结合实例说明节点的最早可能开始时间的计算方法与步骤。

【例题 4.4】 见图 4-19(a)，计算节点最早时间 ET。

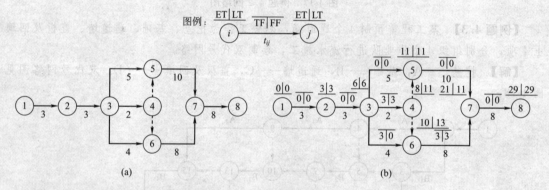

图 4-19 例题 4.4 图

【解】 首先，起点节点最早可能开始时间：

$$\mathrm{ET}_1 = 0$$
$$\mathrm{ET}_2 = \mathrm{ET}_1 + T_{12} = 0 + 3 = 3$$
$$\mathrm{ET}_3 = \mathrm{ET}_2 + T_{23} = 3 + 3 = 6$$
$$\mathrm{ET}_4 = \mathrm{ET}_3 + T_{34} = 6 + 2 = 8$$
$$\mathrm{ET}_5 = \max\begin{cases} \mathrm{ET}_4 + t_{45} = 8 + 0 = 8 \\ \mathrm{ET}_3 + t_{35} = 6 + 5 = 11 \end{cases} = 11$$
$$\mathrm{ET}_6 = \max\begin{cases} \mathrm{ET}_3 + t_{36} = 6 + 4 = 10 \\ \mathrm{ET}_4 + t_{46} = 8 + 0 = 8 \end{cases} = 10$$
$$\mathrm{ET}_7 = \max\begin{cases} \mathrm{ET}_5 + t_{57} = 11 + 10 = 21 \\ \mathrm{ET}_6 + t_{67} = 10 + 0 = 10 \end{cases} = 21$$
$$\mathrm{ET}_8 = \mathrm{ET}_7 + T_{78} = 21 + 8 = 29$$

各节点最早时间参数如图 4-19(b)，计划工期为 29 天。

2. 节点的最迟时间（LT）

节点的最迟时间指计划内工期确定的情况下，从网络计划终点节点开始，逆向推算即得各节点的最迟实现时间，它表示该节点前各工作的结束不能迟于这个时间，如果迟于这个时间，就会影响计划工期。

在计算时，从终点节点开始逆箭线方向至起点节点止，终点节点的最迟时间一般就是计划工期，即该节点的最早时间，若另有规定就取规定工期，其他节点的最迟时间是紧后各节点的最迟时间分别与相应工作的持续时间（t_{ij}）之差的最小值。用公式表示为：

$$\text{LT}_i = \min\{\text{LT}_j - t_{ij}\} \tag{4.2}$$

口诀：从右往左，（只看外向箭线包括虚箭线）递减取最小。依次一个节点一个节点计算，不要看线路，不要远看，只看前后两个节点。

规定：终点节点最迟可能开始时间等于计算总工期，即终点节点的最早可能开始时间；计划的总工期大于计算总工期时，终点节点最迟可能开始时间为计划总工期。

同样以图 4-19(a) 来说明节点的最迟必须结束时间（LT）的计算方法和步骤。

【**例题 4.5**】 见图 4-19(b)，计算节点最迟必须结束时间 LT。

【**解**】 首先，终点节点 8 的最迟必须结束时间：

$$\text{LT}_8 = \text{ET}_8 = T_n = 29$$

$$\text{LT}_7 = \text{LT}_8 - t_{78} = 29 - 8 = 21$$

$$\text{LT}_6 = \text{LT}_7 - t_{67} = 21 - 8 = 13$$

$$\text{LT}_5 = \text{LT}_7 - t_{57} = 21 - 10 = 11$$

$$\text{LT}_4 = \min\left\{\begin{array}{l} \text{LT}_6 - t_{46} = 13 - 0 = 13 \\ \text{LT}_5 - t_{45} = 11 - 0 = 11 \end{array}\right\} = 11$$

$$\text{LT}_3 = \min\left\{\begin{array}{l} \text{LT}_6 - t_{36} = 13 - 4 = 9 \\ \text{LT}_4 - t_{34} = 11 - 2 = 9 \\ \text{LT}_5 - t_{35} = 11 - 5 = 6 \end{array}\right\} = 6$$

$$\text{LT}_2 = \text{LT}_3 - t_{23} = 6 - 3 = 3$$

$$\text{LT}_1 = \text{LT}_2 - t_{12} = 3 - 3 = 0$$

3. 时差的计算

在进行时差的计算时也应计算工作的总时差与自由时差。节点的最早可能开始时间表示节点的紧前工作全部完成，其紧后工作最早可能开始的时间；节点的最迟必须结束时间表示该节点前各工作的开工不能迟于这个时间，如果迟于这个时间，就会影响计划工期。故可根据节点参数计算工作的总时差（TF）与自由时差（FF）。

其中

$$\text{TF}_{ij} = \text{LT}_j - \text{ET}_i - t_{ij} \tag{4.3}$$

$$\text{FF}_{ij} = \text{ET}_j - \text{ET}_i - t_{ij} \tag{4.4}$$

仍以图 4-19(a) 为例，计算其总时差与自由时差。

$$\text{TF}_{12} = \text{LT}_2 - \text{ET}_1 - t_{12} = 3 - 0 - 3 = 0, \ \text{FF}_{12} = \text{ET}_2 - \text{ET}_1 - t_{12} = 3 - 0 - 3 = 0$$

$$\text{TF}_{23} = \text{LT}_3 - \text{ET}_2 - t_{23} = 6 - 3 - 3 = 0, \ \text{FF}_{23} = \text{ET}_3 - \text{ET}_2 - t_{23} = 6 - 3 - 3 = 0$$

$$\text{TF}_{34} = \text{LT}_4 - \text{ET}_3 - t_{34} = 11 - 6 - 2 = 3, \ \text{FF}_{34} = \text{ET}_4 - \text{ET}_3 - t_{34} = 8 - 6 - 2 = 0$$

$$\text{TF}_{35} = \text{LT}_5 - \text{ET}_3 - t_{35} = 11 - 6 - 5 = 0, \ \text{FF}_{35} = \text{ET}_5 - \text{ET}_3 - t_{35} = 11 - 6 - 5 = 0$$

$$\text{TF}_{36} = \text{LT}_6 - \text{ET}_3 - t_{36} = 13 - 6 - 4 = 3, \ \text{FF}_{36} = \text{ET}_6 - \text{ET}_3 - t_{36} = 10 - 6 - 4 = 0$$

$$TF_{57} = LT_7 - ET_5 - t_{57} = 21 - 11 - 10 = 0, \quad FF_{57} = ET_7 - ET_5 - t_{57} = 21 - 11 - 10 = 0$$

$$TF_{67} = LT_7 - ET_6 - t_{67} = 21 - 10 - 8 = 3, \quad FF_{67} = ET_7 - ET_6 - t_{67} = 21 - 10 - 8 = 3$$

$$TF_{78} = LT_8 - ET_7 - t_{78} = 29 - 21 - 8 = 0, \quad FF_{78} = ET_8 - ET_7 - t_{78} = 29 - 21 - 8 = 0$$

二、工作（序）时间参数计算

工作（序）时间参数包括最早可能开始时间（ES）、最早可能结束时间（EF）、最迟必须结束时间（LF）、最迟必须开始时间（LS），此外还要计算工作的总时差（TF）和自由时差（FF）。以网络图中的工作为对象进行计算。

1. 工作的最早可能开始时间（ES）

工作的最早可能开始时间是指一项工作在具备一定的开工条件后，可以开始工作的最早时间。在此时刻，紧前工作全部结束。

最早开始时间从起点开始计算，沿箭线方向逐项工作依次计算到终点。与起点节点相连的工作的最早可能开始时间 ES＝0，其他工作的最早可能开始时间是所有紧前工作的最早可能结束时间（最早可能开始时间与相应工作的持续时间之和）的最大值：

$$ES_{ij} = \max\{ES_{hi} + t_{hi}\} \tag{4.5}$$

或

$$ES_{ij} = ET_i$$

式中　ES_{hi}——紧前工作最早可能开始时间；

　　　t_{hi}——紧前工作持续时间。

2. 工作的最早可能结束时间（EF）

工作的最早可能结束时间是该工作最早可能开始时间与其工作持续时间之和：

$$EF_{ij} = ES_{ij} + t_{ij} \tag{4.6}$$

网络计划的总工期为与终点节点相连的各项工作的最早可能结束时间的最大值：

$$T_n = \max\{EF_{jn}\} \tag{4.7}$$

3. 工作最迟必须结束时间（LF）

工作的最迟必须结束时间指一项工作在不影响工程按总工期结束的条件下，最迟必须结束的时间，它必须在紧后工作开始前完成。

在计算时，从终点节点开始逆箭线方向至起点节点止，与终点节点相连的各工作的最迟必须结束时间一般就是计划工期，若另有规定就取规定工期，其他工作的最迟必须结束时间是紧后各工作的最迟必须结束时间分别与相应工作的持续时间之差的最小值。

$$LF_{hi} = \min\{LF_{ij} - t_{ij}\} \tag{4.8}$$

或　　　$LF_{ij} = LT_j$

4. 工作的最迟必须开始时间（LS）

在正常情况下，与工作最迟必须结束时间相对应，有工作最迟必须开始时间，为工作的最迟必须结束时间减去工作持续时间。

$$LS_{ij} = LF_{ij} - t_{ij} \tag{4.9}$$

以图 4-20 为例，各工作时间参数计算步骤如下：

第一步，A 工作最早开始时间不能早于①节点最早开始时间，即 $ES_A = 0$，

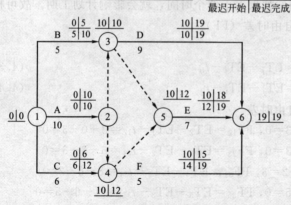

图 4-20　各工作时间参数计算步骤

A 工作最早结束时间等于 A 工作最早开始时间加 A 工作工期，即 $EF_A = ES_A + 10 = 10$；

第二步，B 工作最早开始时间不能早于①节点最早开始时间，即 $ES_B = 0$，B 工作最早结束时间等于 B 工作最早开始时间加 B 工作工期，即 $EF_B = ES_B + 5 = 0 + 5 = 5$；

第三步，C 工作最早开始时间不能早于①节点最早开始时间，即 $ES_C = 0$，C 工作最早结束时间等于 C 工作最早开始时间加 C 工作工期，即 $EF_C = ES_C + 6 = 0 + 6 = 6$；

同理，得 $ES_D = 10$，$EF_D = ES_D + 9 = 10 + 9 = 19$；$ES_E = 17$，$EF_E = ES_E + 7 = 10 + 7 = 17$；$ES_F = 10$，$EF_F = ES_F + 5 = 10 + 5 = 15$；

第四步，A 工作最迟结束时间不能迟于②节点最迟开始时间，即 $LF_A = 10$，A 工作最迟开始时间等于 A 工作最迟结束时间减去 A 工作工期，即 $LS_A = LF_A - 10 = 0$；

第五步，B 工作最迟结束时间不能迟于③节点最迟开始时间，即 $LF_B = 10$，B 工作最迟开始时间等于 B 工作最迟结束时间减去 B 工作工期，即 $LS_B = LF_B - 5 = 5$；

第六步，C 工作最迟结束时间不能迟于④节点最迟开始时间，即 $LF_C = 12$，C 工作最迟开始时间等于 C 工作最迟结束时间减去 C 工作工期，即 $LS_C = LF_C - 6 = 12 - 6 = 6$；同理，$LF_D = 19$，$LS_D = LF_D - 9 = 19 - 9 = 10$；$LF_E = 19$，$LS_E = LF_E - 7 = 19 - 7 = 12$；$LF_F = 19$，$LS_F = LF_F - 5 = 19 - 5 = 14$。

总结：① 若工作的最早开始时间等于工作的最迟开始时间，即 $ES = LS$，则说明此工作没有时差，为关键工作；

② 若工作的最早开始时间不等于工作的最迟开始时间，即 $ES \neq LS$，则说明此工作有机动时间可利用；

③ 此图的关键线路为①→②→③→⑥。

三、工作的时差计算

1. 总时差（TF）

工作的总时差指在不影响任何一项紧后工作的最迟必须开始时间的条件下，本工作所拥有的最大动机时间。换句话说，它是在保证本工作以最迟完成时间完工的前提下，允许该工作推迟其最早开始时间或延长其持续时间的幅度。总时差 TF_{ij} 可以用节点时间参数来计算，也可以用过程参数来计算。

（1）用节点时间参数计算：

$$TF_{ij} = LT_j - ET_i - t_{ij} \tag{4.10}$$

式中　TF_{ij}——i-j 工作的总时差；

LT_j——j 节点的最迟可能开始时间；

ET_i——i 节点的最早可能开始时间；

t_{ij}——i-j 工作的工期。

（2）用工作时间参数计算：

$$TF_{ij} = LS_{ij} - ES_{ij} = LF_{ij} - EF_{ij} \tag{4.11}$$

总结：①如果总时差等于 0，其他时差也都等于 0；②总时差不但属于本工作，而且可以传递，为一条线路所共有；③总时差最小的工作为关键工作，关键工作组成的线路为关键线路；④总时差等于 0 说明本工作没有机动时间，总时差大于 0 说明本工作有机动时间，总时差小于 0 说明计划工期超过了上级规定工期，应进行调整。

2. 自由时差（局部时差，FF）

自由时差是指在不影响任何一项紧后工作的最早开始时间的前提下，本工作所拥有的最大机动时间。换句话说，自由时差 FF_{ij} 是在不影响紧后工作按最早开始时间开工的前提下，允许该工作推迟其最早开始时间或延长其持续时间的幅度。自由时差 FF_{ij} 可以用节点时间参数来计算，也可以用工作时间参数来计算。

（1）用节点时间参数计算：

$$FF_{ij} = ET_j - ET_i - t_{ij} \qquad (4.12)$$

式中　FF_{ij}——i-j 工作的自由时差；

　　　ET_j——j 节点最早可能开始时间；

　　　ET_i——i 节点最早可能开始时间；

　　　t_{ij}——i-j 工作的工期。

（2）用工作时间参数计算：

$$FF_{ij} = ES_{jk} - ES_{ij} - t_{ij} = ES_{jk} - EF_{ij} \qquad (4.13)$$

式中　FF_{ij}——$i-j$ 工作的自由时差；

　　　ES_{jk}——紧后工作最早开始时间；

　　　ES_{ij}——$i-j$ 工作最早开始时间。

总结：①自由时差属于本工作，不能传递；②自由时差小于或等于总时差；③使用自由时差对其紧后工作没有影响。

由时差的概念可知，自由时差是总时差的构成部分，因此总时差为 0 的工作，自由时差必须为 0，可不必专门计算；但自由时差为 0 的工作，总时差却不一定为 0。如例题 4.4 中③→⑥工作。

3. 相干时差（IF_{ij}）

相干时差是指一个工作的终点上的一对节点时间参数之差。计算公式为：

$$IF_{ij} = LT_j - ET_j \qquad (4.14)$$

式中　IF_{ij}——$i-j$ 工作的相干时差；

　　　LT_j——j 节点最迟可能开始时间；

　　　ET_j——j 节点最早可能开始时间。

总结：①相干时差可以传递，前后工作可共用；②相干时差＋局部时差＝总时差。

4. 独立时差（DF_{ij}）

独立时差是指在不影响紧前工作最迟结束时间及紧后工作最早开始时间的条件下，本工作所拥有的机动时间。它可以用节点时间参数来计算，也可以用工作时间参数来计算。

（1）用节点时间参数计算：

$$DF_{ij} = ET_j - LT_i - t_{ij} \qquad (4.15)$$

式中　LT_i——i 节点最迟可能开始时间。

（2）用工作时间参数计算：

$$DF_{ij} = ES_{jk} - LF_{ji} - t_{ij} \qquad (4.16)$$

式中　ES_{jk}——紧后工作最早开始时间；

　　　LF_{ji}——紧前工作最迟结束时间。

总结：①独立时差属于本工作，不能传递；②独立时差小于或等于局部时差；③使用独立时差对紧前、紧后工作都没有影响。

【例题 4.6】 见图 4-19(a)，计算各工作时间参数。

【解】 首先，计算 ES、EF，根据例题 4.4 计算的节点时间参数得：

与起点节点相连的工作①→②。

$$\mathrm{ES}_{12} = \mathrm{ET}_1 = 0, \mathrm{EF}_{12} = \mathrm{ES}_{12} + t_{12} = 0 + 3 = 3$$
$$\mathrm{ES}_{23} = \mathrm{ET}_2 = 3, \mathrm{EF}_{23} = \mathrm{ES}_{23} + t_{23} = 3 + 3 = 6$$
$$\mathrm{ES}_{34} = \mathrm{ET}_3 = 6, \mathrm{EF}_{34} = \mathrm{ES}_{34} + t_{34} = 6 + 2 = 8$$
$$\mathrm{ES}_{35} = \mathrm{ET}_3 = 6, \mathrm{EF}_{35} = \mathrm{ES}_{35} + t_{35} = 6 + 5 = 11$$
$$\mathrm{ES}_{36} = \mathrm{ET}_3 = 6, \mathrm{EF}_{36} = \mathrm{ES}_{36} + t_{36} = 6 + 4 = 10$$
$$\mathrm{ES}_{45} = \mathrm{ET}_4 = 8, \mathrm{EF}_{45} = \mathrm{ES}_{45} + t_{45} = 8 + 0 = 8$$
$$\mathrm{ES}_{46} = \mathrm{ET}_4 = 8, \mathrm{EF}_{46} = \mathrm{ES}_{45} + t_{45} = 8 + 0 = 8$$
$$\mathrm{ES}_{57} = \mathrm{ET}_5 = 11, \mathrm{EF}_{57} = \mathrm{ES}_{57} + t_{57} = 11 + 10 = 21$$
$$\mathrm{ES}_{67} = \mathrm{ET}_6 = 10, \mathrm{EF}_{67} = \mathrm{ES}_{67} + t_{67} = 10 + 8 = 18$$
$$\mathrm{ES}_{78} = \mathrm{ET}_7 = 21, \mathrm{EF}_{78} = \mathrm{ES}_{78} + t_{78} = 21 + 8 = 29$$
$$T = 29$$

计算 LS、LF，根据例 4.4 计算的节点时间参数得：与终点节点相连的工作⑦→⑧。

$$\mathrm{LF}_{78} = \mathrm{LT}_8 = 29, \mathrm{LS}_{78} = \mathrm{LF}_{78} - t_{78} = 29 - 8 = 21$$
$$\mathrm{LF}_{67} = \mathrm{LT}_7 = 21, \mathrm{LS}_{67} = \mathrm{LF}_{67} - t_{67} = 21 - 8 = 13$$
$$\mathrm{LF}_{57} = \mathrm{LT}_7 = 21, \mathrm{LS}_{57} = \mathrm{LF}_{57} - t_{57} = 21 - 10 = 11$$
$$\mathrm{LF}_{46} = \mathrm{LT}_6 = 13, \mathrm{LS}_{46} = \mathrm{LF}_{46} - t_{46} = 13 - 0 = 13$$
$$\mathrm{LF}_{45} = \mathrm{LT}_5 = 11, \mathrm{LS}_{45} = \mathrm{LF}_{45} - t_{45} = 11 - 0 = 11$$
$$\mathrm{LF}_{36} = \mathrm{LT}_6 = 13, \mathrm{LS}_{36} = \mathrm{LF}_{36} - t_{36} = 13 - 4 = 9$$
$$\mathrm{LF}_{35} = \mathrm{LT}_5 = 11, \mathrm{LS}_{35} = \mathrm{LF}_{35} - t_{35} = 11 - 5 = 6$$
$$\mathrm{LF}_{34} = \mathrm{LT}_4 = 11, \mathrm{LS}_{34} = \mathrm{LF}_{34} - t_{34} = 11 - 2 = 9$$
$$\mathrm{LF}_{23} = \mathrm{LT}_3 = 6, \mathrm{LS}_{23} = \mathrm{LF}_{23} - t_{23} = 6 - 3 = 3$$
$$\mathrm{LF}_{12} = \mathrm{LT}_2 = 3, \mathrm{LS}_{12} = \mathrm{LF}_{12} - t_{12} = 3 - 3 = 0$$

计算总时差 TF_{ij}：

$$\mathrm{TF}_{12} = \mathrm{LS}_{12} - \mathrm{ES}_{12} = 0 - 0 = 0$$
$$\mathrm{TF}_{23} = \mathrm{LS}_{23} - \mathrm{ES}_{23} = 3 - 3 = 0$$
$$\mathrm{TF}_{34} = \mathrm{LS}_{34} - \mathrm{ES}_{34} = 9 - 6 = 3$$
$$\mathrm{TF}_{35} = \mathrm{LS}_{35} - \mathrm{ES}_{35} = 6 - 6 = 0$$
$$\mathrm{TF}_{36} = \mathrm{LS}_{36} - \mathrm{ES}_{36} = 9 - 6 = 3$$
$$\mathrm{TF}_{45} = \mathrm{LS}_{45} - \mathrm{ES}_{45} = 11 - 8 = 3$$
$$\mathrm{TF}_{46} = \mathrm{LS}_{46} - \mathrm{ES}_{46} = 13 - 8 = 5$$
$$\mathrm{TF}_{57} = \mathrm{LS}_{57} - \mathrm{ES}_{57} = 11 - 11 = 0$$
$$\mathrm{TF}_{67} = \mathrm{LS}_{67} - \mathrm{ES}_{67} = 13 - 10 = 3$$
$$\mathrm{TF}_{78} = \mathrm{LS}_{78} - \mathrm{ES}_{78} = 21 - 21 = 0$$

计算自由时差 FF_{ij}：

$$\mathrm{FF}_{12} = \mathrm{ES}_{23} - \mathrm{EF}_{12} = 3 - 3 = 0$$
$$\mathrm{FF}_{23} = \mathrm{ES}_{34} - \mathrm{EF}_{23} = \mathrm{ES}_{35} - \mathrm{EF}_{23} = \mathrm{ES}_{36} - \mathrm{EF}_{23} = 6 - 6 = 0$$
$$\mathrm{FF}_{34} = \mathrm{ES}_{45} - \mathrm{EF}_{34} = 8 - 8 = 0$$
$$\mathrm{FF}_{35} = \mathrm{ES}_{57} - \mathrm{EF}_{35} = 11 - 11 = 0$$
$$\mathrm{FF}_{36} = \mathrm{ES}_{67} - \mathrm{EF}_{36} = 10 - 10 = 0$$

$$FF_{57} = ES_{78} - EF_{57} = 21 - 21 = 0$$

$$FF_{67} = ES_{78} - EF_{67} = 21 - 18 = 3$$

由以上计算可知，当 TF＝0 时，则 FF 必须为 0；反之，当 FF＝0 时，TF 不一定为 0。计算结果如图 4-21 所示。

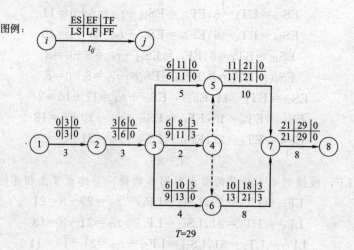

图 4-21　例题 4.6 图

四、关键线路及其确定

计算网络图时间参数的目的之一是为了找出关键线路，从而使管理人员抓住主要矛盾，以便合理地调配人力和物资资源，避免盲目赶工，使工程按照计划安排有条不紊地进行。

为找出关键线路，首先要了解线路与关键线路等基本概念。

1. 线路

所谓线路是指网络计划图中顺箭线方向由起点节点至终点节点的一系列节点箭线组成的通路，在一个网络计划图中，存在着一条或多条线路，一条线路中包含着若干项工作。

2. 线路长度

线路中包含的各项工作的持续时间之和就是这条线路的线路长度，也就是线路的总持续时间。

3. 关键线路

网络图的各条线路所包含的工作是不相同的，因此各条线路的线路长度也不是不相同的，我们把线路长度最长的线路成为关键线路。在关键线路中，没有任何机动时间，线路上任何工作的持续时间发生变化都会影响到工期，关键线路是按期完成计划任务的关键。

4. 关键工作

关键线路上的各项工作都是关键工作，关键工作的总时差为 0。

5. 非关键线路

网络图中除关键线路以外的线路都是非关键线路，在非关键线路上都存在着时差。非关键线路所包含的若干项工作并非全部是非关键工作，其中存在时差的工作是非关键工作。在任何线路中，只要有一个非关键工作存在，它的总长度就会小于关键线路，它就是非关键线路。

6. 关键线路的确定

确定关键线路的方法很多，如线路枚举法、关键工作法、关键节点法。

（1）线路枚举法 在网络计划图中，找出其中包含的所有线路，并算出线路长度，通过最长线路找出关键线路。

如在图 4-19(a) 中，存在的线路共有 4 条，①→②→③→⑤→⑦→⑧，线路长度为 29 天；①→②→③→④→⑤→⑦→⑧，线路长度为 26 天；①→②→③→⑥→⑦→⑧，线路长度为 26 天；①→②→③→④→⑥→⑦→⑧，线路长度为 24 天。因此可以判断出图 4-19 的网络计划的关键线路是①→②→③→⑤→⑦→⑧，总工期 29 天。对于复杂的网络图用枚举法确定关键线路非常困难。

（2）关键工作法 依次连接网络图中总时差为零的工作，使其组成一条由起点节点到终点节点的通路，此通路就是关键线路。仍以图 4-19(a) 的网络计划为例，一次找出关键工作，①→②，②→③，③→⑤，⑤→⑦，⑦→⑧，组成的通路①→②→③→⑤→⑦→⑧，就是关键线路。

（3）关键节点法 计算出双代号网络图的节点参数后，就可以通过关键节点法找出关键线路。当节点的最早时间与最迟时间相等时，此节点就是关键节点，但相邻关键节点间连接的工作不一定都是关键工作，尤其是一个关键节点遇到多个关键节点相连而可能出现多个关键线路时，必须加以辨认。两个关键节点之间关键线路的条件是：

$$箭尾节点时间＋工作持续时间＝箭头节点时间$$

关键工作确定后，关键线路亦确定了。

7. 关键线路的特性

（1）在一个网络图中，关键线路不一定只有一条，有时可能有多条。

（2）关键线路上各工作的总时差均为 0，自由时差也为 0。

（3）关键线路与非关键线路并不是固定不变的，当非关键线路的总时差用完，就会转化为关键线路；当非关键线路延长的时间超过线路总时差时，关键线路就转变为非关键线路。

第四节 时间坐标网络计划

前面介绍的是一般双代号网络计划，只是在箭线下方标出各项工作的持续时间，箭线的长度与工作的持续时间无关，采用这种网络计划，修改方便，但不直观，不能直接从图上看出各项工作的开始与结束时间及时差，为了克服以上不足，产生了双代号时间坐标网络计划。

时间坐标网络计划，是在一般双代号网络计划的上方或下方增加时间坐标，箭线的长度表示工作的持续时间，简称时标网络计划。

一、时标网络计划的绘制方法

时标网络计划可按节点最早时间、节点最迟时间、优化时间直接绘制。

1. 按节点最早时间绘制时标网络

【例题 4.7】 以例题 4.4 为例，按节点最早时间绘制时标网络。

【解】 画图步骤：

（1）求出一般双代号网络计划个节点的时间参数、时差，并确定关键线路，作为绘制时标网络计划的基础依据；

（2）按计划工期做出时间坐标，按节点最早时间标画出各节点及关键线路，如图 4-22 所示；

（3）按节点最早时间标画出非关键线路。

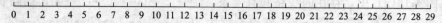

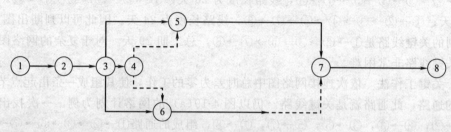

图 4-22　节点最早时标网络

注意：按节点最早时间将各节点画在相应的坐标处，节点的纵向位置没有时间含义；由起点节点开始，顺箭线方向绘制到终点节点，工作用实箭线表示，实箭线长度表示工作持续时间，机动时间用虚箭线表示，虚箭线补在实线的右侧，虚工作用虚箭线表示。

2. 按节点最迟时间绘制时标网络

仍以例题 4.4 为例按节点最迟时间绘制时标网络。画图步骤如下。

（1）求出一般双代号网络计划各节点的时间参数、时差，并确定关键线路，作为绘制时标网络计划的基础依据。

（2）按计划工期做出时间坐标，按节点最迟时间标画出各节点及关键线路，如图 4-23 所示。

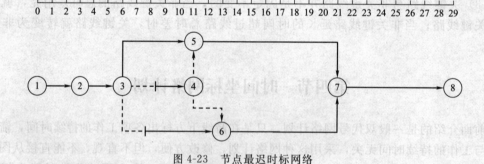

图 4-23　节点最迟时标网络

（3）按节点最迟时间标画出非关键线路。

注意：所有节点，按节点最迟时间画在相应的坐标处，节点的纵向位置没有时间含义；由终点节点开始，逆箭线方向绘制到起点节点，工作用实箭线表示，实箭线长度表示工作持续时间，机动时间用虚箭线表示，虚箭线补在实线的左侧，虚工作用虚箭线表示。

由图 4-22、图 4-23 可以看出，按节点最早时间绘制时标网络的工作安排是前紧后松，图中的机动时间表示工作的自由时差；按节点最迟时间绘制时标网络的工作安排是前松后紧，图中的机动时间不代表工作的时差。

二、时标网络计划的特点

时标网络图以时间为横坐标绘制各项工作的箭线，并使箭线的长度直接反映工作的持续时间，在图上直接显示出工作的开始与结束时间及时差，并能显示出关键线路。时标网络图能够表达进度计划中各项工作之间恰当的时间关系，使网络计划易于理解，方便应用，有利于管理人员进行分析优化。其特点如下。

（1）时标网络计划接近横道图，能直接反映出整个计划的时间进程。

（2）时标网络计划箭线的长度直接反映工作的持续时间，能直接反映出各项工作的开始、结束时间，机动时间及关键线路，在执行过程中，可以随时检查出将要开始、正在进行和已经结束的工作。

（3）时标网络计划能够表示哪些工作需要同时进行，所以可以方便管理人员确定在同时间内对劳动力、材料、机械设备等资源的需要量。

（4）优化调整后的网络时标计划，可以直接作为进度计划下达到执行单位。

（5）时标网络计划的调整比较麻烦，当情况发生变化导致某些工作不能正常进行，要对时标网络进行修改时，就会改变节点的位置和箭线的长度，这样往往需要改变整个网络计划。

三、时标网络计划的应用

（1）当需编制工程项目少、工艺过程较简单的进度计划时，可采用时标网络计划，能边计算、边绘制、边调整。

（2）对于大型复杂的工程，先用时标网络计划绘出部分工程的网络计划，再综合绘制简单的总网络计划；或先编制总网络计划，每隔一段时间，对将要开工的分部工程编制出详细的网络计划，在执行工程过程中，如有变化，修正子网络计划即可，不必改动总网络计划。

（3）时间坐标的单位视具体情况确定，可以是天、月、季度等，并在时间坐标上扣除休息日。

第五节　单代号网络计划

单代号网络计划是用节点表示工作，箭线表示工作之间的关系的一种网络计划。

一、单代号网络图组成

1. 节点

在单代号网络图中，一个节点表示一项具体的工作，可以用圆圈或方框表示，工作代号、持续时间、编号都标注在圆圈或方框内，如图4-24所示。

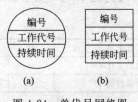

图4-24　单代号网络图
节点表示方法

2. 箭线

在单代号网络图中，箭线表示工作之间的关系，箭线的箭头方向表示工作的施工方向。

3. 节点的代号

一个节点只能有一个代号，不能重复，箭头节点的编号应大于箭尾节点的编号。

二、单代号网络图的绘制

1. 工作逻辑关系的表示

单代号网络图逻辑关系的表示方法见表4-4。

表 4-4　单代号网络图逻辑关系的表示方法

序号	工作关系	单代号网络图表示
1	A 的紧后工作 B	A → B
2	A 的紧后工作 B、C	A → B, C
3	A 的紧后工作 C；B 的紧后工作 C	A, B → C
4	A 的紧后工作 C、D；B 的紧后工作 D	A → C; B → D
5	A 的紧后工作 C、D；B 的紧后工作 C、D	A, B → C, D
6	A 的紧后工作 C、D；B 的紧后工作 D、E	A → C, D; B → D

2. 网络图绘制的基本原则

（1）单、双代号网络图所示的内容的是一致的，仅绘图符号的意义不同，所以双代号网络图绘制的基本原则，单代号网络图都适用。

（2）如果有若干项工作同时开始或同时结束，应引入一个起点节点或终点节点。引入的节点是虚拟节点，持续时间是 0。

【**例题 4.8**】　根据表 4-5 绘制单代号网络图。

表 4-5　例题 4.8 工作资料

工作名称	A	B	C	D	E	F	G	H	I	J
紧后工作	—	—	A、B	B	B	C、D	C、D、E	D、E	F	F、G、H
持续时间	3	5	3	5	4	5	4	3	4	5

【**解**】　单代号网络图如图 4-25 所示。

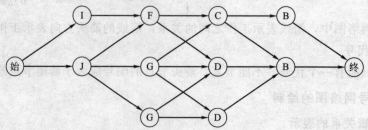

图 4-25　例题 4.8 单代号网络图

三、单代号网络图时间参数的计算

单代号网络图的时间参数只有工作（序）时间参数，包括工作的最早开始时间 ES，最早结束时间的 EF，工作的最迟开始时间 LS，最迟结束时间 LF，以及总时差 TF，自由时差 FF。时间参数的含义、计算目的、计算方法、步骤和公式与双代号网络图基本相同。

1. 工作的最早开始时间 ES_i

在计算工作的最早开始时间时，从起点节点开始，沿箭线方向逐项工作依次计算到终点节点，起点节点的最早开始时间 $ES_i = 0$ 计算其他节点时，只看内向箭线，其值等于紧前工作的最早开始时间与其持续时间之和的最大值，即紧前工作的最早结束时间的最大值。

$$ES_j = \max\{ES_i + t_i\} = \max\{EF_i\} \tag{4.17}$$

2. 工作的最早结束时间 EF_i

$$EF_i = ES_i + t_i \tag{4.18}$$

终点节点的最早结束时间 EF_n 是单代号网络计划的计划工期，即 $EF_n = T_n$。

3. 工作的最迟必须结束时间 LF_i

计算工作的最迟必须结束时间时，从终点节点开始，逆箭线方向逐项工作依次计算到起点节点，终点节点的最迟必须结束时间 $LF_n = T_n = EF_n$，计算其他节点时，只看外向箭线，其值等于紧后工作的最迟必须结束时间与其持续时间之差的最小值，即紧后工作的最迟必须开始时间的最小值。

$$LF_i = \min\{LF_j - t_j\} = \min\{LS_j\} \tag{4.19}$$

4. 工作的最迟必须开始时间 LS_i

工作的最迟必须开始时间：

$$LS_i = LF_i - t_i \tag{4.20}$$

5. 工作的总时差 FF_i

由于在单代号网络图中，总时差的概念与双代号网络图相同，所以工作的总时差为：

$$TF_i = LS_i - ES_i = LF_i - EF_i \tag{4.21}$$

6. 工作的自由时差 FF_i

在单代号网络图中，自由时差的概念与双代号网络图也相同，但因为单代号网络图无节点参数，本项工作的各个紧后工作的最早开始时间不一定相等，所以在计算时取各个紧后工作的最早开始时间的最小值。

$$EF_i = \min\{ES_j - ES_i - t_i\} = \min\{ES_j - EF_i\} \tag{4.22}$$

7. 关键线路的确定

单代号网络图主要采用关键工作法确定关键线路，方法与双代号网络图相同。

【例题 4.9】 计算图 4-26（a）所示的单代号网络图的时间参数，确定关键线路。

【解】 分别计算各工作的最早时间参数：

节点①为起点节点，$ES_1 = 0$，$EF_1 = ES_1 + t_A = 0 + 4 = 4$，即 A 工作最早结束为第 4 天末；

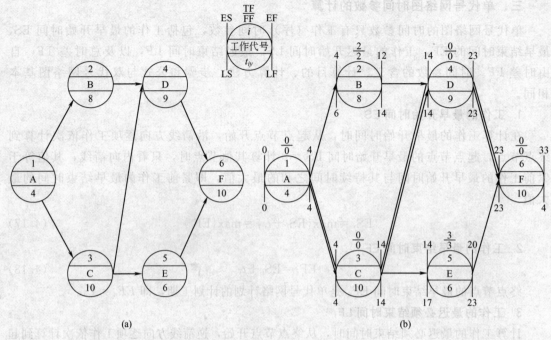

图 4-26 例题 4.9 单代号网络图

节点②$ES_2 = ES_1 + t_1 = EF_1 = 4$，$EF_2 = ES_2 + t_B = 4 + 8 = 12$；

节点③$ES_3 = ES_1 + t_1 = EF_1 = 4$，$EF_3 = ES_3 + t_C = 4 + 10 = 14$；

节点④$ES_4 = \max\{ES_i + t_i\} = \max\left\{ \begin{array}{l} ES_2 + t_2 = 4 + 8 = 12 \\ ES_3 + t_3 = 4 + 10 = 14 \end{array} \right\} = 14, EF_4 = ES_4 + t_D = 14 + 9 = 23$；

节点⑤$ES_5 = ES_3 + t_1 = EF_3 = 14$，$EF_5 = ES_5 + t_E = 14 + 6 = 20$；

节点⑥$ES_6 = \max\{EF_i\} = \max\left\{ \begin{array}{l} EF_4 = 23 \\ EF_5 = 20 \end{array} \right\} = 23, EF_6 = ES_6 + t_F = 23 + 10 = 33$。

分别计算各工作的最迟时间参数和时差，时差为零的工作为关键工作，其关键线路为①→③→④→⑥，工期为 33 时间单位，如图 4-26(b) 所示。

第六节　网络计划技术

一、工期优化

1. 措施方法

（1）在不影响工艺的条件下，将连续施工的工作调整为平行工作，如图 4-27 所示。

（2）将顺序作业的工作调整为流水作业。

（3）缩短关键工作的持续时间。

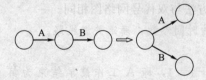

图 4-27　连续作业变为平行作业

（4）延长非关键工作的持续时间，节省资源，投入关键线路。

（5）推迟非关键工作的开始时间，利用时差，进行时间优化。

（6）从计划外调整资源。

2. 基本方法

可采用循环优化法。计算工期，确定关键线路，比较计划工期与合同工期，求出需缩短的时间，采取适当的途径压缩关键工作的持续时间，重复上述步骤，重新确定关键线路，直至工期满足要求。

【**例题 4.10**】 某一部分项工程的网络计划如图 4-28 所示，合同工期为 27 天，试进行时间优化。

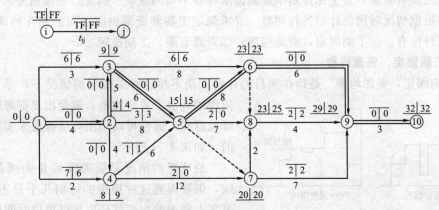

图 4-28　例题 4.10 图

【**解**】 计算时间参数如图 4-28 所示。关键线路①→②→③→⑤→⑥→⑨→⑩。假定选③→⑤和⑤→⑥，分别压缩 2 天和 3 天，计算结果如图 4-29 所示，关键线路①→③→④→⑦→⑨→⑩，工期为 30 天，仍不满足合同要求，进行第二循环压缩。假定选④→⑦，压缩 4 天，参数计算如图 4-30 所示。

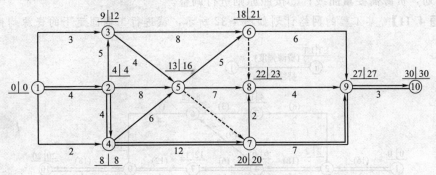

图 4-29　第一次压缩工期

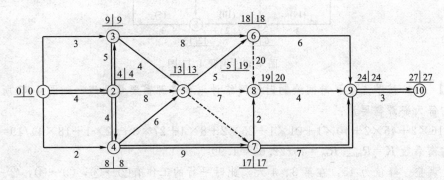

图 4-30　第二次压缩工期

此时满足合同要求，关键线路为①→②→③→⑤→⑥→⑨→⑩；①→②→④→⑦→⑨→⑩。

二、资源优化

面前对网络计划的计算与调整，都假定资源（劳动力、材料、机械、资金）的供应是完全充分的，但大多情况下，在一定时间内提供的各种资源都有一定限额，一项好的工程计划要合理使用现有资源，避免在计划中资源需求峰谷不均的现象。因此，在编制完成网络计划后，应该根据情况对网络计划进行调整，寻求规定工期和资源供应之间的相互协调和适应。资源优化目标有：①工期固定，资源均衡；②资源有限，工期最短。

1. 工期固定，资源均衡

"工期固定，资源均衡"是指在项目的计划工期不超过有关规定的情况下，尽量做到各

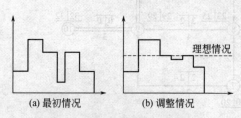

(a) 最初情况　　(b) 调整情况

图 4-31　资源需求曲线示意图

阶段的资源需要量均衡，避免出现资源需求的高峰或低谷，通常可以用削峰填谷法来实现这一目的，如图 4-31 所示。

最理想的情况是资源需要量曲线是一水平线，但要得到这种理想的计划几乎是不可能的，事实上资源的均衡就是要接近单位时间内资源的平均数量。

削峰填谷法原则：优先推迟资源强度小的非关键工作，即单位时间内资源需要量最少的非关键工作；当资源强度相同时，优先推迟时差大的非关键工作。

步骤：①计算网络计划的节点参数、总工期，确定关键线路；②按节点最早时间绘制时标网络计划，资源需要量曲线；③按照原则进行调整。

【例题 4.11】某工程的网络计划如图 4-32 所示，试进行工期固定下的资源均衡调整。

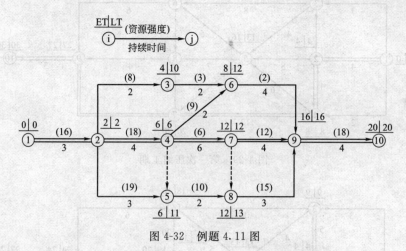

图 4-32　例题 4.11 图

【解】（1）按节点最早时间绘制时标网络计划和资源需要量曲线，如图 4-33 所示。

平均每天资源需要量：

$$R_m = (16 \times 2 + 45 \times 2 + 40 \times 1 + 21 \times 1 + 25 \times 2 + 8 \times 4 + 27 \times 3 + 12 \times 1 + 18 \times 4)/19 = 22.63$$

不均衡系数 $K = R_{max}/R_m = 45/22.63 = 1.99$

（2）调整　峰值为 45，在第 3、4 天，此时平行的工作有②→③，②→④，②→⑤，根据调整原则，调②→③，推送②→③在第 5 天开工，如图 4-34 所示。

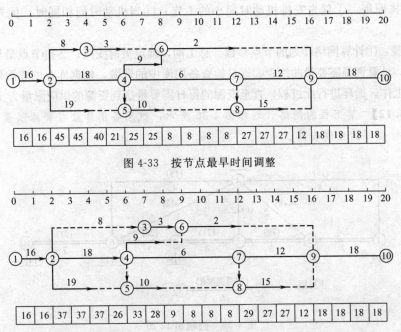

图 4-33 按节点最早时间调整

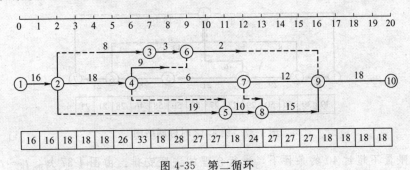

图 4-34 第一循环

经过第一循环调整，可知峰值为 37，在第 3～5 天，此时平行作业有②→④，②→⑤，②→④是关键工作，$TF=0$，推迟工作②→⑤，到第 8 天开工（此时原资源需要量为 9，是低谷），不影响总工期，如图 4-35 所示。

| 0 | 1 | 2 | 3 | 4 | 5 | 6 | 7 | 8 | 9 | 10 | 11 | 12 | 13 | 14 | 15 | 16 | 17 | 18 | 19 | 20 |

图 4-35 第二循环

通过对整个计划进行资源优化，资源高峰由原来的 45 削低到 28，资源低谷由原来的 8 填到 18，整个计划的资源需要量得到了较好的均衡和利用。

优化后的每天最大资源需要量 $R_{max}=28$，$R_m=22.63$。不均衡系数：

$$K=R_{max}/R_m=28/22.63=1.24$$

2. 资源有限，工期最短

当一项工作的资源供应有限时，就要根据有限的资源去安排工作，常用备用库法调整。

备用库法的原理是：将有限资源都放在资源库中，从起点节点开始，从库中取出资源，按照一定的原则，给即将开始的工作分配资源，并考虑尽可能的最优组合，分配不到资源的工作就推迟开始时间。当工作结束后，资源返回到资源库中，当库中资源满足一项或若干项即将开始工作的要求时，从库中取出资源，进行分配，如此反复，直至所有工作都分配到资源为止。

资源安排原则：①优先安排机动时间小的工作；②当机动时间相同时，优先安排持续时间短的工作。

调整步骤：①计算网络计划的节点参数、总工期，确定关键线路；②按节点最早时间绘制时标网络计划，计算资源需要量曲线；③逐日检查备用库中的资源，根据库存的资源情况和优先原则安排某些工作。循环进行此过程，直至资源的每日需要量达到资源的供应限量为止。

【例题 4.12】 某工程的网络计划如图 4-36 所示，试用备用库法在资源限量不超过 40 的条件下，进行合理的进度安排。

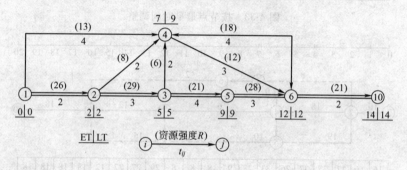

图 4-36　例题 4.12 图

【解】 计算网络计划的节点参数、总工期，确定关键线路。按节点最早时间绘制时标网络计划，如图 4-37 所示，在箭线上方标出资源强度 R，计算资源需要量曲线。

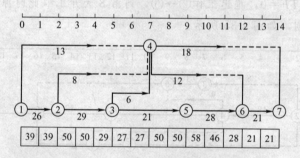

图 4-37　例 4.12 时标网络图

在资源限量不超过 40 的条件下，进行合理的进度安排。由图 4-37 知，$t_2 \sim t_4$ 资源用量为 50，超过 40。在此段时间，有①→④、②→④、②→③三项工作平行进行，根据优先安排原则，先安排关键工作②→③，其次②→④，而①→④开始时间，根据资源限量，将其推迟到 t_5 开始，所以节点④被推迟到 t_9，其紧后工作最早在 t_9 开始。在 $t_9 \sim t_{10}$ 段，资源量原为 58，有④→⑦、④→⑥、⑤→⑥三项工作平行进行，根据优先安排原则和资源限量要求，

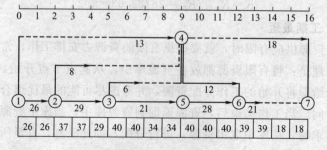

图 4-38　第一循环

安排④→⑥，⑤→⑥开始，推迟④→⑦到 t_{12} 与⑥→⑦同时开始，资源满足要求，但工期为 16 天。如图 4-38 所示。

如果根据实际情况，工作可以中断，如图 4-37 中将①→④在 $t_2 \sim t_4$ 处中断，④→⑦在 $t_9 \sim t_{12}$ 处中断，就可以达到不延长总工期，同时满足资源限量的要求。如图 4-39 所示。

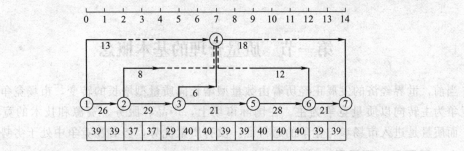

图 4-39 第二循环

计划经过调整后，各工作的开始与结束时间都不宜再变，否则资源又可能超出供应限量。

小　　结

本章重点讲解了双代号网络计划图和单代号网络计划图的绘制，参数的计算及实际应用，以及如何进行网络计划的时间和资源优化。对公路施工进度管理起到重要的控制作用。

双代号网络计划图和单代号网络计划图参数的计算虽然繁琐，但只要细心，步步为营，就可迎刃而解了。

思考与练习

1. A、B、C、D 四项工作，A 工作完成后，C 工作、D 工作才开始，B 工作完成后，D 工作才开始。绘制双代号网络图。

2. A、B、C、D、E 五项工作。A 工作完成后，C 工作、D 工作开始，B 工作完成后，D 工作、E 工作才开始。绘制双代号网络图。

3. 绘出下表中工作关系的双代号网络图。

工作	A	B	C	D	E	F	G	H	I	J	K
紧后工作	B、C	D、E、F	D、E、F	H	G	J	H	I	—	K	—

4. 在下列双代号网络图中计算出节点时间参数（ET，LT）和工作时间参数（ES，EF，LS，LF），并标出关键线路。

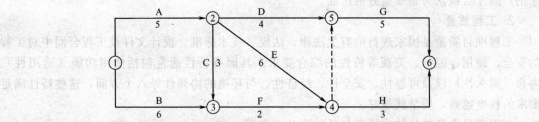

5. 绘出下面表格工作关系的单代号网络计划图。

工作	E	F	G	H	I	J	K	L	M	N	P	Q	R	S
紧后	I K	K	K L N	N	J	P	P Q R	M	R	R S	—	—	—	—

第五章 公路工程施工项目的质量管理

第一节 质量管理的基本概念

当前，世界经济的发展正经历着由数量型增长向质量型增长的转变，市场竞争也由以价格竞争为主转向以质量竞争为主。在国际市场上，产品、服务、资源和技术的竞争十分激烈，而质量是进入市场参与竞争的通行证。没有质量优势，势必在竞争中处于劣势。

一、质量和工程质量

1. 质量的定义

什么是质量？世界著名的质量管理专家朱兰（Joseph M. Juran）从用户的使用角度出发，曾把质量的定义概括为产品的"适用性"（fitness for use）；美国的另一位质量管理专家克劳斯比（Philip B. Crosby）从生产者的角度出发，曾把质量概括为产品符合规定要求的程度。

质量是指一组固有特性满足要求的程度。并且这些固有特性是以满足顾客及其他相关方所要求的能力加以表征。质量具有经济性、广义性、时效性和相对性。

（1）质量的经济性 由于要求汇集了价值的表现，价廉物美实际上是反映人们的价值取向，物有所值，就是表明质量有经济性的表征。虽然顾客和组织关注质量的角度是不同的，但对经济性的考虑是一样的。高质量意味着最少的投入，获得最大效益的产品。

（2）质量的广义性 在质量管理体系所涉及的范畴内，组织的相关方对组织的产品、过程或体系都可能提出要求。而产品、过程和体系又都具有固有特性，因此，质量不仅指产品质量，也可指过程和体系的质量。

（3）质量的时效性 由于组织的顾客和其他相关方对组织和产品、过程和体系的需求和期望是不断变化的。例如，原先被顾客认为质量好的产品会因为顾客要求的提高而不再受到顾客的欢迎。因此，组织应不断地调整对质量的要求。

（4）质量的相对性 组织的顾客和其他相关方可能对同一产品的功能提出不同的需求；也可能对同一产品的同一功能提出不同的需求；需求不同，质量要求也就不同，只有满足需求的产品才会被认为是质量好的产品。

2. 工程质量

工程项目质量是国家现行的有关法律、法规、技术标准、设计文件及工程合同中对工程的安全、使用、经济、美观等特性的综合要求。其固有特性通常包括使用功能（适用性）、寿命（耐久性）以及可靠性、安全性、经济性、与环境的协调性等六个方面，这些特性满足要求的程度越高，质量就越好。

工程项目质量的具体内涵应包括以下几个方面。

（1）工程项目实体质量 任何工程项目都是由分项工程、分部工程、单位工程所组成，而分项工程则是通过一道道工序来完成。所以，工程项目实体质量包含工序质量、分项工程质量、分部工程质量、单位工程质量。

（2）功能和使用价值　从功能和使用价值来看，工程项目质量又体现在适用性、可靠性、经济性、外观质量与环境协调等方面。由于工程项目是根据业主的要求而兴建的，不同的业主也就有不同的功能要求，所以，工程项目的功能与使用价值的质量是相对于业主的需要而言，并无一个固定和统一的标准。

（3）工作质量　工作质量是指参与工程建设者，为了保证工程项目的质量所从事工作的水平和完善程度。工作质量包括：社会工作质量，如社会调查、市场预测、质量回访和保修服务等；生产过程工作质量，如政治工作质量、管理工作质量、技术工作质量和后勤工作质量等。工作质量是工程实体质量的保证和基础，而工程项目实体质量是工作质量的综合反映。

二、质量管理

按照《GB/T 19000—ISO 9000（2000）质量管理体系标准》的定义："质量管理是指在质量方面指挥和控制组织的协调的活动"。组织必须通过建立质量管理体系实施质量管理。其中，质量方针是组织最高管理者的质量宗旨、经营理念和价值观的反映，在质量方针的指导下，制定组织的质量手册、程序性管理文件和质量记录，进而落实组织制度，合理配置各种资源，明确各级管理人员在质量活动中的责任分工与权限界定等，形成组织质量管理体系的运行机制，保证整个体系的有效运行，从而实现质量目标。

（1）质量方针　由组织的最高管理者正式发布的该组织总的质量宗旨和方向。质量方针是企业经营总方针的组成部分，是企业管理者对质量的指导思想和承诺。企业最高管理者应确定质量方针并形成文件。不同的企业可以有不同的质量方针，但都必须具有明确的号召力。"以质量求生存，以产品求发展"，"质量第一，服务第一"，"赶超世界或同行业先进水平"等这样一些质量方针很适于企业对外的宣传，因为它是对企业质量方针的一种高度概括而且具有强烈的号召力。但是，就对企业内部指导活动而言，这样的描述、概括就显得过于笼统，因此需要加以明确，使之具体化。质量方针的基本要求应包括供方的组织目标和顾客的期望和需求，也是供方质量行为的准则。

（2）质量目标　在质量方面所追求的目标，是组织质量方针的具体体现。目标既要先进，又要可行，便于实施和查找。

（3）质量策划　质量策划是质量管理的一部分，致力于制定质量目标并规定必要的运行过程和相关资源以实现质量目标。首先制定质量方针，根据质量方针设定质量目标，根据质量目标确定工作内容（措施）、职责和权限，然后确定程序和要求，最后才付诸实施，这一系列过程就是质量策划的过程。

（4）质量控制　根据《GB/T 19000—ISO 9000（2000）质量管理体系标准》中质量术语的定义："质量控制是质量管理的一部分，致力于满足质量要求的一系列相关活动"。这些活动主要包括：①设定标准，即规定要求，确定需要控制的区间、范围、区域；②测量结果，测量满足所设定标准的程度；③评价，即评价控制的能力和效果；④纠偏，对不满足设定标准的偏差，及时纠偏，保持控制能力的稳定性。

质量控制活动涵盖作业技术活动和管理活动。质量控制是质量管理的一部分而不是全部。质量控制是在明确的质量目标和具体的条件下，通过行动方案和资源配置的计划、实施、检查和监督，进行质量目标的事前预控、事中控制和事后纠偏控制，实现预期质量目标的系统过程。

质量控制的基本原理是运用全面全过程质量管理的思想和动态控制的原理，进行质量的事前预控、事中控制和事后纠偏控制。

（5）质量保证　质量保证也是质量管理的一部分，致力于提供质量要求会得到满足的信任。满足质量要求是质量保证的前提，它包括了满足产品的质量要求，也包括了满足过程和管理体系的质量要求。

（6）质量改进　质量改进是质量管理的一部分，致力于增强满足必要的要求的能力。为向本组织及其顾客提供增值效益，在整个组织范围内所采取的提高活动和过程的效果与效率的措施。质量改进可消除系统性的问题，对现有的质量水平在控制的基础上加以提高，使质量达到一个新水平、新高度。

三、质量体系

质量体系是建立质量方针和质量目标，并实现这些目标的一组相互关联或相互作用的要素。

质量体系指为保证产品、过程或服务质量，满足规定（或潜有）的要求，由组织机构、程序、过程和资源所构成的有机整体。也就是为了实现质量目标的需要而建立的综合体；为了履行合同，贯彻法规和进行评价，可能要求提供实施各体系要素的证明。企业为了实施质量管理，生产出满足规定和潜在要求的产品和提供满意的服务，实现企业的质量目标，必须通过建立和健全质量体系来实现。

质量体系按体系目的可分为质量管理体系和质量保证体系两类，企业在非合同环境下，只建有质量管理体系；在合同环境下，企业应建有质量管理体系和质量保证体系。

第二节　质量管理体系的建立

质量管理体系是企业内部建立的、为保证产品质量或质量目标所必需的、系统的质量活动。它根据企业特点选用若干体系要素加以组合，加强从设计研制、生产、检验、销售、使用全过程的质量管理活动，并予以制度化、标准化，成为企业内部质量工作的要求和活动程序。在现代企业管理中，ISO 9001：2008 是企业普遍采用的质量管理体系。

一、质量体系建立的原则

质量体系是为质量管理服务的，它是搞好质量管理的依托。

质量体系的建立和运行要以质量方针和质量目标的展开和实施为依据，同时，一个好的质量体系也应当是经济和有效的。

企业应根据市场情况、产品类型、生产特点、顾客和消费者的需要，以标准为依据，选择适用的要素并确定采用的程度，建立企业的质量体系。企业内部的质量体系的建立应以GB/T 19004 标准为指南，外部的质量体系应以 GB/T 19001、GB/T 19002、GB/T 19003标准的要求来建立，这样建立起的质量体系才能够满足质量管理和为顾客及消费者提供信任的要求。

二、质量管理的 PDCA 循环

在长期的生产实践过程和理论研究中形成的 PDCA 循环，是确立质量管理和建立质量体系的基本原理。从实践论的角度看，管理就是确定任务目标，并按照 PDCA 循环原理来实现预期目标。每一循环都围绕着实现预期的目标，进行计划、实施、检查和处置活动，随着对存在问题的克服、解决和改进，不断增强质量能力，提高质量水平。一个循环的四大职能活动相互联系,共同构成了质量管理的系统过程。

(1)计划 P(plan) 质量管理的计划职能,包括确定或明确质量目标和制定实现质量目标的行动方案两方面。

建设工程项目的质量计划,是由项目干系人根据其在项目实施中所承担的任务、责任范围和质量目标,分别进行质量计划而形成的质量计划体系。其中,建设单位的工程项目质量计划,包括确定和论证项目总体的质量目标,提出项目质量管理的组织、制度、工作程序、方法和要求。项目其他各方干系人,则根据工程合同规定的质量标准和责任,在明确各自质量目标的基础上,制定实施相应范围质量管理的行动方案,包括技术方法、业务流程、资源配置、检验试验要求、质量记录方式、不合格处理、管理措施等具体内容和做法的质量管理文件,同时亦须对其实现预期目标的可行性、有效性、经济合理性进行分析论证,并按照规定的程序与权限,经过审批后执行。

(2)实施 D(do) 实施职能在于将质量的目标值,通过生产要素的投入、作业技术活动和产出过程,转换为质量的实际值。为保证工程质量的产出或形成过程能够达到预期的结果,在各项质量活动实施前,要根据质量管理计划进行行动方案的部署和交底;交底的目的在于使具体的作业者和管理者明确计划的意图和要求,掌握质量标准及其实现的程序与方法。在质量活动的实施过程中,则要求严格执行计划的行动方案,规范行为,把质量管理计划的各项规定和安排落实到具体的资源配置和作业技术活动中去。

(3)检查 C(check) 指对计划实施过程进行各种检查,包括作业者的自检、互检和专职管理者专检。各类检查也都包含两大方面:一是检查是否严格执行了计划的行动方案,实际条件是否发生了变化,不执行计划的原因;二是检查计划执行的结果,即产出的质量是否达到标准的要求,对此进行确认和评价。

(4)处置 A(action) 对于质量检查所发现的质量问题或质量不合格,及时进行原因分析,采取必要的措施,予以纠正,保持工程质量形成过程的受控状态。处置分纠偏和预防改进两个方面。前者是采取应急措施,解决当前的质量偏差、问题或事故;后者是提出目前质量状况信息,并反馈管理部门,反思问题症结或计划时的不周,确定改进目标和措施,为今后类似问题的质量预防提供借鉴。

三、质量管理体系文件文件构成

1. 质量方针和质量目标

一般都以简明的文字来表述,是企业质量管理的方向目标,应反映用户及社会对工程质量的要求及企业相应的质量水平和服务承诺,也是企业质量经营理念的反映。

2. 质量手册

质量手册是规定企业组织建立质量管理体系的文件,质量手册对企业质量管理体系作系统、完整和概要的描述。其内容一般包括:企业的质量方针、质量目标;组织机构及质量职责;体系要素或基本控制程序;质量手册的评审、修改和控制的管理办法。

质量手册作为企业质量管理系统的纲领性文件,应具备指令性、系统性、协调性、先进性、可行性和可检查性。

3. 程序性文件

各种生产、工作和管理的程序文件是质量手册的支持性文件,是企业各职能部门为落实质量手册要求而规定的细则,企业为落实质量管理工作而建立的的各项管理标准、规章制度都属程序文件范畴。一般有以下六个方面的程序为通用性管理程序:文件控制程序;质量记录管理程序；内部审核程序；不合格品控制程序；纠正措施控制程序；预防措施控制程序。

4. 质量记录

质量记录是产品质量水平和质量体系中各项质量活动进行及结果的客观反映。质量记录应完整地反映质量活动实施、验证和评审的情况，并记载关键活动的过程参数，具有可追溯性的特点。质量记录以规定的形式和程序进行，并有实施、验证、审核等签署意见。

四、质量管理体系建立步骤

建立、完善质量体系一般要经历质量体系的策划与设计，质量体系文件的编制、质量体系的试运行，质量体系审核和评审四个阶段，每个阶段又可分为若干具体步骤。

1. 质量体系的策划与设计

质量体系的策划与设计包括教育培训，统一认识；组织落实，拟定计划；确定质量方针，制定质量目标；现状调查和分析；调整组织结构，配备资源等方面。

（1）教育培训，统一认识　质量体系建立和完善的过程，是始于教育，终于教育的过程，也是提高认识和统一认识的过程，教育培训要分层次，循序渐进地进行。

第一层次为决策层，包括党、政、技（术）领导。主要培训以下内容：

① 通过介绍质量管理和质量保证的发展和本单位的经验教训，说明建立、完善质量体系的迫切性和重要性；

② 通过 ISO 9000 族标准的总体介绍，提高按国家（国际）标准建立质量体系的认识；

③ 通过质量体系要素讲解（重点应讲解"管理职责"等总体要素），明确决策层领导在质量体系建设中的关键地位和主导作用。

第二层次为管理层，重点是管理、技术和生产部门的负责人，以及与建立质量体系有关的工作人员。这二层次的人员是建设、完善质量体系的骨干力量，起着承上启下的作用，要使他们全面接受 ISO 9000 族标准有关内容的培训，在方法上可采取讲解与研讨结合。

第三层次为执行层，即与产品质量形成全过程有关的作业人员。对这一层次人员主要培训与本岗位质量活动有关的内容，包括在质量活动中应承担的任务，完成任务应赋予的权限，以及造成质量过失应承担的责任等。

（2）组织落实，拟定计划　尽管质量体系建设涉及到一个组织的所有部门和全体职工，但对多数单位来说，成立一个精干的工作班子可能是需要的，根据一些单位的做法，这个班子也可分三个层次。

第一层次：成立以最高管理者为组长，质量主管领导为副组长的质量本系建设领导小组（或委员会）。其主要任务包括：体系建设的总体规划；制定质量方针和目标；按职能部门进行质量职能的分解。

第二层次：成立由各职能部门领导（或代表）参加的工作班子。这个工作班子一般由质量部门和计划部门的领导共同牵头，其主要任务是按照体系建设的总体规划具体组织实施。

第三层次：成立要素工作小组。根据各职能部门的分工明确质量体系要素的责任单位。

（3）确定质量方针，制定质量目标　质量方针体现了一个组织对质量的追求，对顾客的承诺，是职工质量行为的准则和质量工作的方向。

制定质量方针的要求是：与总方针相协调；应包含质量目标；结合组织的特点；确保各级人员都能理解和坚持执行。

（4）现状调查和分析　现状调查和分析的目的是为了合理地选择体系要素，包括以下内容。

① 体系情况分析　即分析本组织的质量体系情况，以便根据所处的质量体系情况选择质量体系要素的要求。

② 产品特点分析　即分析产品的技术密集程度、使用对象、产品安全特性等，以确定要素的采用程度。

③ 组织结构分析　分析组织的管理机构设置是否适应质量体系的需要。应建立与质量体系相适应的组织结构并确立各机构间隶属关系、联系方法。

④ 生产设备和检测设备能否适应质量体系的有关要求。

⑤ 技术、管理和操作人员的组成、结构及水平状况的分析。

⑥ 管理基础工作情况分析。即标准化、计量、质量责任制、质量教育和质量信息等工作的分析。

（5）调整组织结构，配备资源　因为在一个组织中除质量管理外，还有其他各种管理。组织机构设置由于历史沿革多数并不是按质量形成客观规律来设置相应的职能部门的，所以在完成落实质量体系要素并展开成对应的质量活动以后，必须将活动中相应的工作职责和权限分配到各职能部门。一方面是客观展开的质量活动，另一方面是现有的职能部门，两者之间的关系处理，一般地讲，一个质量职能部门可以负责或参与多个质量活动，但不要让一项质量活动由多个职能部门来负责。

2. 质量体系文件的编制

质量体系文件的编制内容和要求，从质量体系的建设角度讲，应强调几个问题。

（1）体系文件一般应在第一阶段工作完成后才正式制定，必要时也可交叉进行。如果前期工作不做，直接编制体系文件就容易产生系统性、整体性不强，以及脱离实际等弊病。

（2）除质量手册需统一组织制定外，其他体系文件应按分工由归口职能部门分别制定，先提出草案，再组织审核，这样做有利于今后文件的执行。

（3）质量体系文件的编制应结合本单位的质量职能分配进行。按所选择的质量体系要求，逐个展开为各项质量活动（包括直接质量活动和间接质量活动），将质量职能分配落实到各职能部门。质量活动项目和分配可采用矩阵图的形式表述，质量职能矩阵图也可作为附件附于质量手册之后。

（4）为了使所编制的质量体系文件做到协调、统一，在编制前应制定"质量体系文件明细表"，将现行的质量手册（如果已编制）、企业标准、规章制度、管理办法以及记录表式收集在一起，与质量体系要素进行比较，从而确定新编、增编或修订质量体系文件项目。

（5）为了提高质量体系文件的编制效率，减少返工，在文件编制过程中要加强文件的层次间、文件与文件间的协调。尽管如此，一套质量好的质量体系文件也要经过自上而下和自下而上的多次反复。

（6）编制质量体系文件的关键是讲求实效，不走形式。既要从总体上和原则上满足 ISO 9000 族标准，又要在方法上和具体做法上符合本单位的实际。

3. 质量体系的试运行

质量体系文件编制完成后，质量体系将进入试运行阶段。其目的是通过试运行，考验质量体系文件的有效性和协调性，并对暴露出的问题，采取改进措施和纠正措施，以达到进一步完善质量体系文件的目的。

在质量体系试运行过程中，要重点抓好以下工作。

（1）有针对性地宣贯质量体系文件　使全体职工认识到新建立或完善的质量体系是对过

去质量体系的变革，是为了向国际标准接轨，要适应这种变革就必须认真学习、贯彻质量体系文件。

（2）实践是检验真理的唯一标准　体系文件通过试运行必然会出现一些问题，全体职工应将实践中出现的问题和改进意见如实反映给有关部门，以便采取纠正措施。

（3）将体系试运行中暴露出的问题，如体系设计不周、项目不全等进行协调、改进。

（4）加强信息管理，不仅是体系试运行本身的需要，也是保证试运行成功的关键。所有与质量活动有关的人员都应按体系文件要求，做好质量信息的收集、分析、传递、反馈、处理和归档等工作。

4. 质量体系的审核与评审

质量体系审核在体系建立的初始阶段往往更加重要。在这一阶段，质量体系审核的重点，主要是验证和确认体系文件的适用性和有效性。

（1）审核与评审的主要内容

① 规定的质量方针和质量目标是否可行；

② 体系文件是否覆盖了所有主要质量活动，各文件之间的接口是否清楚；

③ 组织结构能否满足质量体系运行的需要，各部门、各岗位的质量职责是否明确；

④ 质量体系要素的选择是否合理；

⑤ 规定的质量记录是否能起到见证作用；

⑥ 所有职工是否养成了按体系文件操作或工作的习惯，执行情况如何。

（2）该阶段体系审核的特点

① 体系正常运行时的体系审核，重点在符合性，在试运行阶段，通常是将符合性与适用性结合起来进行；

② 为使问题尽可能地在试运行阶段暴露出来，除组织审核组进行正式审核外，还应有广大职工的参与，鼓励他们通过试运行的实践，发现和提出问题；

③ 在试运行的每一阶段结束后，一般应正式安排一次审核，以便及时对发现的问题进行纠正，对一些重大问题也可根据需要，适时地组织审核；

④ 在试运行中要对所有要素审核覆盖一遍；

⑤ 充分考虑对产品的保证作用；

⑥ 在内部审核的基础上，由最高管理者组织一次体系评审。

应当强调，质量体系是在不断改进中不断完善的，质量体系进入正常运行后，仍然要采取内部审核、管理评审等手段以使质量体系能够保持和不断完善。

五、质量管理体系的认证

1. 认证

"认证"一词的英文原意是一种出具证明文件的行动。国际标准化组织（ISO）/国际电工委员会（IEC）指南 2：1996《标准化及相关活动的一般术语和定义》中对"认证"的定义是："由可以充分信任的第三方证实某一经鉴定的产品或服务符合特定标准或规范性文件的活动。"质量认证制度是由公正的第三方认证机构对企业的产品及质量管理体系做出正确、可靠的评价，从而使社会对企业的产品建立信心。

2. 质量管理体系的认证程序

（1）申请和受理　具有法人资格，并已按 GB/T 19000—ISO 9000 族标准或其他国际公认的质量管理体系规范建立了文件化的质量管理体系，并在生产经营全过程贯彻执行的企业可提出申请。申请单位须按要求填写申请书，认证机构经审查符合后接受申请，如不符合则不接受申请，均予发出书面通知书。

（2）审核　认证机构派出审核组对申请方质量管理体系进行检查和评定。包括文件审查、现场审核，并提出审核报告。

（3）审批与注册发证　认证机构对审核组提出的审核报告进行全面审查，符合标准者批准并予以注册，发给认证证书（内容包括证书号、注册企业名称和地址、认证和质量体系覆盖产品的范围、评价依据及质量保证模式标准及说明、发证机构、签发人和签发日期）。

第三节　公路工程施工项目质量管理

工程质量好与坏，是一个根本性的问题。工程项目建设投资大，建成及使用时期长，只有合乎质量标准，才能投入生产和交付使用，发挥投资效益，结合专业技术、经营管理和数理统计，满足社会需要。世界上许多国家对工程质量的要求，都有一套严密的监督检查办法。在中国，自1984年开始，改变了长期以来由生产者自我评定工程质量的做法，实行企业自我监督和社会监督相结合，大力加强社会监督。随着人们对质量管理理论实践应用经验的分析和研究的深入，质量管理的理论、方法也在不断地创新、丰富、发展和完善，及时了解这些质量管理理论的新成果、新发展，把握这些理论和方法的变化和发展趋势，对促进自身质量管理水平的提高具有重要的意义。

一、质量管理原则

1. 以顾客为关注焦点

组织（从事一定范围生产经营活动的企业）依存于其顾客。组织应理解顾客当前和未来的需求，满足顾客要求并争取超越顾客的期望。

2. 领导作用

领导者确立本组织统一的质量宗旨和方向，并营造和保持使员工充分参与实现组织目标的内部环境。因此领导在企业的质量管理中起着决定的作用。只有领导重视，各项质量活动才能有效开展。

3. 全员参与

各级人员都是组织之本，只有全员充分参加，才能使他们的才干为组织带来收益。产品质量是产品形成过程中全体人员共同努力的结果，其中也包含着为他们提供支持的管理、检查、行政人员的贡献。企业领导应对员工进行质量意识等各方面的教育，激发他们的积极性和责任感，为其能力、知识、经验的提高提供机会，发挥创造精神，鼓励持续改进，给予必要的物质和精神奖励，使全员积极参与，为达到让顾客满意的目标而奋斗。

4. 过程方法

将相关的资源和活动作为过程进行管理，可以更高效地得到期望的结果。任何使用资源生产的活动和将输入转化为输出的一组相关联的活动都可视为过程。2000版ISO 9000族标准是建立在过程控制的基础上。一般在过程的输入端、过程的不同位置及输出端都存在着可以进行测量、检查的机会和控制点，对这些控制点实行测量、检测和管理，便能控制过程的有效实施。

5. 管理的系统方法

将相互关联的过程作为系统加以识别、理解和管理，有助于组织提高实现其目标的有效性和效率。不同企业应根据自己的特点，建立资源管理、过程实现、测量分析改进等方面的关联关系，并加以控制。即采用过程网络的方法建立质量管理体系，实施系统管理。一般建立实施质量管理体系包括：①确定顾客期望；②建立质量目标和方针；③确定实现目标的过程和职责；④确定必须提供的资源；⑤规定测量过程有效性的方法；⑥实施测量，确定过程的有效性；⑦确定防止不合格并清除产生原因的措施；⑧建立和应用持续改进质量管理体系的过程。

6. 持续改进

持续改进总体业绩是组织的一个永恒目标，其作用在于增强企业满足质量要求的能力，包括产品质量、过程及体系的有效性和效率的提高。持续改进是增强和满足质量要求能力的循环活动，使企业的质量管理走上良性循环的轨道。

7. 基于事实的决策方法

有效的决策应建立在数据和信息分析的基础上，数据和信息分析是事实的高度提炼。以事实为依据做出决策，可防止决策失误。为此，企业领导应重视数据信息的收集、汇总和分析，以便为决策提供依据。

8. 与供方互利的关系

组织与供方是相互依存的，建立双方的互利关系可以增强双方创造价值的能力。供方提供的产品是企业提供产品的一个组成部分。处理好与供方的关系，涉及到企业能否持续稳定提供顾客满意产品的重要问题。因此，对供方不能只讲控制，不讲合作互利，特别是关键供方，更要建立互利关系，这对企业与供方双方都有利。

二、施工准备阶段的质量管理

施工准备阶段的质量管理是指项目正式施工活动开始前及项目开工后，对各项准备工作及影响质量的各因素和有关方面进行的各种控制活动。施工准备是为保证施工生产正常进行而必须事先做好的管理工作。施工准备工作不仅在工程开工前要做好，而且应贯穿于整个施工过程。施工准备的基本任务就是为施工项目建立一切必要的施工条件，确保施工生产顺利进行，确保工程质量符合要求。

1. 员工质量教育与培训

通过教育培训和其他措施提高员工的能力，增强质量和顾客意识，使员工满足所从事的质量工作对能力的要求。项目领导班子应着重以下几方面的培训：①质量意识教育；②充分理解和掌握质量方针和目标；③质量管理体系有关方面的内容；④质量保持和持续改进意识。

可以通过面试、笔试、实际操作等方式检查培训的有效性。还应保留员工的教育、培训及技能认可的记录。

2. 制订施工质量计划

施工质量计划，必须有规定的活动内容，有进度、有分析、有检验、有成果表达，要求责任部门认真对待，保质、保量、按期完成。对施工质量计划安排合理性进行分析，并检查质量完成的内容以及可行性。

（1）施工质量计划内容

① 工程特点及施工条件分析（合同条件、法规条件和现场条件）；

② 质量总目标及其分解目标；

③ 质量管理组织机构和职责、人员及资源配置计划；

④ 确定施工工艺与操作方法的技术方案和施工任务的流程组织方案；

⑤ 施工材料、设备物资等的质量管理及控制措施；

⑥ 施工质量检验、检测、试验工作的计划安排及其实施方法与接收准则；

⑦ 施工质量控制点及其跟踪控制的方式与要求；

⑧ 记录的要求等。

（2）施工质量计划的审批　　施工单位的项目施工质量计划编成后，应按照工程施工管理程序进行审批，包括施工企业内部的审批和项目监理机构的审查。企业内部的审批，是由项目经理部主持编制，报企业组织管理层批准。监理工程师的审查，是项目监理机构"在工程开工前，总监理工程师应组织专业监理工程师审查承包单位报送的施工组织设计（方案）报审表，提出意见，并经总监理工程师审核、签认后报建设单位。"

3. 施工组织设计文件的审核

施工组织设计文件是直接指导现场施工作业技术活动和管理工作的纲领性文件。工程项目施工组织设计是以施工技术方案为核心。施工方案的合理与否关系到工程实施的可行性以及质量的好坏。在开工前组织员工进行图纸会审，认真研究施工方案，集思广益，共献良策，制定几种方案，从中选择最适合的方案，按照方案制定各个工序的作业指导书，并在施工生产前对责任人交底，并将各项要求传达到每个施工岗位上。做到责任到人、层层监督。对施工方案的审核主要包括以下内容。

（1）全面正确地分析工程特征、技术关键及环境条件等资料，明确质量目标、验收标准、控制的重点和难点。

（2）制定合理有效的有针对性的施工技术方案和组织方案，前者包括施工工艺、施工方法，后者包括施工区段划分、施工流向及劳动组织等。

（3）合理选用施工机械设备和施工临时设施，合理布置施工总平面图和各阶段施工平面图。选用和设计保证质量与安全的模具、脚手架等施工设备。

（4）编制工程所采用的新材料、新技术、新工艺的专项技术方案和质量管理方案。

4. 施工机械的质量管理

施工机械设备、设施、工器具等施工生产手段的配置及其性能，对施工质量、安全、进度和施工成本有重要的影响，合理选择施工机械设备是保证施工质量的重要措施。

（1）对施工所用的机械设备，应根据工程需要，从设备选型、主要性能参数及使用操作要求等方面加以控制。

（2）模板、脚手架等施工设施，除按适用的标准定型选用外，一般需按设计及施工要求进行专项设计，对其设计方案及制作质量的控制及验收应作为重点进行控制。

（3）按现行施工管理制度要求，工程所用的施工机械、模板、脚手架，特别是危险性较大的现场安装的起重机械设备，施工单位不仅要履行设计安装方案的审批手续，而且安装完毕启用前必须经专业管理部门的验收，合格后方可使用。同时，在使用过程中尚需落实相应的管理制度，以确保其安全正常使用。

5. 材料设备的质量管理

建筑材料、构配件和设备是直接构成工程实体的物质，应从施工备料开始进行控制，包括对供货厂商的评审、询价、采购计划与方式的控制等。因此，必须有健全有效的采购控制程序，必须将采购计划报送工程监理机构审查，实施采购质量预控。材料在选用时，先采用节能降耗的新型建筑材料，禁止使用国家明令淘汰的建筑材料。

建筑材料或工程设备在使用前应进行检查，包括：是否有产品质量检验合格证明；是否有中文标明的产品名称、生产厂名和厂址；产品包装和商标式样是否符合国家有关规定和标准要求；工程设备是否有产品详细的使用说明书，电气设备还应附有线路图；实施生产许可证或实行质量认证的产品，是否有相应的许可证或认证证书。

6. 设计交底和图纸审核的质量控制

设计图纸是进行质量控制的重要依据。为使施工单位熟悉有关的设计图纸，充分了解拟建项目的特点、设计意图和工艺与质量要求，减少图纸的差错，消灭图纸中的质量隐患，要做好设计交底和图纸审核工作。

设计交底是指在施工图完成并经审查合格后，设计单位在设计文件交付施工时，按法律规定的义务就施工图设计文件向施工单位和监理单位做出详细的说明。其目的是对施工单位和监理单位正确贯彻设计意图，使其加深对设计文件特点、难点、疑点的理解，掌握关键工程部位的质量要求，确保工程质量。设计交底时主要将以下内容向相关单位进行说明：①地形、地貌、水文气象、工程地质及水文地质等自然条件；②施工图设计依据：初步设计文件、规划、环境等要求，设计规范；③设计意图：设计思想、设计方案比较、基础处理方案、结构设计意图、设备安装和调试要求、施工进度安排等；④施工注意事项：对基础处理的要求，对建筑材料的要求，采用新结构、新工艺的要求，施工组织和技术保证措施等。

图纸审核是设计单位和施工单位进行质量控制的重要手段，也是使施工单位通过审查熟悉设计图纸，了解设计意图和关键部位的工程质量要求，发现和减少设计差错，保证工程质量的重要方法。

图纸审核的主要检查内容包括：①对设计者的资质进行认定；②设计是否满足抗震、防火、环境卫生等要求；③图纸与说明是否齐全；④图纸中有无遗漏、差错或相互矛盾之处，图纸表示方法是否清楚并符合标准要求；⑤地质及水文地质等资料是否充分、可靠；⑥所需材料来源有无保证，能否替代；⑦施工工艺、方法是否合理，是否切合实际，是否便于施工，能否保证质量要求；⑧施工图及说明书中涉及的各种标准、图册、规范、规程等，施工单位是否具备。

7. 采购质量控制

采购质量控制主要包括对采购产品及其供方的控制，制定采购要求和验证采购产品。建设项目中的工程分包，也应符合规定的采购要求。

（1）物资采购应符合设计文件、标准、规范、相关法规及承包合同要求，如果项目部另有附加的质量要求，也应予以满足。对于重要物资、大批量物资、新型材料以及对工程最终质量有重要影响的物资，可由企业主管部门对可供选用的供方进行逐个评价，并确定合格供方名单。

（2）采购要求是采购产品控制的重要内容。采购要求的形式可以是合同、订单、技术协议、询价单及采购计划等。采购要求包括：

① 有关产品的质量要求或外包服务要求；

② 有关产品提供的程序性要求，如供方提交产品的程序、供方生产或服务提供的过程要求、供方设备方面的要求；

③ 对供方人员资格的要求；

④ 对供方质量管理体系的要求。

8. 明确关键部位的质量控制点

施工质量控制点是施工质量管理的重点控制对象。质量控制点应该在技术要求高、施工难度大、对工程质量影响大的对象进行设置。一般选择下列部位或环节作为质量控制点：

① 施工过程中的重要项目、薄弱环节和关键部位；

② 影响工期、质量、成本、安全、材料消耗等重要因素的环节；

③ 新材料、新技术、新工艺的施工环节；

④ 质量信息反馈中缺陷频数较多的项目。

例如，土方路基工程常见质量控制关键点：①施工放样与断面测量；②路基原地面处理，按施工技术合同或规范规定要求处理，并认真整平压实；③使用适宜材料，必须采用设计和规范规定的适用材料，保证原材料合格，正确确定土的最大干密度和最佳含水量；④每层的松铺厚度，横坡；⑤分层压实，控制填土的含水量，确保压实度达到设计要求。

三、施工过程的质量管理

1. 认真做好施工技术交底工作

公路工程施工项目的施工技术交底是在项目开工前由主管技术领导向参与施工的人员进行的技术性交底，其目的是使施工人员对工程特点、技术质量要求、施工方法与措施等方面有一个较详细的了解，以便于科学地组织施工，避免技术质量等事故的发生。施工技术交底是施工组织设计和施工方案的具体化，施工技术交底的内容必须具有可行性和可操作性。

（1）施工技术交底内容　在公路工程项目开工前，必须认真做好施工技术交底工作，施工总承包方和监督机构要对施工技术交底进行监督。施工技术交底的内容包括：

① 承包合同中有关施工技术管理和监理办法，合同条款规定的法律、经济责任和工期；

② 设计文件、施工图及说明要点等内容；

③ 分部、分项工程的施工特点，质量要求；

④ 施工技术方案；

⑤ 工程合同技术规范、使用的工法或工艺操作规程；

⑥ 材料的特性、技术要求及节约措施；

⑦ 季节性施工措施；

⑧ 安全、环保方案；

⑨ 各单位在施工中的协调配合、机械设备组合、交叉作业及注意事项；

⑩ 试验工程项目的技术标准和采用的规程。

（2）施工技术交底形式及方式　施工技术交底形式有：书面、口头、会议、挂牌、样板、示范操作等。其方式有：项目经理部的技术交底工作由项目经理组织，项目总工程师主持实施；工长（技术负责人）负责组织向本责任区内的班组交底。

2. 加强公路工程施工测量控制

公路施工测量放线是公路工程产品由设计转化为实物的第一步，制约着施工过程中各有关环节的质量、进度，施工测量质量的好坏，直接决定工程的定位和标高是否正确，并且制约施工过程有关工序的质量。因此，施工单位在开工前应编制测量控制方案，经项目技术负责人批准后实施。对建设单位提供的原始标点、基准线和水准点等测量控制点进行复核，并将复测结果上报监理工程师审核，批准施工单位才能建立施工测量控制网，进行工程定位和标高基准的控制。

在实际施工过程中，也必须加强工程测量管理，采取确实可行的措施，全方位地做好施工测量放线工作，以保证和提高施工质量。具体内容如下。

（1）提高测量放线人员的素质　作为一个合格的、专业的测量员，首先要具备吃苦耐劳、细心谨慎、团结协作的基本素质。提高读图能力，强化质量意识，养成事前反复考虑、事后认真检查的好习惯。

（2）增加测量仪器的成本投入，采取先进的测量工具，做好测量仪器的定期检测工作。

（3）合理安排施工工序，为测量放线提供较好的施工环境，从而保证测量放线成果。

（4）全民动员，从领导到各专业工程师均要提高对测量工作的认识。在测量工作的各个程序中实行双检制。各工点、工序范围内的测量工作，测量组应自检复核签认，分工衔接上的测量工作，由测量队或测量组进行互检复核和签认；项目测量队组织对控制网点和测量组设置的施工用桩及重大工程的放样进行复核测量，经项目技术部门主管现场进行检查签认，总工程师审核签认合格后，报驻地监理工程师审批认可；项目经理部总工和技术部门负责人要对测量队、组执行测量复核签认制进行检查，并做好检查记录。测量队对测量组执行测量复核签认制进行检查，并做好检查记录。

3. 加强公路工程计量控制

公路工程计量是投资控制的中心环节，也是对工程项目建设质量、进度控制的有力手段，是按照相关技术规范规定的方法对承包商符合要求的已完工程的实际数量所进行的测量、计算、核查和确认的过程。

（1）公路工程计量的组织类型

① 监理工程师独立计量　计量工作由监理工程师单独承担，然后将计量的记录送承包人。承包人对计量有异议，可在 7 日内以书面形式提出，再由监理工程师对承包商提出的质疑进行复核，并将复议后的结果通知承包人。

② 承包人进行计量　由承包人对已完的工程进行计量，然后将计量的记录及有关资料报送监理工程师核实确认。

③ 监理工程师与承包人共同计量　在进行计量前，由监理工程师通知承包人计量的时间与工程部位，然后由承包人派人同监理工程师共同计量，计量后双方签字认可。

（2）公路工程计量内容及要求　公路工程施工过程的计量包括施工生产时的投料计量、施工测量、监测计量以及对项目、产品或过程的测试、检验、分析计量等。其正确性与可靠性直接关系到工程质量的形成和客观的效果评价。因此，在施工过程中必须建立和完善施工现场计量管理的规章制度；建立计量管理部门，明确计量控制责任者和配置必要的计量人员，具体工程内容的计量应落实到人，为了保证计量的准确性，还必须有负责检查、复核的人员以及最终签认的人员，使计量工作按规定的程序进行；严格按规定对计量器具进行维修和校验（在使用前，应到国家法定计量技术检定机构对测量仪器、工具检定），仪器精度与性能应符合合同条件及规范要求；统一计量单位，组织量值传递，保证量值统一，从而保证施工过程中计量的准确。同时对计量人员资格、计量程序的准确性等进行控制。

（3）公路工程计量原则

① 按照合同应计量的所有工程细目，应以公制的物理计量单位或习惯的自然计量单位进行计量。

② 确定按合同完成的工程数量所采用的量测和计算方法，如在有关部分未做具体规定，

应符合我国公路工程的习惯做法。

③ 一切工程的计量，应由承包人提供符合精度要求的计量设备和条件，并由承包人计算后报监理工程师审核确认。

④ 凡超过了图纸所示或监理工程师指示或同意的任何长度、面积或体积，都不予计量。全部必需的模板、脚手架、装备、机具和联结螺栓、垫圈等其他材料，应包括在其他支付细目中，不单独计量。

⑤ 如果规范规定的任何分项工程或其细目未在工程量清单中出现，则应被认为是其他相关工程的附属义务，不再单独计量。

4. 加强公路工程工序施工质量控制

公路工程项目的施工过程，是由一系列相互关联、相互制约的工序所构成，工序质量是基础，直接影响工程项目的整体质量。要控制公路工程项目施工过程的质量，首先必须控制工序的质量。因此，工序的质量控制是施工阶段质量控制的重点。只有严格控制工序质量，才能确保施工项目的实体质量。

(1) 严格遵守工艺规程　施工工艺和操作规程，是进行施工操作的依据和法规，是确保工序质量的前提，任何人都必须严格执行，不得违反。

(2) 主动控制工序活动条件的质量　工序活动条件包括的内容较多，主要是指影响质量的五大因素，即施工操作者、材料、施工机械设备、施工方法和施工环境等。只要将这些因素切实有效地控制起来，使它们处于被控制状态，确保工序投入品的质量，避免系统性因素变异发生，就能保证每道工序质量正常、稳定。

(3) 及时检验工序活动效果的质量　工序活动效果是评价工序质量是否符合标准的尺度。为此，必须加强质量检验工作，对质量状况进行综合统计与分析，及时掌握质量动态。一旦发现质量问题，随即研究处理，自始至终使工序活动效果的质量，满足规范和标准的要求。

(4) 设置工序质量控制点　控制点是指为了保证工序质量而需要进行控制的重点、关键部位、薄弱环节，以便在一定时期内、一定条件下进行强化管理，使工序处于良好的控制状态。

5. 加强公路工程施工质量检查

施工质量检查是贯穿整个施工过程的最基本的质量控制活动，包括施工单位的内部的工序质量检查、互检、专检和交接检查，以及现场监理机构的旁站检查、平行检查等。施工现场质量检查是公路工程施工过程质量管理的主要手段。

(1) 现场质量检查形式　公路工程施工现场质量检查形式有：观察、测量、试验、分析、监督、总结提高。

(2) 现场质量检查的内容

① 开工前检查　目的是检查是否具备开工条件，开工后能否连续正常施工，能否保证工程质量。

② 工序交接检查　对于重要的工序或对工程质量有重大影响的工序，在自检、互检的基础上，还要组织专职人员进行工序交接检查。

③ 隐蔽工程检查　凡是隐蔽工程均应检查认证后方能掩盖。

④ 停工后复工前的检查　因处理质量问题或某种原因停工后需复工时，亦应经检查认可后方能复工。

⑤ 分项、分部工程完工后，应经检查认可，签署验收记录后，才许进行下一工程项目施工。

⑥ 成品保护检查　检查成品有无保护措施，或保护措施是否可靠。

此外，还应经常深入现场，对施工操作质量进行巡视检查；必要时，还应进行跟班或追踪检查。

（3）现场质量检查的方法　现场进行质量检查的方法有目测法、实测法和试验法三种。

① 目测法　其手段可归纳为看、摸、敲、照四个字。看，就是根据质量标准进行外观目测；摸，就是手感检查；敲，是运用工具进行音感检查；照，对于难以看到或光线较暗的部位，则可采用镜子反射或灯光照射的方法进行检查。

② 实测法　就是通过实测数据与施工规范及质量标准所规定的允许偏差对照，来判别质量是否合格。实测检查法的手段，也可归纳为靠、吊、量、套四个字。

③ 试验检查　指必须通过试验手段，才能对质量进行判断的检查方法。如对桩或地基的静载试验，确定其承载力；对钢筋的焊接头进行拉力试验，检验焊接的质量等。

6. 加强公路工程成品保护的管理

公路工程项目已完施工的成品保护，目的是避免已完施工的成品受到来自后续施工以及其他方面的污染或损坏。已完施工的成品保护问题和相应措施，在工程施工组织设计与计划阶段就应该从施工顺序上进行考虑，防止施工顺序不当或交叉作业造成相互干扰、污染和损坏；成品形成后可采取防护、覆盖、封闭、包裹等相应措施进行保护。

四、竣工阶段的质量管理

竣工阶段的质量管理主要是施工项目竣工验收的质量控制，是整个项目施工质量控制的最后环节，是对施工过程质量控制成果的全面检验。竣工验收综合评价工程建设成果，对工程质量、参建单位和建设项目进行综合评价

1. 明确竣工质量验收的依据

（1）国家相关法律法规和交通部颁布的管理条例和办法；

（2）批准的工程初步设计、施工图设计及变更设计文件及说明；

（3）批准的招标文件及工程施工承包合同；

（4）行政主管部门的有关批复、指示文件；

（5）公路工程施工质量验收规范。

2. 严格按照竣工验收要求验收

（1）检验批的质量应按主控项目和一般项目验收；

（2）工程质量的验收均应在施工单位自检合格的基础上进行；

（3）隐蔽工程在隐蔽前应由施工单位通知监理工程师或建设单位专业技术负责人进行验收，并应形成验收文件，验收合格后方可继续施工；

（4）参加工程施工质量验收的各方人员应具备规定的资格，单位工程的验收人员应具备工程建设相关专业的中级以上技术职称并具有 5 年以上从事工程建设相关专业的工作经历，参加单位工程验收的签字人员应为各方项目负责人；

（5）涉及结构安全的试块、试件以及有关材料，应按规定进行见证取样检测；对涉及结构安全、使用功能、节能、环境保护等重要分部工程应进行抽样检测；

（6）承担见证取样检测及有关结构安全、使用功能等项目的检测单位应具备相应资质；

（7）工程的观感质量应由验收人员现场检查，并应共同确认。

3. 严格按照竣工验收程序验收

公路工程项目竣工验收，应该严格按照竣工验收准备、竣工预验收（初步验收）和正式验收三个环节进行。整个验收过程必须按照工程项目质量控制系统的职能分工，以监理工程师为核心进行竣工验收的组织协调。

（1）竣工验收准备　施工单位按照合同规定的施工范围和质量标准进行自查、自评，质量合格后，向现场监理机构（或建设单位）提交工程竣工申请报告，要求组织工程竣工验收。

① 属于承包人一家独立承包的施工项目，应由企业技术负责人组织项目经理部的项目经理、技术负责人、施工管理人员和企业的有关部门对工程质量进行检验评定，并做好质量检验记录。

② 依法实行总分包的项目，应按照法律、行政法规的规定，承担质量连带责任，按规定的程序进行自检、复检和报审，直到工程竣工交接报验结束为止。

③ 若施工项目是实行总分包管理模式的，则应分两步进行：首先，由分包人对工程进行自检，向总包人提交完整的工程施工技术档案资料，总包人据此对分包工程进行复检和验收；然后，由总包人向工程监理机构递交工程竣工验收报告。

（2）竣工预验收　监理机构（或建设单位）收到施工单位的工程竣工申请报告后，由总监理工程师组织专业监理工程师应就验收的准备情况和验收条件进行审查，符合竣工验收条件的予以签认。应就检查中工程实体质量及档案资料存在的缺陷，应督促施工单位及时提出整改意见，并与施工单位协商整改清单，确定整改要求和完成时间。预验收时，由项目总监主持，一般分成三个大组，分别是外观组、资料组、实测组。公路工程竣工验收应具备下列条件：

① 完成合同约定的各项内容；

② 有完整的技术档案和施工管理资料；

③ 有工程使用的主要建筑材料、构配件和设备的进场试验报告；

④ 有工程勘察、设计、施工、工程监理、质量监督机构等单位分别签署的质量合格文件；

⑤ 有施工单位签署的工程保修书。

（3）正式验收　公路工程符合竣工验收条件后，建设单位（项目法人）应按照项目管理权限及时向交通主管部门申请正式竣工验收。交通主管部门应当自收到申请之日起 30 日内，对申请人递交的材料进行审查，对于不符合竣工验收条件的，应当及时退回并告知理由；对于符合验收条件的，应自收到申请文件之日起 3 个月内组织竣工验收。

参加验收主要有交通主管部门、建设单位（项目法人）、设计单位、监理单位、施工单位、质量监督机构等单位。正式验收的主要工作有：

① 建设、勘察、设计、施工、监理单位分别汇报工程合同履约情况及工程施工各环节施工满足设计要求，质量符合法律、法规和强制性标准的情况；

② 检查审核设计、勘察、施工、监理单位的工程档案资料及质量验收资料；

③ 实地检查工程外观质量，对工程的使用功能进行抽查；

④ 对工程施工质量管理各环节工作、工程实体质量及质保资料情况进行全面评价，形成经验收组人员共同确认签署的工程竣工验收意见；

⑤ 竣工验收合格，建设单位应及时提出工程竣工验收报告。验收报告还应附有工程施

工许可证、设计文件审查意见、质量检测功能性试验资料、工程质量保修书等法规所规定的其他文件；

⑥ 工程质量监督机构应对工程竣工验收工作进行监督。

第四节 公路工程质量分析与公路工程质量等级评定

一、质量分析的方法

1. 分层法

（1）分层法的概念 分层法又叫分类法或分组法，是将调查收集的原始数据，根据不同的目的和要求，按某一性质进行分组、整理的分析方法。分层法是质量控制统计分析方法中最基本的一种方法。其他统计方法一般都要与分层法配合使用，如排列图法、直方图法、控制图法、相关图法等，常常是首先利用分层法将原始数据分门别类，然后再进行统计分析的。

（2）常用的分层标志

① 按操作班组或操作者分层；

② 按使用机械设备型号分层；

③ 按操作方法分层；

④ 按原材料供应单位、供应时间或等级分层；

⑤ 按施工时间分层；

⑥ 按检查手段、工作环境等分层。

（3）示例 钢筋焊接质量的调查分析，共检查了 50 个焊接点，其中 19 个不合格，不合格率为 38%。存在严重的质量问题，试用分层法分析质量问题的原因。

现已查明这批钢筋的焊接是由 A、B、C 三个师傅操作的，而焊条是由甲、乙两个厂家提供的。因此，分别按操作者和焊条生产厂家进行分层分析，即考虑一种因素单独的影响，见表 5-1 和表 5-2。

表 5-1 按操作者分层

操作者	不合格的焊接点/个	合格的焊接点/个	不合格率/%
A	6	13	32
B	3	9	25
C	10	9	53
合计	19	31	38

表 5-2 按供应焊条厂家分层

工厂	不合格的焊接点/个	合格的焊接点/个	不合格率/%
甲	9	14	39
乙	10	17	37
合计	19	31	38

由表 5-1 和表 5-2 分层分析可见，操作者 B 的质量较好，不合格率 25%；而不论是采用甲厂还是乙厂的焊条，不合格率都很高且相差不大。为了找出问题之所在，再进一步采用综合分层进行分析，即考虑两种因素共同影响的结果，见表 5-3。

表 5-3　综合分层分析焊接质量

操作者	焊接质量	甲厂		乙厂		合计	
		焊接点/个	不合格率/%	焊接点/个	不合格率/%	焊接点/个	不合格率/%
A	不合格	6	75	0	0	6	32
	合格	2		11		13	
B	不合格	0	0	3	43	3	25
	合格	5		4		9	
C	不合格	3	30	7	78	10	53
	合格	7		2		9	
合计	不合格	9	39	10	37	19	38
	合格	14		17		31	

2. 排列图法

（1）排列图法的概念　排列图法是利用排列图寻找影响质量主次因素的一种有效方法。排列图又叫帕累托图或主次因素分析图，它是由两个纵坐标、一个横坐标、几个连起来的直方形和一条曲线所组成。实际应用中，通常按累计频率划分为 $0\sim80\%$、$80\%\sim90\%$、$90\%\sim100\%$ 三部分，与其对应的影响因素分别为 A、B、C 三类。A 类为主要因素，B 类为次要因素，C 类为一般因素。

（2）示例　表 5-4 表示对某项模板施工精度进行抽样检查，得到 150 个不合格点数的统计数据。然后按照不合格点数（频数）大到小的顺序，重新整理为表 5-5，并分别计算出累计频数和累计频率。

表 5-4　构件尺寸抽样检查统计表

序号	检查项目	不合格点数/个
1	轴线位置	1
2	垂直度	8
3	标高	4
4	截面尺寸	45
5	平面水平度	15
6	表面平整度	75
7	预埋设施中心位置	1
8	预留空洞中心位置	1

表 5-5　构件尺寸不合格点顺序排列表

序号	项目	频数	频率/%	累计频率/%
1	表面平整度	75	50.0	50.0
2	表面尺寸	45	30.0	80.0
3	平面水平度	15	10.0	90.0
4	垂直度	8	5.3	95.3
5	标高	4	2.7	98.0
6	其他	3	2.0	100.0
	合计	150	100	

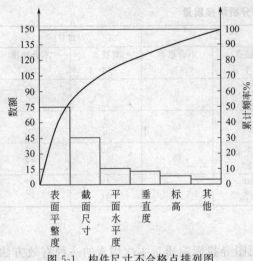

图 5-1　构件尺寸不合格点排列图

根据表 5-5 的统计数据画排列图（见图 5-1），并将其中累计频率 0～80％定为 A 类问题，即主要问题，进行重点管理；将累计频率在 80％～90％的问题定为 B 类问题，即次要问题，作为次重点管理；将其余累计频率在 90％～100％的问题定为 C 类问题，即一般问题，按照常规适当加强管理。以上方法称为 ABC 分类管理法。

（3）排列图的应用　排列图可以形象、直观地反映主次因素。其主要应用有：

① 按不合格点的内容分类，可以分析出造成质量问题的薄弱环节；

② 按生产作业分类，可以找出生产不合格品最多的关键过程；

③ 按生产班组或单位分类，可以分析比较各单位技术水平和质量管理水平；

④ 将采取提高质量措施前后的排列图对比，可以分析措施是否有效；

⑤ 此外还可以用于成本费用分析、安全问题分析等。

3. 因果分析图法

（1）因果分析图的概念　因果分析图法是利用因果分析图来系统整理分析某个质量问题（结果）与其产生原因之间关系的有效工具。因果分析图也称石川图或特性要因图，又因其形状常被称为树枝图或鱼刺图。

因果分析图法，也称为质量特性要因分析法，其基本原理是对每一个质量特性或问题，采用如图 5-2 所示的方法，逐层深入排查可能原因。然后确定其中最主要原因，进行有的放矢的处置和管理。图 5-2 表示混凝土强度不合格的原因分析，其中，第一层面从人、机械、材料、施工方法和施工环境进行分析；第二层面、第三层面，依此类推。

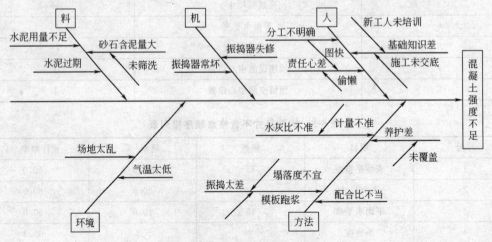

图 5-2　混凝土强度不合格因果分析

（2）使用因果分析图法时，应注意的事项是：①一个质量特性或一个质量问题使用一张图分析；②通常采用 QC 小组活动的方式进行，集思广益，共同分析；③必要时可以邀请小组以外的有关人员参与，广泛听取意见；④分析时要充分发表意见，层层深入，列出所有可能的原因；⑤在充分分析的基础上，由各参与人员采用投票或其他方式，从中选择 1～5 项多数人达成共识的最主要原因。

4. 统计调查表法

统计调查表法又称统计调查分析法，它是利用专门设计的统计表对质量数据进行收集、整理，粗略分析质量状态的一种方法。

在质量控制活动中，利用统计调查表收集数据，简便灵活、便于整理、实用有效。它没有固定格式，可根据需要和具体情况，设计出不同统计调查表。常用的有：①分项工程作业质量分布调查表；②不合格项目调查表；③不合格原因调查表；④施工质量检查评定用调查表等。

应当指出，统计调查表往往同分层法结合起来应用，可以更好、更快地找出问题的原因，以便采取改进的措施。

二、公路工程质量等级评定

1. 工程质量评分方法

工程质量检验评分以分项工程为单元，采用 100 分制进行。在分项工程评分的基础上，逐级计算各相应分部工程、单位工程、合同段和建设项目评分值。工程质量评定等级分为合格与不合格，应按分项、分部、单位工程、合同段和建设项目逐级评定。

（1）分项工程质量评分　分项工程质量检验内容包括基本要求、实测项目、外观鉴定和质量保证资料四个部分。只有在其使用的原材料、半成品、成品及施工工艺符合基本要求的规定，且无严重外观缺陷和质量保证资料真实并基本齐全时，才能对分项工程质量进行检验评定。

涉及结构安全和使用功能的重要实测项目为关键项目，其合格率不得低于 90％（属于工厂加工制造的交通工程安全设施及桥梁金属构件不低于 95％，机电工程为 100％），且检测值不得超过规定极值，否则必须进行返工处理。

实测项目的规定极值是指任一单个检测值都不能突破的极限值，不符合要求时该实测项目为不合格。

分项工程的评分值满分为 100 分，按实测项目采用加权平均法计算。存在外观缺陷或资料不全时，须予减分。

分项工程得分＝（∑［检查项目得分×权值］）/∑检查项目权值

分项工程评分值＝分项工程得分－外观缺陷减分－资料不全减分

① 基本要求检查　分项工程所列基本要求对施工质量优劣具有关键作用，应按基本要求对工程进行认真检查。经检查不符合基本要求规定时，不得进行工程质量的检验和评定。

② 实测项目计分　对规定检查项目采用现场抽样方法，按照规定频率和下列计分方法对分项工程的施工质量直接进行检测计分。

检查项目除按数理统计方法评定的项目以外，均应按单点（组）测定值是否符合标准要求进行评定，并按合格率计分。

检查项目合格率（％）＝检查合格点（组）数/该检查项目的全部检查点（组）数

检查项目得分＝检查项目合格率×100

③ 外观缺陷减分　对工程外表状况应逐项进行全面检查，如发现外观缺陷，应进行减分。对于较严重的外观缺陷，施工单位须采取措施进行整修处理。

④ 资料不全减分　分项工程的施工资料和图表残缺，缺乏最基本的数据，或有伪造涂改者，不予检验和评定。资料不全者应予减分，减分幅度可按《公路工程质量检验评定标准》

（JTGF 80/1—2004）中第 3.3.4 条所列各款逐款检查，视资料不全情况，每款减 1～3 分。

（2）分部工程和单位工程质量评分　分项工程和分部工程区分为一般工程和主要（主体）工程，分别给以 1 和 2 的权值。进行分部工程和单位工程评分时，采用加权平均值计算法确定相应的评分值。

$$分部（单位）工程评分值 = \frac{\sum[分项（分部）工程评分值 \times 相应权值]}{\sum 分项（分部）工程权值}$$

（3）合同段和建设项目工程质量评分　合同段和建设项目工程质量评分值按《公路工程竣（交）工验收办法》计算。

2. 工程质量等级评定

（1）分项工程质量等级评定　分项工程评分值不小于 75 分者为合格；小于 75 分者为不合格；机电工程、属于工厂加工制造的桥梁金属构件不小于 90 分者为合格，小于 90 分者为不合格。评定为不合格的分项工程，经加固、补强或返工、调测，满足设计要求后，可以重新评定其质量等级，但计算分部工程评分值时按其复评分值的 90% 计算。

（2）分部工程质量等级评定　所属各分项工程全部合格，则该分部工程评为合格；所属任一分项工程不合格，则该分部工程为不合格。

（3）单位工程质量等级评定　所属各分部工程全部合格，则该单位工程评为合格；所属任一分部工程不合格，则该单位工程为不合格。

（4）合同段和建设项目质量等级评定　合同段和建设项目所含单位工程全部合格，其工程质量等级为合格；所属任一单位工程不合格，则合同段和建设项目为不合格。

第五节　公路工程质量事故处理

一、公路工程质量事故分类

公路工程质量事故分质量问题、一般质量事故及重大质量事故三类。

（1）质量问题　质量较差、造成直接经济损失（包括修复费用）在 20 万元以下。

（2）一般质量事故　质量低劣或达不到合格标准，需加固补强，直接经济损失（包括修复费用）在 20 万～300 万元的事故。

（3）重大质量事故　由于责任过失造成工程倒塌、报废和造成人身伤亡或者重大经济损失的事故。

二、公路工程质量事故分级

1. 一般质量事故分级

一般质量事故分三个等级。

一级一般质量事故：直接经济损失在 150 万～300 万元。

二级一般质量事故：直接经济损失在 50 万～150 万元。

三级一般质量事故：直接经济损失在 20 万～50 万元。

2. 重大质量事故分级

重大质量事故分为三个等级。

（1）具备下列条件之一者为一级重大质量事故：①死亡 30 人以上；②直接经济损失 1000 万元以上；③特大型桥梁主体结构垮塌。

（2）具备下列条件之一者为二级重大质量事故：①死亡 10 人以上，29 人以下；②直接经济损失 500 万元以上，不满 1000 万元；③大型桥梁主体结构垮塌。

（3）具备下列条件之一者为三级重大质量事故：①死亡 1 人以上，9 人以下；②直接经济损失 300 万元以上，不满 500 万元；③中小型桥梁主体结构垮塌。

三、公路工程质量事故处理程序

公路工程质量事故处理程序一般按照事故调查、事故原因分析、制定事故处理方案、事故处理、事故处理的鉴定验收。

1. 事故调查

项目负责人及时按法定的时间和程序报告事故，调查结果写成事故调查报告。

事故调查包括事故情况与性质；涉及工程勘察、设计、施工各部门；并与使用条件和周边环境等各个方面有关。一般可分为初步调查，详细调查和补充调查。

初步调查主要针对工程事故情况、设计文件、施工内业资料、使用情况等方面，进行调查分析，根据初步调查结果，判别事故的危害程度，确定是否需采取临时支护措施，以确保人民生命财产安全，并对事故处理提出初步处理意见。

详细调查是在初步调查的基础上，认为有必要时，进一步对设计文件进行计算复核与审查，对施工进行检测确定是否符合设计文件要求，以及对建筑物进行专项观测与测量。

补充调查是在已有调查资料还不能满足工程事故分析处理时，需增加的项目，一般需做某些结构试验与补充测试，如工程地质补充勘察，结构、材料的性能补充检测，载荷试验等。

2. 事故的原因分析

在完成事故调查的基础上，对事故的性质、类别、危害程度以及发生的原因进行分析，为事故处理提供必须的依据。原因分析时，往往会存在原因的多样性和综合性，要正确区别分清同类事故的各种不同原因，通过详细的计算与分析，鉴别并找到事故发生的主要原因。在综合原因分析中，除确定事故的主要原因外，应正确评估相关原因对工程质量事故的影响，以便能采取切实有效的综合加固或修复方法。

3. 制定事故处理的方案

事故处理是建立在事故原因分析的基础上，多方听取专家及有关方面的意见，确定是否进行处理和怎么样处理。

4. 事故处理

事故处理的内容包括事故的技术处理和事故的责任处罚，对责任人和责任单位作出处罚。

5. 事故处理的鉴定验收

事故处理是否达到预期的目的应通过鉴定验收做出确认，并提交事故处理报告。

四、公路工程质量事故处理方法

公路工程质量事故处理方法一般包括修补处理、返工处理、限制使用、不作处理等。

（1）修补处理　当工程的某些部分的质量虽未达到规定的规范、标准或设计要求，存在一定的缺陷，但经过修补后还可达到要求的标准，又不影响使用功能或外观要求的，可以做出进行修补处理的决定。例如，某些混凝土结构表面出现蜂窝麻面，经调查、分析，该部位经修补处理后，不影响其使用及外观要求。

（2）返工处理　当工程质量未达到规定的标准或要求，有明显的严重质量问题，对结构的使用和安全有重大影响，而又无法通过修补办法给予纠正时，可以做出返工处理的决定。

例如，某工程预应力按混凝土规定张力系数为 1.3，但实际仅为 0.9，属于严重的质量缺陷，也无法修补，只能做出返工处理的决定。

（3）限制使用　当工程质量缺陷按修补方式处理无法保证达到规定的使用要求和安全，而又无法返工处理的情况下，不得已时可以做出结构卸荷、减荷以及限制使用的决定。

（4）不做处理　某些工程质量缺陷虽不符合规定的要求或标准，但其情况不严重，经过分析、论证和慎重考虑后，可以做出不做处理的决定。可以不做处理的情况有：不影响结构安全和使用；经过后续工序可以弥补的不严重的质量缺陷；经复核验算，仍能满足设计要求的质量缺陷。

～精选案例 2

路基工程施工质量控制

【背景资料】

某施工单位承接了某二级公路 E3 标段（K15＋000～K48＋000）路基工程施工。由于该标段工程量较大，工期紧张，项目经理对工程质量管理与控制尤其重视，要求项目总工对质量控制负总责，对技术文件、报告、报表进行全面深入审核与分析，并采取测量、试验、分析、监督等各种方法对现场质量进行检查控制。施工单位确定的土方路基施工中常见的质量控制关键点如下。

（1）施工放样与断面测量。

（2）路基原地面处理，并认真整平压实。

（3）使用适宜材料，保证原材料合格，正确确定土的最大干密度和最佳含水量。

施工中，发生了如下事件。

事件一：填筑路堤时，正值雨期。为防止雨水冲刷路堤，保证填筑质量，项目部采取了以下措施。

① 在填筑路堤前，在填方坡脚以外挖掘排水沟。

② 选用黏性土作为填料。

③ 路堤分层填筑。每一层表面，应做成 1‰～2‰ 的双向横坡。当天填筑土层，在第二天早晨碾压。

事件二：K15＋200～K15＋900 为土质路堑，平均挖方深度约 10m，最大挖深 15m，路段土质为细粒土，施工单位在进行路堑开挖时，先沿路线纵向挖出一条通道，再横向进行挖掘。

【问题】

1. 指出背景中项目经理的错误做法，并改正。

2. 除了背景资料里面的方法外，现场质量检查控制的方法还有哪些？

3. 补充路基质量控制关键点。

4. 指出事件一中项目部雨期填筑路堤方法的错误之处并改正。

5. 指出事件二中施工单位进行路堑开挖所采用方法的名称。采用该方法是否恰当？说明理由。

【参考答案】

1. 要求项目总工对质量控制负总责错误，应为项目经理负总责。

2. 还有：观察、总结提高。

3. 每层的松铺厚度，横坡；分层压实，控制填土的含水量，确保压实度达到设计要求。

4. (1)"选用黏性土作为填料"错误，应选用透水性好的碎（卵）石土、砂砾、石方碎渣和砂类土作为土料。(2)"每一层表面，应做成1%～2%的双向横坡"错误，应做成2%～4%的双向横坡；(3)"当天填筑土层，在第二天碾压"错误，当天填筑土层，当天完成压实。

5. 施工单位路堑开挖方法的名称是混合式挖掘法。采用这种方法是恰当的。该法适用于路线纵向长度和挖深都很大的路堑开挖。

小　结

本章主要介绍了质量管理方面的相关概念、质量管理体系的原则及建立步骤。对公路工程的"三阶段"的质量管理的具体内容进行了阐述，并对公路工程质量等级的评定和质量事故等级的划分以及质量事故处理措施进行了分析。

思考与练习

1. 质量管理与质量策划的定义是什么？
2. 简述质量管理 PDCA 循环原理以及质量管理原则。
3. 简述公路工程施工准备阶段的质量管理内容。
4. 简述公路工程施工过程阶段的质量管理内容。
5. 公路工程质量分析的方法有哪些？
6. 简述公路工程质量事故分级以及公路工程质量事故的处理措施。

第六章　公路工程施工项目的劳动管理

公路工程施工项目劳动管理是项目经理部把参加施工项目生产活动的人员作为生产要素，对其所进行的劳动、劳动计划、组织、控制、协调、教育、激励等项工作的总称。其核心是按照施工项目的特点和目标要求，合理地组织、使用和管理劳动力，培养并提高劳动者素质，激发劳动者的积极性与创造性，提高劳动生产率，全面完成工程合同，获取更大效益。

第一节　劳动组织与管理

公路工程施工项目的劳动组织，是以搞好分工协作为基础，只有合理的劳动组织，才能使生产有条不紊、紧张而有序地进行。劳动组织的合理化，可以大大发挥每个劳动者的专长和技能。通过劳动组织不仅可以提高个人的生产力，还可以创造出团队生产力，提高生产效率。

一、劳动组织与管理的任务

按照分工协作的原则，合理配备劳动力，充分调动每个劳动者的积极性，节约劳动力，正确处理劳动力、劳动工具及劳动对象之间的关系，做好施工工段的组织和安排，改进施工工艺等。

二、劳动分工与人员配备

1. 劳动分工与人员配备的原则

根据项目部工程技术的特点和施工过程的要求，选择有利于施工生产的形式来配备人员，实现人尽其才，各尽其职。劳动分工与人员配备应遵循以下原则。

（1）根据工程内容，施工过程采用的设备、机具、施工工艺及其技术熟练程度的要求配备不同等级的技术工人。

（2）按照工程量配备人员，保证工人在施工中有足够的工作量。同时有利于培养工人一职多能，克服因过于专业化而多配备人员，浪费劳动力。

（3）明确每个人的责任，防止无人负责现象。

2. 劳动分工与人员配备

（1）根据工程的规模和特点配备项目班子，项目经理部设工程部、材料部、设备部、安全部和综合部等职能部门。各职能部门资源共享，职责分明，达到优化组合、动态管理的目标。

施工项目在施工管理、协调控制能力上都有很大的优势，且在施工管理层人员组织上更是有广泛的选择，在组建项目班子时，选派具有丰富施工经验的项目管理班子进驻现场直接参与公路工程施工项目的建设和管理。

（2）根据工作岗位要求配备具有相应技能、能力、知识的人员，确保各部门按照合同文件要求及施工需求配有足够的专业管理、技术人员。

（3）在生产组织上，设综合工长和各专业工长，由他们具体组织施工。

（4）劳动力是工程具体的实施者，因此劳务人员是工程实施的关键。在公路工程施工项目工程中，宜采用合同制劳务人员，并且与企业长期合作的劳务队伍，其素质良好，技术高，并且能按施工进度保证施工人员的数量要求。

三、劳动组织与管理的内容

1. 建立施工项目领导机构

根据工程规模、结构特点和复杂程度，确定施工项目领导机构的人选和名额；遵循合理分工与密切协作、因事设职与因职选人的原则，建立有施工经验、有开拓精神和工作效率高的施工项目经理部。

2. 建立精干的工作队组

根据采用的施工组织方式，确定合理的劳动组织，建立相应的专业或混合工作队组。

3. 集结施工力量，组织劳动力进场

按照开工日期和劳动力需要量计划，组织工人进场，安排好职工生活，并进行安全、防火和文明施工等教育。

4. 做好职工入场教育工作

为落实施工计划和技术责任制，应按管理系统逐级进行交底。交底内容通常包括：工程施工进度计划和月、旬作业计划；各项安全技术措施；降低成本措施和质量保证措施；质量标准和验收规范要求；以及设计变更和技术核定事项等，都应详细交底，必要时进行现场示范；同时健全各项规章制度，加强遵纪守法教育。

四、施工劳动力的投入

施工劳动力是工程施工的直接操作者，也是工程质量、进度、安全和文明施工的直接保证者。因此，劳动力配备是整个工程实施的关键因素。

为确保公路工程施工项目顺利进行，在劳动力组织时，从劳务企业中抽出具有良好的质量和安全意识强的、技术素质高的、身体健康，且有类似工程施工经验的一线操作工人，施工人员进场前统一经过劳务技能及质量、安全技术等培训，考核合格后上岗挂牌施工。

施工劳动力的投入按工程施工进度的需要，逐步到位，做好思想动员和采取经济措施，使得休假期间保证足够劳动力，以确保工程施工进度。

施工项目中劳动力组织及投入要根据项目月份劳动力计划表（表 6-1），进行合理调配，确保项目部对各种劳动力的需要，确保施工进度计划能够按期完成。

表 6-1　×××项目劳动力计划表

工种	按工程施工阶段投入劳动力/人						
	施工准备	土石方工程	路基工程	路面工程	挡墙工程	临时工程	收尾工作
测量工	2	4	2	2	2	2	0
水电工	3	3	2	2	2	2	1
普工	20	20	30	30	15	10	15
修理工	2	2	6	6	15	10	0
木工	4	4	20	20	10	5	0

续表

工种	按工程施工阶段投入劳动力/人						
	施工准备	土石方工程	路基工程	路面工程	挡墙工程	临时工程	收尾工作
石工	4	4	40	40	30	10	15
机械操作工	5	5	15	15	3	5	5
水泥工	2	10	15	15	15	5	10
模板工	2	10	10	45	45	3	0
混凝土工	6	5	15	25	25	3	10
钢筋工	12			15	15	3	2

注：表中数字为某工程的实际数字。

第二节　内部人员管理

一、内部人员管理原则

（1）人员实行分类与分级管理。

（2）人员上岗实行双向选择，竞争上岗，择优录取。上岗人员要进行岗前培训，获得上岗证后方可上岗，并与项目经理签订岗位聘书。

（3）富余人员实行待岗制度，最大限度地进行安置与分流。

二、内部人员管理的内容

1. 上岗人员的管理

（1）人力资源管理部门根据机构设置和定岗定编情况，组织各类人员竞争上岗。

（2）人员上岗条件

① 已与企业签订劳动合同，具有职工身份，并接受了入厂、上岗、转岗等教育培训，且考试考核合格，获得上岗证书。

② 工作积极努力，遵纪守法、廉洁自律。

③ 身体健康。

（3）人员上岗聘任（用）权限与程序　所有人员须经人力资源管理部门或人力资源管理部门委托的职能部门考核合格，方可上岗。

① 机关各部室负责人、项目经理、辅助生产单位负责人、后勤服务单位负责人等由总经理提名，经总经理办公会讨论通过后，由总经理聘任。

② 大型设备操作手及维修和管理人员，由设备部门会同人力资源部门负责聘用。

③ 其他人员由各部室负责人、项目经理，根据编制、岗位设置和实际工作情况，经人力资源部门同意，自行聘用。

（4）人员上岗的聘任（用）方式　聘任（用）双方应鉴定上岗聘任（用）合同，明确岗位名称、职务类别、岗位职责、权限、工作标准、任期及工资待遇等。

（5）任期与解聘

① 项目经理随项目经理部的解体而自然解聘。其他人员聘期一般为一年。

② 受聘人员本人提出解聘的，应提前一个月向聘任人提出书面报告，经批准后办理解

聘手续。

③ 聘任人认为受聘人无能力或其他原因不能履行受聘义务时，应提前七天以书面形式通知受聘人本人。提前解聘各部室负责人、项目经理、辅助生产单位负责人、后勤服务单位负责人，应提交总经理办公会讨论决定；提前解聘其他人员，应征求人力资源部门的意见后，办理解聘手续。

④ 因工作需要进行人员正常调动，聘任人可以根据人力资源部门的意见，提前解聘被解聘人，由其新的上级重新聘任。

⑤ 受聘人员在受聘期间不得在企业内竞聘同级岗位。

⑥ 受聘人员在受聘期间内，因病、因事需脱离工作岗位时，应按规定请假，聘用部门或单位为其保留岗位两个月，聘用单位或部门可以在内部调剂人员临时岗位，也可以向人力资源部门申请人员调剂。超过两个月的，解除聘用，安排其他人员上岗。

⑦ 因工负伤及女职工因怀孕、生育休假，在规定假期内予以保留工作岗位，超过规定假期的，解除聘用。待休假结束后，在同等条件下可以优先上岗。

2. 待岗人员的管理

（1）待岗人员的形成

① 已与单位签订或续签劳动合同，具有企业员工身份的在岗人员。

② 因机构编制已满，无工作岗位安排的。

③ 因生产任务不足，暂时脱离工作岗位的。

④ 用人单位认为不适合在原岗位工作，企业内部也无岗，建议转岗的。

⑤ 因员工个人素质达不到上岗条件而不能上岗的。

⑥ 因员工个人原因由用人单位安排待岗的。

（2）待岗人员的管理

① 原用人单位应本着负责任的精神，认真填写《待岗员工申请表》，并对员工近年来的工作表现作出详细鉴定，然后报企业人力资源部门，经批准后方可办理有关待岗手续。

② 待岗人员，由人力资源管理部门负责填写《待岗人员登记表》。

③ 人力资源管理部门应将原用人单位对待岗员工所做的鉴定等全部资料装入员工工作档案。

④ 人力资源管理部门应对所有待岗人员进行分类管理，并建立人员台账，登记造册，按专业划分，确定培训方向，同时对待岗人员在人力资源管理中心期间的培训、学习、表现等情况做好记录和鉴定。

⑤ 人力资源管理部门应组织各职能部门对待岗人员进行专业技术培训和择业观念的教育。

（3）待岗人员的安置

① 人力资源管理部门采取三公开：公开各项目岗位的定员名额；公开各项目需求人员及岗位信息；公开培训及聘用渠道。

② 采取双向选择，择优聘用的原则。

③ 在组建新的项目经理部时，向项目经理部输送合格人才。

④ 因身体原因确实无法从事工作的，经劳动局医务鉴定委员会确认和人力资源部门批准，可以按有关规定办理退休与退职手续。

第三节 劳务招募与管理

一、劳务招募与清退程序

公路施工需要大量的劳动力，而且时间相对集中。在开工前要落实劳动力来源，按计划适时组织进（退）场，是顺利开展施工、按期完成任务、避免停工或窝工浪费的重要条件之一。

1. 劳务招募方式

（1）招聘分为对内招聘和对外招聘。

（2）根据岗位特点采取面试、笔试和实际操作等考核形式。

2. 劳务作业人员必须具备的条件

（1）年龄在18～50周岁，身体健康，适应本岗位施工作业。

（2）持有合法身份证明（身份证或户口本）。

（3）具有省级建设行政主管部门核发的《职业资格证书》。

（4）特种作业人员必须持证上岗。

（5）与劳务分包企业签订了书面《劳动合同》。

严禁录用无身份证明的人员，严禁雇用童工。

3. 聘用

（1）项目部、班组将拟招的劳务工基本情况及相关材料送人力资源部门初审，报企业领导审批，审批同意后，由人力资源部门负责办理相关劳务派遣手续。

（2）应聘人员录用前，须进行健康检查。被录用人有严重（传染）疾病的，取消录用资格。

（3）特种设备作业岗位，须聘用取得《特种设备操作资格证》的劳务工。

（4）根据劳务用工的期限长短，确定劳务工的试用期限，由所属的项目部、班组进行试用期考核，人力资源部门进行过程监督。

（5）劳务工录用后，由劳务派遣组织与其签订劳动合同，所属项目部与劳务工签订《劳务用工协议》，根据工作需要，协议期限原则上不得超过1年。

4. 劳务清退程序

（1）如有下列情形之一，在征得人力资源管理部门同意和工会意见后，员工将被提前一个月书面通知辞退，并发给一个月薪金，作为经济补偿金。

① 患病或非因公受伤医疗期满后，不胜任工作要求的。

② 因企业机构调整无合适工作安排的。

③ 经培训和岗位调整后，仍不能适应企业工作要求的。

④ 因企业濒临破产进行法定整顿期间或者生产经营发生严重困难，经有关单位核准后，确需裁减的。

（2）被辞退人员的当月薪金按实际工作天数结算。

（3）企业有权对下列情况之一者及时解除劳动合同，而无需事先通知，亦无需提供任何补偿。

① 试用期间不符合录用条件的。

② 严重违反企业管理制度、规定和职业道德的。

③ 被依法追究刑事责任判处有期徒刑以上者。

④ 违反计划生育管理条例，违纪超生者。

（4）辞职获批准或收到解除合同的通知后，应到人力资源管理部门领取《解除劳动关系手续完备表》，完备解除劳动合同的手续。

① 办理本部门工作交接手续；归还企业有关资料、文件、办公用品、办公室及相关的钥匙、及其他公物。

② 退还所借企业公款、书籍。

③ 退还企业宿舍及房内公物，并办理退房手续。

④ 解除合同时，企业即停止为其购买的一切保险和其他福利。

⑤ 如工作期限未满合同规定，则须按合同规定交还有关费用，如城市增容费、培训费用等。

（5）对不按规定办理有关手续者，企业不负责出具有关证明和证件。

二、对外包、分包劳务的管理

（1）认真签订和执行合同，并纳入整个施工项目管理控制系统，及时发现并协商解决问题，保证项目总体目标实现；对所有劳务人员进行信息化管理，登记造册，建立流动档案管理；对其保留一定的直接管理权，对违纪、不适宜工作的工人，项目管理部门拥有辞退权，对贡献突出者有特别奖励权。

（2）对所有劳务人员进行上岗前培训，并全面进行项目目标和技术交底工作。

（3）对所有劳务人员定期进行体检，以及安全、技术、文化等培训，提高作业班组人员的职业素质；并统一参加"农民工意外伤害险"保险。

（4）所有劳务人员上岗应佩戴工作牌及上岗证，工作牌应具有人员姓名、身份证号码、照片、所在劳务队、工种等相关信息。

（5）施工现场所有劳务作业人员由劳务队队长统一集中管理，由劳务队队长按照施工组织安排统筹劳务作业任务，确保每个工序和作业面有领工员、技术员、安全员跟班作业。

（6）施工过程中，凡劳务队长不称职或不按要求组织作业，撤销其劳务队长职务。若造成质量安全隐患的，应立即停工整改，同时给予项目部、总监办相应处罚。

（7）所有劳务人员作业时必须按照要求佩戴规定的防护用品（如安全帽、水鞋、手套、口罩等），并严格遵守安全操作规程。

第四节 劳动力的动态管理

劳动力的动态管理指的是根据生产任务和施工条件的变化对劳动力进行跟踪平衡、协调，以解决劳务失衡、劳务与生产要求脱节的动态过程。其目的是实现劳动力动态的优化组合。

一、劳动力动态管理的原则

（1）劳动力动态管理以进度计划与劳务合同为依据。

（2）劳动力动态管理应始终以企业内部市场为依托，允许劳动力在市场内作充分合理的流动。

（3）劳动力动态管理应以动态平衡和日常调度为手段。

（4）劳动力动态管理应以达到劳动力优化组合和以作业人员的积极性充分调动为目的。

二、劳动力动态管理的任务

（1）按计划要求向企业劳务管理部门申请派遣劳务人员，并签订劳务合同。

（2）按计划在项目中分配劳务人员，并下达施工任务单或承包任务书。

（3）在施工中不断进行劳动力平衡、调整，解决施工要求与劳动力数量、工种、技术能力、相互配合中存在的矛盾。在此过程中按合同与企业劳务部门保持信息沟通、人员使用和管理的协调。

（4）按合同支付劳务报酬。解除劳务合同后，将人员遣归内部劳务市场。

三、劳动力动态管理的内容

（1）根据施工任务的需要和变化，从社会劳务市场中招募和辞退劳动力。

（2）项目经理部根据劳动力需要量计划与作业队签订劳务合同，并按合同向作业队下达任务，派遣队伍。

（3）对施工现场的劳动力进行跟踪平衡，需要补充或者减员时，及时向企业劳务部门提出申请计划。

（4）对劳动力进行企业范围内的平衡、调度和统一管理。施工项目中的承包任务完成后收回作业人员，重新进行平衡、派遣。

（5）负责对企业劳务人员的工资、奖金管理，实行按劳分配，兑现合同中的经济利益条款，按规章制度及合同约定进行奖罚。

四、内部劳务队伍管理

（1）内部劳动作业队伍，是指在强化培训、优化组合、合理搭配、竞争上岗的基础上，组建的具有明显专业施工优势、能够独立作战和动态流转的作业队、班组。

（2）项目部使用内部施工队伍的总量，以项目评估方案确定，并在"项目管理目标责任书"中予以明确。项目部使用内部劳动力达不到约定人数时，少用部分按企业月平均工资乘以少用的人数向企业上缴劳务调控费。

（3）项目部招用的内部施工队伍应坚持计划管理、定向输入的原则，由企业劳务基地推荐，并提供《内部施工队伍基本情况调查表》和《内部施工队伍近两年承建工程项目清单》，供项目部择优录用，并签订劳务分包合同，内容包括：作业任务，使用劳动力人数，进场，退场时间，进度、质量、安全要求，劳动报酬及结算方式，奖励及处罚条款等。

（4）项目部对内部劳务作业层下达施工任务书的方式实行合同化管理。在做好技术、安全交底的同时，应对其所施工的工程数量、部位、质量等事项、材料耗用量、用工数量、进度计划等指标进行细化、分解和明确，并加强对劳务作业层人员的岗位技能培训以及作业质量和效率的检查。

（5）目部对劳务作业层工资实行多劳多得；劳务作业层内部分配应在项目部核定的工资总额内，按照有关程序进行定额（计件）工资制或承包工资制分配办法，自主管理与分配。

五、外部劳务队伍管理

（1）外部劳务队伍是指在工程项目上招用的具有独立施工能力和相应资质的外协施工企业。

（2）实行分包队伍资格施工准入制度。由企业工程技术部门归口办理外部劳务的资格审查和注册登记工作，在确认营业执照、资质证书齐全、综合实力强、施工业绩优良、履约信誉高后，方可报经企业核发《劳务分包准入证》，编入劳务分包商名录，并进行公示。对进入名录的分包商实行动态管理，跟踪考核、记录业绩、年审评定，并建立不合格队伍的定期公示制度，优胜劣汰。

（3）项目部招用外部劳务队伍应遵循"计划报批、资格预审、公开招标、综合评价、集体审定"的程序，认真填写《招用外部劳务审批表》、《外部劳务基本情况调查表》、《外部劳务设备情况调查表》、《外部劳务近五年承建工程清单》和《外部劳务招标评分表》，杜绝违法、违规分包，坚决取缔整体分包和层层转包。

（4）经公开招标择优选定外部施工队伍后，按照"先签合同后施工"和"谁施工、谁管理"的原则，由企业委托项目经理在施工前与其签订规范合法的《工程分包合同》，其内容应包括：工程名称、内容、价格、建设工期、质量、材料物资和设备的供应方式、竣工验收与质量保修、工程款结算、违约责任等条款。

（5）对外部劳务不拨工程预付款，并由其交纳 10% 的履约保证金和预留 10% 的质量保证金。外部劳务分包工程的验工计价拨款必须由项目部计划、施工、财务、物资、设备、质量等部门会审签字，经项目经理审批后方可实施，任何人无权单独批准计价拨款。

第五节　劳动定额管理

劳动定额管理是现代化企业管理的重要内容之一，是编制计划、合理组织生产、实行经济核算、贯彻按劳分配原则的重要依据。2009 版《公路工程施工定额》是以原交通部 2007年公布的《公路工程预算定额》（JTG/T B06-01—2007）劳动、机械定额水平为基础依据，在原交通部 1997 年公布的《公路工程施工定额》的基础上，通过调查研究及综合分析各省、自治区、直辖市交通厅（局、委员会）及部分大型公路施工企业提供公路工程施工定额资料，并参照其他有关部门的劳动定额，由权威机构——交通公路工程定额站组织编制的，作为全国公路建设领域通用的施工定额标准。

一、劳动定额的作用与分类

劳动定额是指在正常生产条件下，在充分发挥工人生产积极性的基础上，为完成一定产品或一定产值所规定的必要劳动消耗量的标准。

正常生产条件是指生产任务饱满，材料、设备、劳动力、机具供应及时，劳动组织合理，管理制度健全，生产秩序正常以及一定的自然环境。

1. 劳动定额的作用

劳动定额是劳动效率的标准，是劳动管理的基础，其主要作用如下。

（1）劳动定额是编制施工项目劳动计划、作业计划、工资计划等各项计划的依据。

（2）劳动定额是项目经理部合理定编、定岗、定员及科学地组织生产劳动，推行经济责任制的依据。

（3）劳动定额是衡量考评工人劳动效率的标准，是按劳分配的依据。

（4）劳动定额是施工项目实施成本控制和经济核算的基础。

2. 劳动定额的分类

劳动定额分为时间定额和产量定额。

（1）时间定额指在技术条件正常，生产工具使用合理和劳动组织正确的条件下，工人为生产合格产品所消耗的劳动时间。其中包括：准备时间和结束时间、基本工作时间、辅助工作时间、不可避免的中断时间，以及为了使工人保持充沛的精力而规定的适当休息和生理需要所必须消耗的时间等。时间定额一般以工日为单位，每一工日按 8 小时计算。计算方法如下：

$$单位产品时间定额（工日）＝1/每工日产量$$

或

$$单位产品时间定额（工日）＝小组成员工日数的总和/台班产量$$

可直接查定额，如：人工挖土质台阶（普通土）工程，定额为 45 工日/1000m²。

（2）产量定额是指在正常施工条件下，具有某种技术等级的工人所组成的某种专业班组或个人，在单位工日中应完成的合格产品数量。计算方法如下：

$$每工日产量＝1/单位产品时间定额（工日）$$

或

$$台班产量＝小组成员工日数的总和/单位产品时间定额（工日）$$

如上例中完成 1000m² 的台阶工程需 45 工日，则每工日产量为：1000m²/45 工日＝22.2m²/工日。即每工日完成 22.2m² 的台阶工程。

时间定额与产量定额互为倒数关系。

二、劳动定额的工时消耗分析

工时消耗是指员工在一个轮班内全部作业时间的消耗。从定额角度看，员工在生产过程中的工时消耗，可分为定额时间和非定额时间两大类。

（1）定额时间　是指员工为完成某项生产任务（或工作）所必需消耗的时间。它由作业时间、布置工作时间、休息与生理需要时间、准备与结束时间四部分组成。

（2）非定额时间　是指那些不是为了完成某项生产任务所必需的时间消耗。非定额时间包括非生产工作时间、管理工作不善造成的损失时间、员工责任造成的损失时间。

三、制定劳动定额的方法

要采用科学的方法，及时、准确和全面地制定出有技术根据的劳动定额，这是劳动定额工作的前提。在制定劳动定额工作中，要正确规定劳动定额水平。定额水平是对劳动者的劳动量大小的要求，也是企业的技术水平、管理水平等方面的综合反映，它是定额工作的核心。定额水平过高，职工经过努力达不到，便会挫伤积极性，影响定额的贯彻；定额水平过低，职工不经过努力就轻而易举地超额，对生产也没有促进作用。所以，合理的定额水平，是在正常的生产条件下，多数职工经过努力可以达到或超过的定额。为了制定先进合理的定额，要选择恰当的制定定额的方法。

1. 经验估工法

经验估工法是由定额员、技术人员和作业者，根据自己的实践经验，依据产品设计图纸、工艺规程和产品实物进行分析，并考虑所使用的设备、工具、原材料及其他条件直接估算制定的方法。

（1）经验估工法的优点：简便易行，工作量小，有一定群众基础，便于定额的及时制定和修改。

（2）经验估工法的缺点：易受估工人员主观因素影响，技术依据不足，容易出现定额偏高或偏低现象，因而定额的准确性较差。

（3）经验估工法适用范围：比较适合用于品种多、变化快、批量小的产品。也适用于新产品试制和临时性任务的安排。

2. 统计分析法

统计分析法是根据过去生产同类型产品或相同的零件、工序的实际工时统计资料，在整理和分析的基础上，结合考虑今后生产技术组织条件可能改变的程度，然后确定的定额。

（1）统计分析法的优点：简单易行，计算方便，工作量小，既有较大量统计资料为依据，又考虑了当前和生产条件的变化，所以比经验估工法更接近实际。

（2）统计分析法的缺点：如果统计资料失准，便会影响定额的准确性。为了保证定额质量，必须健全原始记录，加强统计资料分析工作，消除不合理因素，使制定的定额符合生产需要。

（3）统计分析法的适用范围：适用于生产条件正常，产品比较稳定，批量较大，原始记录和统计工作比较健全的企业。

3. 技术测定法

技术测定法是在分析研究生产技术组织条件和挖掘生产潜力的基础上，对组成定额的各部分时间，通过实际观测或分析计算来制定定额。

（1）技术测定法的优点：能使定额的制定建立在分析各种影响因素的基础上，有较充分的科学依据，劳动定额水平容易做到先进合理；使用统一的时间定额标准，可以使定额水平达到统一平衡，使复杂的劳动定额制定工作条理化，便于掌握劳动定额水平。有利于下级的贯彻执行。

（2）技术测定法的缺点：制定劳动定额方法复杂，工作量大，耗费时间长，不易做到迅速及时。它对生产工艺过程要求稳定，对企业各项管理工作和管理组织形式要求比较完善。所以，它的应用范围受到一定的限制。

以上三种制定定额的方法，各有优缺点和适用范围。究竟采用哪一种方法，应从实际具体情况出发，根据需要和可能确定。

四、劳动定额的使用

劳动定额制定后，要在生产中组织贯彻，采取有关的技术组织措施，如竞赛、技术培训、动作分析、定额考核等，帮助职工达到和不断突破现行劳动定额。根据职工完成定额的情况进行定额的统计分析，以便发现定额管理中存在的问题，加以解决。通过与本企业历史水平和国内外水平对比，找出差距，分析原因，积极加以改进。

随着企业生产技术的不断发展，科学的进步，管理水平的提高，生产组织和劳动组织的完善，以及职工的思想觉悟、文化技术水平和熟练程度的提高，原来制定的定额，就会落后于生产发展的需要，这就要对劳动定额作定期的或不定期的修订。为了促进定额水平的平衡与提高，有利于向先进看齐，缩短定额制定的时间，避免定额在修订中出现矛盾，提高定额质量，要由各部门、各行业制定统一的定额标准，逐步实现劳动定额的标准化。

1. 以劳动定额为依据，做好施工生产计划

（1）按照生产人数、施工任务计划工期。

例如：工地民工总人数为30人，砌筑重力式U形桥台，工程量3000m³。计划步骤及方法如下。

① 查产量定额：1.243m³/工日。

② 计划3000m³砌石所需工日：3000÷1.24＝2419.35（工日）。

③ 计划工期2419.35÷30＝81（天）。

（2）按任务量、工期计划安排生产人数。

例如：砌筑重力式 U 形桥台，工程量为 848m³，工期要求一个月完成。计算安排生产人数的方法如下。

① 查工日定额：0.808 工日/m³。

② 所需总工日：848×0.808＝685（工日）。

③ 每人每月出勤按 26 天计算。

④ 计算工人数：685÷26＝27（人）。

（3）按生产人员、作业时间（工期）计划安排任务。

例如：一个民工队伍有 10 人（有一定的技能），承担人工挖孔任务，坑深 15m，孔径 1.2m，土质为硬土，工程量为 17m³。计算 10 天能挖几个孔。

① 查工日定额：1.46 工日/m³。

② 10 天实出工日：10×9＝90（工日）。

③ 每孔需工日：17÷1.46＝11.64（工日）。

④ 10 天挖孔：90÷11.64＝7（个）。

依据劳动定额编制施工生产计划，真正体现了计划的科学性和合理性，从而把劳动定额与施工生产实际密切地联系起来，使施工组织者做到心中有数，避免窝工浪费等现象，保证了上级下达任务的完成或超额完成。

2. 以劳动定额为依据，合理组织施工生产

公路工程施工生产过程有其自身的特性，点多、线长，受外界因素干扰多，每道工序都必须有组织地进行，以便人与人、人与机械、机械与机械之间的活动在时间和空间上协调起来，把施工各工序安排合理，因此必须预先知道并规定出施工过程中各个阶段必要劳动时间的消耗，这就是劳动定额。只有以劳动定额为尺度，施工生产的各个环节才能协调、平衡、连续的进行。

（1）在劳动者之间的配合　主要抓好工序之间人工操作的配合，以重点工序为主，按比例配置其他工序人数。

例如：在进行钢筋混凝土桥台施工时，首先根据工程量计算钢筋工序、模板工序、混凝土浇筑工序所需人数，然后根据实际情况配置人数。混凝土浇筑可用钢筋、模板工序的人员。

（2）在劳动者与机械之间配合　在一般情况下，为充分发挥机械效能，提高机械利用率，应以机械作业完成的产量为主，配备人工作业人数。

（3）机械与机械之间的配合　在机械与机械配合工作时，应以控制机械为主，配齐其他工作的机械台数。

依据劳动定额科学地组织施工生产，能有效地改善劳动组织，使人力、机械得到充分利用，实现劳动条件的有机结合，降低生产成本，提高经济效益。

3. 以劳动定额为依据，进行内部工资分配

（1）实行定额派工　项目部将施工任务下达到班（组），对于超额完成的给予一定的奖励（或提前完成的也给予一定奖励）。

对于有不接受任务的个别班组（或民工队伍），在单位内部可采取竞争机制，在此定额不变的前提下，其他民工队伍可以胜任的，单位应将该任务交其完成。

对无定额可查和定额水平过高或过低的项目，要组织有关人员采用经验估工法确定，或进行考察。

（2）实行两次分配法　每月终根据实际完成产值，由系数及各项指标考核情况核定工资总额。第一次分配岗位技能工资，各种津贴、补贴、剩余部分作为超额工资进行第二次分配。

第六节　员 工 培 训

员工是指企业（单位）中各种用工形式的人员，包括固定工、合同工、临时工，以及代训工和实习生。

员工培训是指一定组织为开展业务及培育人才的需要，采用各种方式对员工进行有目的、有计划的培养和训练的管理活动，其目标是使员工不断的更新知识、开拓技能，改进员工的动机、态度和行为，使企业适应新的要求，更好的胜任现职工作或担负更高级别的职务，从而促进组织效率的提高和组织目标的实现。

一、员工培训的分类

（1）员工培训按培训形式来分，分为两种：公开课和企业内训。

① 公开课　是让员工到企业外面参与一些相关的公开培训课程。

② 企业内训　是企业邀请相关讲师到企业进行调研，针对性的对企业员工进行培训，这是全面的内部培训，一般不对外公开。

（2）员工培训按内容来划分，分为两种：员工技能培训和员工素质培训。

① 员工技能培训　是企业针对岗位的需求，对员工进行的岗位能力培训。

② 员工素质培训　是企业对员工素质方面的要求，主要有心理素质、个人工作态度、工作习惯等的素质培训。

二、员工培训的方法

1. 讲授法

讲授法属于传统的培训方式，优点是运用起来方便，便于培训者控制整个过程。缺点是单向信息传递，反馈效果差。常被用于一些理念性知识的培训。

2. 视听技术法

视听技术法通过现代视听技术（如投影仪、DVD、录像机等工具），对员工进行培训。优点是运用视觉与听觉的感知方式，直观鲜明。但学员的反馈与实践较差，且制作和购买的成本高，内容易过时。它多用于企业概况、传授技能等培训内容，也可用于概念性知识的培训。

3. 讨论法

讨论法按照费用与操作的复杂程序又可分成一般小组讨论与研讨会两种方式。研讨会多以专题演讲为主，中途或会后允许学员与演讲者进行交流沟通。优点是信息可以多向传递，与讲授法相比反馈效果较好，但费用较高。而小组讨论法的特点是信息交流时方式为多向传递，学员的参与性高，费用较低。多用于巩固知识，训练学员分析、解决问题的能力与人际交往的能力，但运用时对培训教师的要求较高。

4. 案例研讨法

案例研讨法通过向培训对象提供相关的背景资料，让其寻找合适的解决方法。这一方式费用低，反馈效果好，可以有效训练学员分析解决问题的能力。这种方法用于知识类的培训，效果更佳。

5. 角色扮演法

学员在培训教师设计的工作情况中扮演其中的角色，其他学员与培训教师在学员表演后作适当的点评。由于信息传递多向化，反馈效果好、实践性强、费用低，因而多用于人际关系能力的训练。

6. 自学法

自学法较适合于一般理念性知识的学习，由于成人学习具有偏重经验与理解的特性，让具有一定学习能力与自觉性的学员自学是既经济又实用的方法，但此方法也存在监督性差的缺陷。

7. 互动小组法

互动小组法主要适用于管理人员的人际关系与沟通训练。让学员在培训活动中亲身体验来提高他们处理人际关系的能力。其优点是可明显提高学员人际关系与沟通的能力，但其效果在很大程度上依赖于培训教师的水平。

8. 网络培训法

网络培训法是一种新型的计算机网络信息培训方式，投入较大。但由于使用灵活，符合分散式学习的新趋势，节省学员集中培训的时间与费用。这种方式信息量大，新知识、新观念传递优势明显，更适合成人学习。因此，特别为实力雄厚的企业所青睐，也是培训发展的一个必然趋势。

三、员工培训流程

（1）各部门填写年度培训计划交与管理部门审核，审核通过后向总经理提交《年度培训计划表》，总经理签批后即可组织执行培训工作。

（2）临时安排的培训计划，相应部门填写《培训申请单》交管理部门，管理部门在初审后上报至总经理进行审批，总经理审批通过后，方由管理部门组织实施培训工作。

（3）实施培训　新员工到职培训由人力资源部门负责。调职员工岗前培训的方式及培训内容由调入部门决定。

（4）培训后考核　培训后的考核由培训部门决定，一般包括：培训教师评核，经理评核及员工自评等。

（5）培训结束，由培训教师填写《培训记录》，连同考核表、培训教材、签到表一起交与管理部门存档。

（6）培训中如有关企业机密的内容，受培训员工应严格遵守保密原则。如有泄漏，企业将根据具体情况给予罚款、记过或辞退处罚。

四、员工培训的内容

1. 三级安全教育

凡新进项目人员必须进行三级安全教育并经考核合格后，方准安排生产岗位。各级安全教育的重点是：项目级教育要着重进行思想教育和纪律教育；分队、部门教育着重进行安全技术基础知识教育；班组教育着重进行现场安全操作教育。

2. 岗前培训

劳务工岗前必须进行技术、安全、法制、劳动纪律、施工生产等培训。其中综合部门负责牵头组织劳务工岗前培训；工程部门负责施工技术、施工规范、施工工艺的培训；安全环保部负责安全生产知识、安全操作规程、安全法规、法律知识培训，并学习各项安全生产制度以及项目的安全生产措施。

3. 在岗培训

根据岗位职责的要求，以更新知识为主要内容的定期规范化培训。重点包括结合工作岗位突出实用性的安全生产及环境保护法律法规、要求；作业场所和工作岗位存在的危险因素、防范措施及事故应急措施；学习事故案例，观看事故案例视频；以及新技术、新工艺、新设备、新材料的实施和应用等培训。

4. 特殊工种培训

对于电工、焊工、厂内机动车驾驶员等特殊工种作业人员，必须取得岗位资格证，接受有针对性的安全培训方可上岗作业。培训内容为国家规定的与本工种相适应的、专门的安全理论知识和操作技能；本工种的安全技术操作规程；本工种作业场所和工作岗位存在的危险因素、防范措施及事故应急措施等。

5. 转岗培训

劳务人员调换工种必须进行转岗培训。转岗前，必须对转岗劳务人员进行新岗工种的操作规程等方面的教育，讲解有关岗位的安全事故案例，未经培训不准上岗。

6. 各类交底

（1）施工技术交底由技术负责人就工程作业工序、工艺和质量标准向技术员、工长进行书面技术交底，书面技术交底资料要归类存档备查。技术员、工长应在实施作业前对班组作业人员进行工作和质量交底。

（2）安全技术交底由技术人员就各工序、各工种安全施工的技术要求，包括施工作业安全措施、安全操作规程、重大危险源及防范措施等，向施工作业班组、作业人员做出详细说明，并由双方签字确认，存档备查。技术员、工长应在实施作业前对班组作业人员进行安全注意事项讲话提醒。

五、员工绩效考核

员工绩效考核是一项经常性的人力资源管理活动，是按照一定的标准，采用科学的方法，对企业员工的品德、工作绩效、能力和态度进行综合地检查和评定，以确定其工作成绩和潜力的管理方法。

1. 员工绩效考核的目的

确定员工岗位薪酬、奖金、福利待遇的重要依据；确定员工职务晋升、岗位调配的重要依据；获得专业（技能）培训、潜能开发的主要依据；鞭策后进、激励先进；增强员工沟通、强化团队精神和提升企业竞争能力。

2. 员工绩效考核的原则

（1）公开原则　通过协商确定绩效考核的内容和评分标准，最大限度地减少考核者和被考核者之间的绩效认知差别，公开员工考核的结果，使员工考核工作规格化、制度化。

（2）客观原则　员工绩效考核必须用事实说话，切忌主观臆断。员工绩效考核的目的之一是引导员工改进工作，为此必须避免人与人过分攀比，破坏团队精神。

（3）重视反馈原则　员工绩效考核之后，考核人员要与被考核人员进行全面的沟通，把结果反馈给被考核者，同时听取被考核者的意见，及时发现问题并解决。

3. 员工绩效考核的内容

员工绩效考核分三类。

（1）对工人的技术业务能力的考核　主要内容包括应知技术理论知识考核和应会实际操作。

（2）对专业技术人员的考核　主要内容包括知识结构、工作技能、工作态度、工作成效的考核。

（3）对项目部各级管理人员的考核。主要内容包括政治素质、知识结构、管理能力、工作成效四部分。

4. 员工绩效考核的程序

（1）在考核期之前，向各相关人员发放"员工绩效考核表"，对所属员工进行评估。

（2）考核期结束后，提交"员工绩效考核表"进行复核。

（3）复核结束后，对考核表统一汇总，将个人考核结果发给上级领导最终确认。

（4）上级领导确认结束后，将个人考核结果发给本人进行确认。

（5）本人确认结束后，将整体统计表提交财务部门，由财务部门依据考核结果按照《员工薪酬激励制度》进行奖金发放。

（6）员工绩效考核结果每月通知到被考核员工个人，员工之间不应互相打听。

（7）考核反馈与申诉　考核工作结束后，主管部门要对被考核者的工作进行总结，并将考核结果告知被考核者，同时听取被考核人员对员工绩效考核的各方面意见，通过反馈面谈使被考核人了解上级领导对自己的期望，了解自己的绩效，认识自己有待改进的方面。

第七节　从业人员职业资格管理

一、建造师报考条件

1. 一级建造师报考条件

（1）凡遵守国家法律、法规，具备下列条件之一者，可以申请参加一级建造师执业资格考试。

① 取得工程类或工程经济类大学专科学历，工作满 6 年，其中从事建设工程项目施工管理工作满 4 年。

② 取得工程类或工程经济类大学本科学历，工作满 4 年，其中从事建设工程项目施工管理工作满 3 年。

③ 取得工程类或工程经济类双学士学位或研究生班毕业，工作满 3 年，其中从事建设工程项目施工管理工作满 2 年。

④ 取得工程类或工程经济类硕士学位，工作满 2 年，其中从事建设工程项目施工管理工作满 1 年。

⑤ 取得工程类或工程经济类博士学位，从事建设工程项目施工管理工作满 1 年。

工程类或工程经济类专业名称参照"一级建造师注册专业对照表"。

经国务院有关部门同意，获准在中华人民共和国境内从事建设工程项目施工管理的外籍及港、澳、台地区的专业人员，符合上述报考条件的，也可报名参加一级建造师执业资格考试。

（2）免试部分科目条件　符合以上报名条件，并于 2003 年 12 月 31 日前取得建设部颁发的《建筑业企业一级项目经理资质证书》，且符合下列条件之一的人员，可免试《建设工程经济》和《建设工程项目管理》2 个科目，只参加《建设工程法规及相关知识》和《专业工程管理与实务》2 个科目的考试。

① 受聘担任工程或工程经济类高级专业技术职务。

② 具有工程类或工程经济类大学专科以上学历并从事建设项目施工管理工作满 20 年。

2. 二级建造师报考条件

（1）凡遵守国家法律、法规并具备工程类或工程经济类中专及以上学历并从事建设工程项目施工与管理工作满 2 年，可报名参加二级建造师执业资格考试。

（2）免试部分科目条件　符合以上报名条件，并取得建筑施工二级项目经理资质及以上证书，且符合下列条件之一可免考相应科目。

① 具有中级及以上技术职称，从事建设项目施工管理工作满 15 年，可免予《建设工程施工管理》考试。

② 取得一级项目经理资质证书，并具有中级及以上技术职称；或取得一级项目经理资质证书，从事建设项目施工管理工作满 15 年，可免予《建设工程施工管理》和《建设工程法规及相关知识》考试。

③ 已取得某一个专业二级建造师执业资格的人员，可根据工作实际需要，选择另一个《专业工程管理与实务》科目的考试。考试合格后核发相应专业合格证明。该证明作为注册时增加执业专业类别的依据。

经国务院有关部门同意，获准在中华人民共和国境内从事建设工程项目施工管理的外籍及港、澳、台地区的专业人员，符合上述报考条件的，也可报名参加二级建造师执业资格考试。

二、检测工程师、检测员报考条件

申请考试的试验检测人员，应当符合下列基本条件。

（1）遵纪守法，遵守试验检测工作职业道德。

（2）身体健康，能胜任试验检测工作。

（3）申请检测员的考生应具有高中以上文化程度及 2 年以上所申请专业的工作经历，或具有大学专科及以上学历，或具有初级专业技术任职资格。

（4）申请检测工程师的考生应取得中级或相当于中级（含高级技师）以上工程专业技术任职资格，有 1 年以上所申请专业的试验检测工作经历，且满足以下相关专业学历的年限要求。

① 当年获博士学位。

② 获硕士学位后从事工程专业技术工作 3 年以上。

③ 获得双学士学位或研究生毕业后，从事工程专业技术工作 4 年以上。

④ 大学本科毕业后，从事工程专业技术工作 5 年以上。

⑤ 大学专科毕业后，从事工程专业技术工作 7 年以上。

⑥ 工作后取得大学本科学历，从事工程专业技术工作 6 年以上。

⑦ 工作后取得大学专科学历，从事工程专业技术工作 8 年以上。

⑧ 相关专业中专毕业后，从事工程专业技术工作 12 年以上。

（5）从事试验检测工作两年以上且具有相关专业高级职称的考生可免试公共基础科目。

三、监理工程师报考条件

（1）遵守国家法律、法规和职业道德，工作业绩良好，热爱监理工作。

（2）取得工程类或经济类中级以上专业技术职务任职资格。

（3）年龄在 65 周岁以下，身体健康，能胜任现场监理工作。

（4）报考监理工程师者须具有公路、水运工程或相关专业大专（含）以上学历，从事公路或水运工程及相关专业技术工作累计 5 年（含）以上；报考专业监理工程师者须具有公路、水运工程或相关专业中专（含）以上学历，从事公路或水运工程及相关专业技术工作累计 3 年（含）以上。

四、注册安全工程师报考条件

（1）凡中华人民共和国公民，遵守国家法律、法规，并具备下列条件之一者，可申请参加注册安全工程师执业资格考试。

① 取得安全工程、工程经济类专业中专学历，从事安全生产相关业务满 7 年；或取得其他专业中专学历，从事安全生产相关业务满 9 年。

② 取得安全工程、工程经济类大学专科学历，从事安全生产相关业务满 5 年；或取得其他专业大学专科学历，从事安全生产相关业务满 7 年。

③ 取得安全工程、工程经济类大学本科学历，从事安全生产相关业务满 3 年；或取得其他专业大学本科学历，从事安全生产相关业务满 5 年。

④ 取得安全工程、工程经济类第二学士学位或研究生班毕业，从事安全生产及相关工作满 2 年；或取得其他专业第二学士学位或研究生班毕业，从事安全生产相关业务满 3 年。

⑤ 取得安全工程、工程经济类硕士学位，从事安全生产相关业务满 1 年；或取得其他专业硕士学位，从事安全生产相关业务满 2 年。

⑥ 取得安全工程、工程经济类专业博士学位；或取得其他专业博士学位，从事安全生产相关业务满 1 年。

经国务院有关部门同意，获准在中华人民共和国境内就业的外籍人员及港、澳、台地区的专业人员，符合上述报考条件的，也可报名参加注册安全工程师执业资格考试。

（2）凡符合注册安全工程师执业资格考试报名条件，且在《暂行规定》下发之日前已评聘高级专业技术职务，并从事安全生产相关业务工作满 10 年的专业人员，可免试《安全生产管理知识》和《安全生产技术》2 个科目，只参加《安全生产法及相关法律知识》和《安全生产事故案例分析》2 个科目的考试。

五、质量工程师报考条件

（1）参加质量专业资格考试的人员，必须遵守中华人民共和国宪法和各项法律，认真贯彻执行国家质量工作的方针、政策，遵守有关质量工作法律法规，热爱质量专业工作，恪守职业道德。

（2）参加质量专业初级资格考试的人员，除具备上述第（一）条所列基本条件外，还必须具备中专以上学历。

（3）参加质量专业中级资格考试的人员，除具备上述第（一）条所列基本条件外，还必须具备下列条件之一。

① 取得大学专科学历，从事质量专业工作满 5 年。

② 取得大学本科学历，从事质量专业工作满 4 年。

③ 取得双学士学位或研究生班毕业，从事质量专业工作满 2 年。

④ 取得硕士学位，从事质量专业工作满 1 年。

⑤ 取得博士学位。

⑥ 按国家统一规定已受聘担任助理工程师职务，从事质量专业工作满 5 年。

上述报名条件中所规定的从事质量专业工作年限，其截止日期为考试报名年度当年年底。

（4）《暂行规定》发布前，按国家统一规定已受聘担任工程系列助理工程师的质量专业人员，可免试《质量专业相关知识》科目；受聘担任工程师职务的人员，可免试《质量专业综合知识》科目。

六、造价师报考条件

（1）凡遵守国家法律、法规，具备以下条件之一者，可以申请参加一级造价师执业资格考试。

① 取得工程类或工程经济类大学专科学历，工作满 6 年，其中从事建设工程项目施工管理工作满 4 年。

② 取得工程类或工程经济类大学本科学历，工作满 4 年，其中从事建设工程项目施工管理工作满 3 年。

③ 取得工程类或工程经济类双学士学位或研究生班毕业，工作满 3 年，其中从事建设工程项目施工管理工作满 2 年。

④ 取得工程类或工程经济类硕士学位，工作满 2 年，其中从事建设工程项目施工管理工作满 1 年。

⑤ 取得工程类或工程经济类博士学位，从事建设工程项目施工管理工作满 1 年。

（2）符合上述的报考条件，于 2003 年 12 月 31 日前，取得建设部颁发的《建筑业企业一级项目经理资质证书》，并符合下列条件之一的人员，可免试《建设工程经济》和《建设工程项目管理》2 个科目，只参加《建设工程法规及相关知识》和《专业工程管理与实务》2 个科目的考试。

① 受聘担任工程或工程经济类高级专业技术职务。

② 具有工程类或工程经济类大学专科以上学历并从事建设工程项目施工管理工作满 20 年。已取得一级建造师执业资格证书的人员，也可根据实际工作需要，选择《专业工程管理与实务》科目的相应专业，报名参加考试。考试合格后核发国家统一印制的相应专业合格证明。该证明作为注册时增加执业专业类别的依据。

精选案例 *3*

劳务合同

甲方：×××路桥工程有限公司第五项目经理部

乙方：

甲方因生产任务需要，需雇佣乙方提供劳务，双方经充分协商签订如下协议，共同遵守。

一、乙方需具备如下条件

1. 乙方应为民工连队（建筑队）范畴，队伍人员无劣迹，达到法定就业年龄，身体健康，有劳动能力，具有独立承担民事责任的能力，并且不因外出而影响其承担的法律责任和义务。

2. 乙方参加施工生产的人数为　　　　人，上述人员单纯为甲方提供劳务。

3. 乙方负责路缘石的预制与开槽工作。

二、合同期限

　　　年　月　日至　　　年　月　日。

合同期限届满双方可续签合同，作为本合同附件，与本合同具有同等法律效力。

三、合同履行地点（施工生产地点）

×××公路××段 C4 标

四、劳务报酬及结算

1. 甲方支付给乙方的劳动报酬按定额工资　　　元/米计算。

2. 劳动报酬的结算。每月　　日前乙方凭甲方签字的任务单到甲方结算一次。

五、甲方的权利义务

1. 甲方负责为乙方提供生产及生活上的便利，负责乙方进退场的单程路费（有火车的按最短距离火车票价计算，无火车的按最短距离大客车车票价计算，乙方自行安排用车的，费用标准亦按上述标准执行）。

2. 甲方负责民工临建、施工段的通勤。

3. 甲方如为乙方提供伙食帮助，费用由双方商定，甲方在乙方人员工资中扣除。

六、乙方的权利义务

1. 乙方自负盈亏，独立核算，独立享有民事权利，承担民事义务。

2. 乙方须服从甲方的安排和要求，按甲方施工定额保质保量地完成施工生产任务。

3. 乙方应严格遵守甲方的各项规章制度，服从甲方分配，听从甲方指挥，施工生产中所需其他用品及费用等均由乙方自己解决。

4. 乙方水电费、生活生产所需其他用品及费用等均由乙方自己负责。

5. 乙方自己负责劳动安全和劳动保护。

七、保证金的收取和返还

合同签订后　　　日内，甲方向乙方收取保证金，以保证工程顺利施工，其金额按每人　元计算，待合同正常履行后　　　月内，甲方退还乙方。

八、违约责任

1. 甲方未按合同规定为乙方提供足够的生产任务及生产生活上的便利，因此给乙方造成损失的，由甲方负责赔偿。

2. 甲方未按时支付给乙方劳动报酬。

3. 乙方违反本合同第二、第三款规定，甲方有权扣减乙方的劳动报酬和保证金，并由乙方负责因此给甲方造成的经济损失。

4. 乙方发生生产事故，并因此损害甲方利益时，由乙方负责赔偿甲方的经济损失。

九、本合同签订后，任何一方不得擅自变更或解除，发生下列情况之一者，允许变更或解除合同。

1. 经甲乙双方协商同意。

2. 由于甲方上级主管机关的决定改变了工作性质、任务。

3. 由于不可抗力致使合同无法履行。

4. 由于一方违约。

十、纠纷解决方式

如双方发生争议或纠纷，首先应协商解决，协商不成可提请有关部门仲裁或诉至法院。

十一、本合同未尽事宜，双方可协商另签补充协议，与本合同效力相同。

本合同一式　份，甲乙双方各　份，自双方签字盖章之日起生效。

甲方：×××路桥工程有限企业第五项目经理部

代表人：

乙方：

代表人：

签订地点：×××路桥工程有限公司第五项目经理部

年　　月　　日

小　结

本章主要讲解了公路工程施工项目的劳动力组织，机构设置，人员配备，劳务招聘与清退，劳务的管理，劳动定额的使用与管理，内部员工的聘用、培训、考核、解聘，职业资格证书的考取。

公路工程施工项目的劳动管理就是按照施工项目的特点和目标要求，合理地组织、使用和管理劳动力，培养提高劳动者素质，激发劳动者的积极性与创造性，提高劳动生产率，全面完成工程合同，获取更大效益。

思考与练习

1. 公路工程施工项目人员组织分为几类？
2. 说说公路工程施工项目设置哪些管理人员？职能分别是什么？
3. 分别谈谈劳务招募与清退程序。
4. 劳动力的动态管理包含哪些方面的内容？
5. 简述劳动定额的作用与分类。
6. 简述劳动定额的工时消耗分析。
7. 制定劳动定额的方法有哪些？
8. 员工培训方法有哪些？
9. 员工培训的内容有哪些？
10. 谈谈职业资格证书在公路施工行业的作用。

第七章 公路工程施工项目的设备管理

第一节 施工设备管理

一、施工设备管理的概念

随着科学技术的进步和公路施工生产规模的不断扩大，机械设备在工程施工中的地位和作用日益重要。从某种意义上讲，施工机械对公路工程施工起着决定性的作用。因此，加强施工机械的管理工作，已成为施工企业机械管理各部门的一项重要任务。

施工机械的管理，在于按照机械固有的规律，同时也按照客观的经济规律，使机械经常处于完好状态，提高生产率和利用率，延长使用寿命，不断降低成本，力求最大限度地发挥每一台机械设备的效能，从而高速度、高质量、低成本地为各项建设服务。

二、施工设备管理的内容

施工机械管理的内容，包括设备运动全过程的管理，即从选购、投入生产领域以及在生产领域内使用、维修保养及其价值补偿、直至报废退出施工生产领域的全过程。施工机械管理按物质的运动形态要进行技术管理，按价值运动形态要进行经济管理。通常技术管理由机械部门承担，经济管理由财务部门承担，两个部门都需按自然和经济两大规律做好施工机械管理工作，既要尊重科学，又要讲究经济效益，所谓分工，只是在职能上各有侧重。

施工机械管理的具体内容如下。

1. 合理选用机械，发挥机械效能

对施工企业而言，机械设备选用涉及生产经营、工程技术与机械技术等问题，若不予以高度重视，将导致选用的机械性能不好，或不符合使用企业的要求，造成设备的大量积压，或者大量增加使用费用的支出。

2. 正确使用，提高生产率

设备就其价值而论，主要在使用阶段，这是设备寿命周期中最长的一段时间，也是决定寿命周期长短的主要环节。任何施工机械都有一定的使用范围和特定的使用条件，如土方机械的经济运距、限制坡度、超载等，只有按照一定的标准和规定正确使用，才能保证安全生产，并取得经济效益。

3. 做好维修保养，提高机械完好率

施工机械在使用过程中，由于设备的物质运动，必然会产生技术状况的不断变化，以及某些不可避免的不正常现象，如松动、干摩擦、声响异常等。这些设备的隐患如不及时处理，会造成设备过早磨损，甚至导致严重事故。做好设备的维修保养工作，及时处理发生的问题，随时改善设备的技术状况，防患于未然，把事故消灭在发生之前，就能稳操主动权。实践证明，机械的寿命在很大程度上决定于维修保养的好坏。

4. 加强配件管理，做到合理储备

设立专门的配件仓库并由专人负责管理，对配件进行合理储备。配件管理人员要深入调

查，统计所属机型易磨损、易损坏的配件，并向技术人员要求提供这方面的资料，以便做到合理储备。

5. 更新改造，满足生产发展需要

更新改造，就是把机型老化、生产效率低、能源消耗高的机械淘汰，代之以结构先进、技术完善、效率高、性能好、能源消耗低的机械设备。机械设备陈旧，不但生产效率低，而且也会使企业背着沉重的固定资产包袱，影响企业的经济效益。

第二节　设备固定资产管理

一、设备固定资产的确定

固定资产是指使用期限较长，单位价值较高，并且在使用过程中保持原有实物形态的资产。施工机械固定资产主要包括施工机械、运输机械、维修加工设备、动力设备、焊接热处理设备和混凝土、钢筋、木工机械等，这部分资产一般要占施工企业全部固定资产总量的绝大部分。根据不同的需要，可以对固定资产进行不同的分类。按经济用途分：生产用固定资产、非生产用固定资产。按使用情况分：使用中的、未使用的、不需用的、封存的、租出的。固定资产具有使用年限和单件价值两个特征。划分固定资产的一般标准是：使用期限较长（一般为 1 年以上）、单位价值在规定的限额（如 200 元、500 元、1000 元）以上。凡不同时具备这两个条件的均作为低值易耗品。

二、设备的购置与验收

为了提高施工企业的技术装备水平，施工企业要根据装备规划和任务，有计划地逐年增加机械设备。企业原有的机械设备随着使用年限的增加，也需要及时更新。因此做好机械设备的购置工作，防止盲目增加，造成积压浪费，是机务管理部门的一项重要任务。

1. 机械的购置

机械设备的购置要根据施工工艺的流程进行装备，要使每个施工环节上所装的机械设备，在使用性能、生产效率、经济效益、安全生产等方面，都能够充分体现机械作业的优越性。在选购机械设备时，要注意处理好以下几个方面的关系。

（1）要注意机械设备品种、数量与性能配套的关系，才能达到经济合理，实现机械化施工。如果单从某一种机械数量上增加，不注意配套，就不能充分发挥机械效能。

（2）要注意定型机械产品和技术更新改造机械的关系。选购机械设备以定型产品为主。在没有适合的、定型的机械产品情况下，只能通过改造革新的途径，充分利用现有机械设备的潜力，通过改造革新去达到机械化施工的目的。

（3）要处理好新老机械设备的关系。随着现代科学技术的发展，先进的施工机械量品种将不断增加，有些老旧机械设备也必然逐步被新产品所代替。因此对这些老旧机械设备应注意改造和利用，尽量挖掘其潜力，发挥其效能。

（4）要注意生产和维修设备的关系。施工机械的正常运转，要靠日常保养、维修来保证。因此，一定要注意装备适当比例的保养，维修专用机械设备。没有一定的维修保养，施工生产机械就不能保证完好使用，也就不能发挥其应有效率。

一般购置机械的程序是：

① 机务管理部门根据使用单位的需要提出购置项目和数量；

② 由计划部门确定资金来源；

③ 由机务管理部门组织有关部门共同研究确定购置机械的型号；

④ 经主管领导批准后，向上级主管单位提出申请计划；

⑤ 经批准后委托供应部门按提出的规格型号数量订货或采购，必要时由机务管理部门、使用单位协同进行购置。如不得不改变型号时，仍需由机务管理部门组织有关部门研究选型，经主管领导批准后购置。凡不能购到而生产中又急需的机械设备，其中有些结构比较简单，本单位有能力可以制造者，经过上级批准，可以自制。企业自制机械设备，必须符合结构合理、性能稳定、经济耐用、安全可靠的原则，经过一段时间的试用，在施工企业的机械技术负责人主持下，由机务管理部门组织技术鉴定，经鉴定合格的自制设备才能转入固定资产。

2. 机械的验收

新购和自制完毕的施工机械设备，应由机务管理部门主持，并会同有关部门及时进行验收，详细检查其技术状况、附属装备和随机工具，并填报固定资产验收单，作为完成投资的依据。

一般验收机械的内容如下。

（1）购入和自制完毕的机械必须由机务管理部门组织验收，确认规格型号相符，技术性能达到要求，质量良好，完整齐全，达到购置和设计提出的要求时，填写验收单后，方可办理入账手续。质量不合格的机械不得转入固定资产。

（2）自制、革新和制造的机械，必须符合国家质量标准和技术要求，并经过 6 个月的有效试用后，方可验收。

（3）进口机械应按国家有关规定严格进行验收，并注意索赔。进口机械索赔期有两种：一为数量检查核实索赔期，二为质量检查索赔期。均按合同规定执行，一般前者为 90 天，后者为 1 年。如有数量不符，可提出索赔报告，经港口商检局核实后，再通过主管部门向国外交涉。如有质量问题，应做出技术鉴定，会同商检局一并报主管部门向国外交涉。

（4）验收的依据包括订货合同、发票、货运单、装箱单、说明书、出厂合格证等。

（5）验收程序

① 根据合同核对发票、运单、品种规格和价格，按货运单初步检查包装完整情况和件数是否相符。如发现问题应立即向承运单位及生产厂提出质询和索赔，或拒付货款。

② 进行开箱检查（外观验收）。开箱后根据装箱单、说明书、合格证核实所有物品的种类、规格、数量以及外观的质量。对发现的问题进行登记，并向生产厂或供货单位提出质询和索赔。

③ 在必要和可能时进行试运转（技术验收）。发现问题做好记录，提出索赔或退货。

④ 认真填写验收记录，作为建立技术档案的原始资料。

三、设备固定资产管理方法

固定资产管理是各企业经营管理的重要组成部分，是加强经济核算，提高经济效益，改善经营管理的基础。公路工程机械在公路工程施工企业固定资产组成部分中占有重大的比例，是企业施工生产的物质基础。固定资产管理的内容可分为设备的技术管理与经济管理。

（1）设备的技术管理　即是对固定资产的物质运动形态的管理，包括从设备的选择、购置、安装、调试、验收、使用到维护、修理、改造、报废等，管理的任务主要由机械管理部门承担，其内容详见本章后续部分。

（2）设备的经济管理　即是对设备的价值运动形态的管理，包括设备的最初投资、维修费用支出、折旧、更新改造、设备租赁和资金的筹措、积累、支出等，管理的主要任务由财务部门承担。

1. 施工机械经济管理

（1）机械化施工生产经营方式　　公路工程机械化施工方式分为集中化、专业化（或称集中经营）与分散（或称分散经营）施工。从国内外高速公路建设发展情况看，机械集中经营和机械施工专业化是机械化施工的发展方向。

集中经营与分散经营的比较如下。

a. 集中经营有利于机械效能的充分发挥　　分散经营经常出现高峰时期机械不够用，低峰时期机械闲置的现象，有些机械年平均利用率不到 30％，忙闲无法调剂，而集中经营可以根据各施工单位的高峰和空闲情况，统一安排，加强调动，充分使用，有利于发挥机械效能，提高装备生产率。

b. 集中经营有利于取得机械的最优经济效果　　分散经营情况下，施工经营者的注意力容易集中在用机械去完成施工的任务，而忽视机械的管理，甚至不惜拼机械来迁就完成施工任务，机械利用率虽高，但效率很低，造成了经济上的严重浪费，甚至使工程成本上升，引起经营亏损。在专业化施工，集中经营的情况下，专业单位的核算对象就是机械，只有改善经营管理，才能完成各项技术经济指标。因此，这些企业的领导和管理部门，必然把主要精力放在机械管理的全过程，从而提高机械的经济效益。

c. 集中经营有利于机械管理水平的提高　　企业在专业化施工、集中经营的情况下，专业机械化施工单位只装备几种机械，品种少、数量多、业务单纯、便于管理，而且专业人员力量强、精力集中，他们的任务就是机械化施工。一方面不断提高机械化施工水平，努力保证和超额完成任务、取得最好的经济效益；另一方面考核的技术经济指标都与机械管理有关，而且施工机械是其完成任务的唯一劳动手段和物质基础，必然要千方百计地使用好、管理好机械，不断提高机械管理水平。

d. 集中经营有利于技术水平的提高　　集中经营几种或少数品种机械，技术力量集中，精力集中，对机械性能、特点、施工中使用要求及机械技术状况变化的规律等容易了解和掌握，便于积累经验、提高技术业务水平，提高机械使用、保养、修理质量，改善机械技术状况，提高机械完好率与利用率。

（2）专业化、集中化是机械化施工发展的必然趋势　　实现专业化集中经营，专业化协作，各施工单位的自有机械比重应该逐步减少，租用机械比重要相应增加，这就首先打破了小生产经营的模式，一些问题被克服，协同配合，加强计划的科学性、管理的适应性与先进性就显得十分重要与迫切。

2. 机械台班费与机械使用费

（1）机械台班费　　一般加工制造企业在进行成本管理时，都把单个产品作为成本核算的单元，从而把所有为生产该产品而发生的一切生产资料转移的价值，及新创造价值总和的分摊部分称为该单个产品的成本。对于一个以提供机械设备为现场施工服务的单位来说，它的单位产品就是一个生产性能符合设计要求的作业台班，为了这样一个作业台班能得以实现，首先要投入资金购买设备，配备合格的操作驾驶人员，按规定的维修制度对机械设备进行必要的保养与维修，以保持良好的技术状况及提供能源消耗等。把这些作为一个机械作业台班所平均消耗的物化劳动与活化劳动用货币加以表现，就是机械的台班作业成本。当机械用于对外出租时，还需要附加一些法定利润，对外管理费等，称为机械台班租赁费。统称为机械台班费。

各类机械除潜水设备、变压器和配电设备外，每台班均按 8 小时计算，潜水设备按 6 小时计算，变压器和配电设备每昼夜按一个台班计算，台班费由两大类费用组成。

第一类费用，又称不变费用，包括：折旧费、大修理费、经常修理费、安装拆卸及辅助设施费等四项费用。

① 折旧费　指机械设备在规定的使用期限内陆续收回其原值的费用。

② 大修理费　指机械设备按规定的大修理间隔台班进行大修理，以恢复其正常功能所需的费用。

③ 经常修理费　指机械设备除大修理以外的各级保养（包括一、二、三级保养）及为排除临时故障所需的费用，为保障机械正常运转所需替换设备、随机使用工具、附具摊销和维护的费用；机械运转与日常保养所需的润滑油脂、擦拭材料（布及棉纱等）费用和机械在规定年工作台班以外的维护、保养费用等。

④ 安装拆卸及辅助设施费　指机械在施工现场进行安装、拆卸所需的人工费、材料费、机械费、试运转费以及安装所需的辅助设施费。辅助设施费包括安置机械的基础、底座及固定锚桩等费用。打桩、钻孔机械在施工过程中的过墩、移位等所发生的安装及拆卸费包括在工程项目费之内；稳定土厂拌设备，沥青乳化设备，黑色粒料拌和机，沥青混合料拌和设备，混凝土搅拌站（楼），塔式起重机，施工电梯的安装、拆卸，以及拌和设备、大型发电机的混凝土基础，沉淀池。散热池等辅助设施和机械操作所需的轨道、工作台的设置费用，不在此项费用内，在工程项目中另行计算。编制机械台班单价时，除青海、新疆、西藏等边远地区外，应直接采用。至于边远地区因维修工资、配件材料等价差较大而需调整不变费用时，可根据具体情况，由省、自治区交通厅制定系数并报交通部公路司备案后执行。

第二类费用，又称可变费用，包括：人工费、动力燃料费、养路费及车船使用税等费用。

⑤ 人工费　指随机操作人员的工作日工资（包括基本工资、各类津贴、补贴、辅助工资、劳动保护费以及各类保险和住房公积金等）。

⑥ 动力燃料费　指机械在运转施工作业中所耗用的电力、固体燃料（煤、木柴）、液体燃料（汽油、柴油、重油）和水等。

⑦ 养路费和车船使用税　指按国家规定应缴纳的机械养路费和车船使用税等。

编制机械台班单价时，随机操作人员数量及动力物资消耗量应以本定额中的数值为准。工资标准按《公路工程基本建设项目概算预算编制办法》（JTG B06—2007）的规定执行，工程船舶和潜水设备的工日单价，按当地有关部门规定计算。动力燃料费按当地的动力物资的工地预算价格计算。养路费及车船使用税，如需缴纳时，应按各省、自治区、直辖市及国务院有关部门规定的标准，按机械的年工作台班所示计入台班费中，见表 7-1。

表 7-1　机械的年工作台班表

机械项目	沥青撒布车、汽车式画线车	平板拖车组	液态沥青运输车、散装水泥运输车、混凝土搅拌运输车、混凝土输送泵车、自卸汽车、运油汽车、加油汽车、洒水汽车、拖拉机、汽车式起重机、轮胎式起重机、汽车式钻孔机、内燃拖轮、起重船	载货汽车、机动翻斗车	工程驳船、抛锚船、机动艇、泥浆船
年工作台班	150	160	200	220	230

（2）机械使用费

① 凡动用施工机械设备时，不论企业内部或外部，均应核算或收取机械使用费，使用费一般按台班收取。

② 机械台班收费应按规定执行。上级没有规定的机械台班费，可由企业自己补充制定台班费标准，报上级批准后执行。

③ 机械台班费的收取均以台班为计算单位，每台班为 8 小时，超过 4 小时按一个台班收费，不足 4 小时按半个台班收费，不同作业班不得累计。

④ 租用机械从出租单位起运开始至返回为止计算租用时间，运行时间按台班计算。因出租单位原因和机械故障停机保养，修理等情况不计费用，其余一律按规定收停机费。

⑤ 出租单位按当地规定收取管理费和其他费用。

⑥ 停机费的收取 凡租用机械并非由于出租单位原因造成停机时，应收停机费。停机费有规定时，按规定执行，若无规定时，一般可按台班费的 50% 收取，同时收取管理费。

属下列情况之一者，收停机费（包括出租机械或承包任务）。

a. 早要迟用，多要少用，造成停置者。

b. 由于使用单位管理不善，物料供应不及时造成停工者。

c. 由于使用单位未按规定制度创造施工条件而造成停工者。

d. 由于使用单位阻止机械合理调度而造成停置者。

属下列之一者，免收停机费。

a. 由于工程任务变更，非使用单位所能避免者。

b. 由于工程任务提前完成，下一个工程尚为开工的合理停置时间。

c. 由于自然灾害引起的停工时间。

d. 批准的施工计划内规定的中断时间，事先征得出租机械单位同意者。

e. 由于出租机械单位的责任引起的停工时间。

3. 施工机械折旧与大修理基金的提取

在机械设备的使用寿命确定后，要解决的问题就是折旧的提取方法，除少数具有功能寿命的一次性设备应在服务的工程项目内直接核销外，其余绝大部分作为固定资产管理对象的机械设备都必须按期（年、月）提取折旧，以便将来在服务年限终了时，能够积累起足够的设备重置基金。

（1）折旧的意义 折旧最好是能够正确地反映设备实际价值的减少，但实际上要做到这一点非常困难，主要原因有以下两点。

① 设备的实际价值作为时间的函数很难以某种简单的方法表达出来。

② 设备实际价值减少的规律因机械设备类型不同而各异，但折旧方法至少在一个企业内部应是统一的，否则在财务上无法处理折旧的提取问题。现在通用的"折旧"一词的含义纯属从成本会计角度出发，根据惯常的规定按比例分摊到设备服务年限内每一年的预付资金。必须强调的是，"摊销"是一个财务分配过程，而不是一个估价过程，摊销的是费用而不是数值（折旧额，净值等），是为了计算成本服务的，不是为经济分析服务的，所以这类数据在技术经济分析中不起多大的作用。既然折旧制度已经与客观的设备贬值规律相脱节而成为一种预付资金的摊销方式，所以它是主观人为的。从理论上讲，只要能够达到将预付资金在预定的年限内予以回收的目的，任何一种合理的方式都可以成为可行的折旧制度。这样，折旧制度就可以有无限多个（快的、慢的、直线的、曲线的……）。但实际上并非如此，

这是因为设备的折旧制度，无论对企业，还是对国家，都是一个至关重要的大问题。对企业来说，它与产品的价格、市场竞争能力、企业的利润、技术装备的现代化程度以致企业的前途都有密切的关系；对国家来说，对社会物质的安排、制造业的生产及发展、国家的财政收入，甚至对整个国民经济的发展速度等都有直接或间接的影响。上述各项因素中，有些是相互矛盾的，例如快速折旧对设备的更新有利，但对产品的市场竞争能力则不利，所以采用什么样的折旧制度，必须综合考虑各方面的因素后才能够确定，它不仅是企业管理的主要内容，而且是国家的一项主要经济政策。任何一个国家对本国的折旧制度均有统一的规定，所以实际上由国家批准的合法折旧制度是极其有限的。

（2）当前为世界各国采用的折旧制度，根据每年的提取是否均等以及速度的快慢分为以下几种：

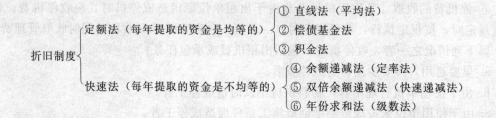

与计算折旧有关的几个参数：原值 P、残值 L 及年限 n，进一步说明如下。

① 原值 P　不止是设备的出厂售价，还应包括运费、安装费、调试费及其他一切针对性的附加费用。总之，为使设备投产而发生的一切费用，除另有科目来源者外，都称为 P 的一部分。

② 残值 L　原指设备报废后的残体售价。为使残值实现以货币形式回收，不少设备需要拆卸、解体、清洗，甚至切割分解后才能处理，这也需要相当大的一笔处理费用，这笔费用称为清理费，用 q 代表。当 $L>q$ 时，$L-q$ 才是企业真正回收的资金，有时，也会发生 $L \leqslant q$ 的情况，这时，从经济角度出发，企业宁可放弃残值回收而把它视为零，也就是以设备的原值 P 作为计算折旧的基数。也有把 $L-q$ 称为净残值以示区别，在本书中，不再引入新的代号，而统一用 L 表示，但读者应了解，当 q 不为零时，L 是指净残值。

关于残值的正确计算也不是一件容易的事，因为在一台准备报废的机器里，往往还有不少具有一定使用价值的零部件，总成、有色金属以及配套副机等，都应分别估价回收，只有最后的残存机体才可作为废钢铁处理，所以预先估计出一台机械设备的正确残值是很麻烦的。为简便计算，在定额资料中往往对不同的机种规定一个残值率（一般在 $1\%\sim5\%$）作为计算折旧的依据。残值在折旧计算及技术经济分析中起的作用较小，所以，即使这种简化与实际情况有出入，也无关大局。

③ 关于折旧的年限 n，一般是指设备的预期使用寿命。规定年限 n 也有一段演化过程，美国在 1934 年以前，在机器制造业中曾盛行不管机器的有效使用寿命是多少，一律在远短于设备使用寿命的头几年中将原值全部折完，抢先回收资金，然后该设备就作为"折旧完毕"的资产记入会计账目中继续使用，一直到 1934 年，美国财政部才明令规定必须按全部预期的使用年限作为设备的折旧年限。现在人们则把设备的折旧年限与预期的使用寿命看成一回事，不存在任何差异了。

（3）大修理基金　在按年、月提取的费用中，除了折旧费外，还有一项机械设备的大修理费。机械设备大修理的特点是：范围大、费用高、周期长、次数少。有时大型设备的一个大修间隔期往往可以跨越好几个工程项目。如果把大修理费用直接摊入当时的工程成本，必然要造成工程成本的不合理波动及丰歉不均的不合理现象。所以，为了摊销合理，并保证大修理的资金来源，国家规定必须仿照固定资产提取折旧基金原办法，按月从成本中提取机械设备的大修理基金，作为实际发生的机械设备大修理费用开支来源。

机械设备的大修理基金提取额和提取率计算公式是：

$$年大修理基金提取额 = \frac{每次大修费用 \times 使用年限内大修次数}{使用年限} \qquad (7.1)$$

$$年大修理基金提取率 = \frac{年大修理基金提取额}{原值} \times 100\% \qquad (7.2)$$

$$月大修理基金提取率 = \frac{年大修理基金提取额}{原值 \times 12} \times 100\% \qquad (7.3)$$

上列计算公式中的大修理费用，一般包括从作业现场到修理厂（4～6km 范围内）往返过程中所发生的费用，但不包括长距离送修及接运的费用。

但实际提取时，按机计算过于繁琐。为了简化手续，国内有关部门规定大修基金的提取也采取分类综合提取的方法，即按分类综合折旧率的 50％计算，其中运输设备按分类综合折旧率的 100％计算，企业在提取折旧费的同时，附带提取大修基金。

大修理基金必须专款专用。机械设备大修理申请单必须由企业的机管部门与财务部门双方会签后才能送修，修理完后凭批准的申请单为核销的依据，以保证大修理费用的正确使用。

4. 施工机械经济核算

（1）经济核算的要求和作用 经济核算是用经济手段管理企业的基本方法。它是正确处理国家、企业以及具体项目承包组织三者之间经济关系的一项重要制度，是检查和考核各级管理层生产经营效果的手段和方法。通常，在经济核算中，运用价格、成本、利润、税金、经济合同、奖金、罚款等经济杠杆来促进生产力的发展和企业管理水平的提高。在此，仅就施工企业和项目经理部两个层次来介绍经济核算的有关知识。公路工程施工企业的经济核算，是利用价值规律的作用，从事施工生产经营活动，借助货币的形式，计算和比较企业生产经营活动中的消耗和收益，以本企业的收入抵偿支出，并争取最大的盈利。

（2）经济核算制的性质 经济核算制的建立和实行，具有以下的基本性质。

① 独立经营权 在有关法规和合同协议的制约之下，企业及项目经理部有相对的独立经营权，包括相应的计划权、财权、物资调配权等。它是实行经济核算的前提。

② 物资利益 物资利益是指企业经营的经济效果必须和企业及其职工的物质利益相结合，使企业及其职工从物质利益上关心生产经营的效果。这是实行经济核算制的动力。

③ 经济责任 经济责任即企业以及项目经理部对生产经营的经济效果必须承担经济责任，实行自负盈亏、奖优罚劣。这是经济核算的核心和基本特征。

（3）经济核算制的要求 要使经济核算发挥应有的作用，必须在生产经营的全过程由全体职工参与，即开展全面的经济核算，它包括以下几部分。

① 企业全部经济核算 对整个企业，包括企业内部核算单位和项目经理部核算单位的生产、技术、经营管理和生产服务等各个环节、各个领域，都要实行经济核算。

② 企业生产全过程经济核算 对生产的全过程，包括准备过程、施工过程、交工验收以及为用户服务过程都进行经济核算，讲究经济效果。重视基本生产过程、辅助生产过程和生产服务过程的经济核算。

③ 全员经济核算　企业内所有部门、项目经理部、作业队、班组都要进行经济核算。企业内部的全体人员都参与经济核算工作，追求经济效益。要求企业每个成员做到干什么、管什么，就核算什么。

（4）经济核算制的主要作用

① 促使企业全体职工关心企业生产经营的经济效果，帮助人们认识只有在维护国家利益和提高企业经营效益的前提下，才能增加个人收入，从而充分调动职工增产节约的积极性。

② 及时调整和正确处理企业和各方面的经济关系，搞好企业人、财、物三要素和供、产、销三环节各自的协调和平衡，做到均衡生产。

③ 及时揭露生产经营活动中存在的问题和贪污、浪费现象，促使企业不断改进生产技术和经营管理，不断提高企业管理水平。

④ 推行经营承包制和全员合同制的现代管理方式，将经济核算结果与有关人员的个人利益紧密相连，做到奖惩分明，促进公平竞争。

5. 经济核算的内容和方法

（1）经济核算的内容　企业经济核算的内容和指标，根据能够全面反映完成合同任务与指标，及提高企业经济效益的原则，并适应不同工程项目的生产技术特点来确定。

公路工程施工企业经济核算的内容主要有以下四个方面。

① 生产成果核算　企业的生产成果主要是产品，包括质与量两个方面。经济核算主要通过产品的产量、品种、质量等指标的核算来进行。为了综合地核算企业的生产成果，有时还利用价值指标，即总产值指标。

② 生产消耗核算　企业生产产品，要消耗一定的劳动和物质，劳动消耗和物资消耗是节约还是浪费，综合地反映在产品成本中。所以成本核算是经济核算的一个重要内容。

③ 资金运用核算　企业在生产过程中，不仅要消耗一定的劳动和物资，还要占用一定的资金。生产单位产品占用的资金越少，企业支付的资金成本就越低，经营效益就越好。

④ 企业盈利核算　生产成果和生产消耗比较的结果就是盈利，盈利减去税金就是利润，这是企业经营活动的成果。在产品价格不变，企业已完成计划产量、品种并保证质量的前提下，产品成本越低，企业的利润就越多，表明企业的经营管理就越有成效。

企业的内部（包括项目经理部）核算单位，核算指标原则上应与企业相同。而作业层核算单位和施工班组，则主要核算生产成果和生产的直接消耗。

（2）经济核算的方法　经济核算的各项指标、生产及财务计划的执行情况，都要通过一系列的分类计算，才能真正地、及时地反映出来。现行的经济核算，是运用会计核算、统计核算和业务核算等方法，对品种、产量、质量、消耗、劳动效率、成本、资金、利润等各种指标进行综合核算的。

① 会计核算　它是运用货币为综合尺度，对企业的生产经营活动进行连续的、系统的、全面的核算。通过会计核算，可以提供企业在生产中成本高低、资金周转快慢以及利润多少的综合情况。不仅如此，通过会计核算，还可以监督企业在生产经营活动中，严格执行国家财经纪律和财务制度，不断提高生产经营效果。因此，它是核算技术的中心，重视经济核算，就必须重视会计工作。

② 统计核算　它是运用各种量度（货币、实物、劳动工日等）来反映企业的经营活动情况。通过统计核算，把大量的资料进行科学分类、分组，提供产量、品种、质量和总产量等计划的完成情况。

③ 业务核算　它是一种反映企业某一方面经济活动的方法。如劳动部门职工人数、工资和工时利用率等，供销部门的原材料消耗定额，设备部门的设备利用情况等，都通过业务核算表现出来。

会计核算是经济核算的中心，但这三者又是相互联系的，必须有机地结合起来，形成经济核算体系。只有这样，才能全面地反映企业生产和财务计划执行情况，促使企业更好地完成各项经济核算指标。

第三节　设备的使用管理

一、公路工程施工设备的使用管理原则

机械设备在一定的条件下能否得到合理的使用，关键在于使用管理中执行"人机固定"的使用管理原则。定机、定人、定岗位责任制（以下简称三定制度）就是人机固定原则的具体化。

1. 三定制度的主要优点

（1）人机固定、责任明确，有利于增强定机人员的责任心及爱机心理，有利于保持机械设备的良好技术状况，有利于落实奖惩制度。

（2）每台机械设备，除了由安全操作规程及使用说明书所说明的操作使用要点外，往往还有其独自的使用特点。人机固定原则有利于定机人员熟悉本机的这些特点，这对发挥机械效率，预防及排除机械故障，避免事故的发生具有十分重要的意义。

（3）三定制度有利于开展单机经济换算、机械设备评比等以单机为对象的评比考核活动，提高机械管理水平。

（4）有利于实现机械设备运行原始资料的正确性、完整性及连续性。提高机械统计工作水平，便于开展分析研究工作。

（5）有利于做好机械定员工作，加强劳动管理。

2. 三定制度的实施

（1）凡是多人多班作业或单人多班作业的机械设备，应以机械为单位，任命一人为机长，其余人员则为机组人员，在机长领导下共同对机械负责。任命机长应有一定的形式，以示慎重，而且轻易不要更换。

（2）一人一机单班作业的机械设备，或是一人管理多台的机械设备，驾驶员就是机长，对机械负全责。

（3）一些小型设备不可能有专职操作或保修人员，应固定在班组里，由班组长对机械设备负责，并实行班组长领导下的分工负责制。

（4）机械设备在建制单位内部调拨流动时，原则上规定定机人员应随机调动。

（5）要注意技术培训工作，消灭机多人少的现象。否则，由于人手不够，很容易造成临时调用非定机人员去支援操作，或使用不合格人员，从而打乱了三定关系。

（6）各机械操作人员配置见表7-2。

表7-2　机械操作人员配备

机械名称	规　格	操作人员配备数/人
履带式推土机	58.8～235.2kW	2
履带湿地式推土机	102.9kW	2
轮胎式推土机	154.4kW	2
自行轮胎式铲运机	4～23m³	2
液压式挖掘机	0.6～2m³	2
机械式挖掘机	1～2m³	2
履带式装载机	1.5m³ 以内	2
轮胎式装载机	1～2m³	1
轮胎式装载机	3～3.5m³	2
自行式平地机	88.2～147kW	2
拖式羊足碾(含头)	3～6t	2
静作用压路机	6～20t	1
手扶振动式压路机	1t 以内	1
振动压路机	13～15t	2
拖式振动碾(含头)	—	2
风动凿岩机	—	2
装岩机	0.3～0.5m³	2
稳定土拌和机	88.2～235.2kW	2
稳定土拌和设备	50～250t/h	3～4
沥青乳化机	1000～6000t/h	1
沥青乳化设备	6000	2
石屑撒布机	8m 以内	2
液态沥青运输车	5000～10000L	1
沥青撒布车	2000～8000L	1
沥青混合料搅拌设备	15～150t/h	5～6
沥青混合料摊铺机	不带自动找平,3.6～4.5m	2
沥青混合料摊铺机	带自动找平,4.5～12.5m	3
轮胎式压路机	9～20t	1
手推式路面划线机	2.2～5.1kW	1
滑模式水泥混凝土摊铺机	2.5～4.5m	3
散装水泥运输车	5～15t	1
混凝土搅拌运输车	3～6m³	1
混凝土输送泵车	60～90m³/h	2
混凝土搅拌设备	15～50m³/h	5
载货汽车	4～8t	1
载货汽车	10～15t	2
自卸汽车	4～8t	1
自卸汽车	10～20t	2
半挂列车(平板拖车)	15～100t	2
油车	5000～8000L	1
工程洒水车	4000～10000L	1

3. 三定操作人员的职责

规定在三定制度内部，要明确机组人员与机长的职责和班与班之间的责任。

（1）机组人员的责任

① 努力钻研技术，熟悉本机的构造原理、技术性能、安全操作规程及保养规程等，要具有过硬的技术本领。

② 正确操纵使用机械设备，发挥机械效率，完成各项指标，保证安全生产及降低各项消耗。

③ 认真执行每班例行的保养工作，使机械设备经常处于清洁、润滑良好、调整适当、紧固件无一松动的状态，经常检查设备的附件和附具，保持其完好无损。

④ 及时、准确地填写各项运行记录，并保持其完整及完好。

⑤ 认真执行以岗位责任制为中心的各项管理制度。

（2）机长的责任　机长是不脱产的，因此机长本身就是操作人员之一。机长除了作为一名操作工人应完成的上述各项任务外，还应做到：

① 督促、检查全组人员对机械设备的合理使用及定期保养工作；

② 检查及汇总各项运行记录；

③ 对本机组人员的技术考核提出意见；

④ 搞好本机组内及其他机组之间的团结协作与劳动竞赛。

（3）多班制作业的机械设备班与班之间的交接班规定　为了使多班作业的机械设备不至于由于班与班之间交接不清而发生操作事故、附件丢失或责任不清等现象，必须建立交接班制度作为岗位责任制的组成部分。机械设备交接班时，首先应由交方填写交接班记录，并作口头补充介绍，经接方核对相符并签收后方能下班。交接班的内容如下。

① 交清本班生产任务完成情况、工作面情况及其他注意事项或要求。

② 交清机械设备运转及使用情况，特别应注意介绍有无异常情况及处理经过。

③ 交清机械设备保养情况和存在的问题。

④ 交清随机工具及附件情况，填好各项原始运转记录。

4. 施工机械运输安装与试运转

（1）机械运输的方法和选择　机械在施工前或使用过程中，常要从基地或厂队运出或运入，此时必须进行运送工作。

① 机械运输的方法　机械运输的方法，根据运送方式不同可分为陆运、水运和空运。根据公路施工机械的特点，其中陆运是最常用的方法。根据运输公路不同，陆运可分为公路运输和铁路运输。公路运输又可按其机械本身结构和运送方式的不同，分为自行式机械自驶、用牵引车拖运或大平板车装运等方式。

② 机械运输方法的选择　机械运输方法的选择必须从机械本身的结构（体积大小、质量、固定式还是机动自行式等）要求、机械使用时间、运输路程长短、起讫地点的装卸设备以及运输费用等各方面去考虑。自行式机械自驶是最方便和经济的，但必须是轮胎式机械。履带式的低速行驶机械不宜长途行走，因为这些机械底盘的传动、行走结构不宜于长途行驶，所以应用大平板车或利用铁路运输。

（2）机械的安装　在公路工程机械施工中，大部分独立工作的机动机械不需要在施工现场安装或拆卸，所要进行安装和拆卸的主要是像沥青、混凝土搅拌机这样的大型设备。机械的安装包括以下几个阶段：编制安装施工设计，机械准备工作，修筑机械和设备基础，安装主要机械设备和辅助设备，设备的调试、试运行与交付使用。安装施工设计包括以下步骤。

① 初步设计草拟安装方法、各个总成与部件的安装简图及安装总平面图，所需的安装机械、设备与劳动力等。

② 施工图安装部件的外形尺寸、质量以及气候与土的条件应予考虑。要拟订安装方法，做好安装前的准备工作，确定安装用机械设备。安装前的准备工作包括修筑临时运输公路、平整场地、搭盖机房和机棚、运料和卸料等。准备工作完成后，根据安装总平面图确定安装位置和设备安装中心线，预制安装基础（基础要牢固可靠）。机械安装到基础上以后，应进行调平，调平后固定。在完全消除所发现的故障现象后，机械才能进行负荷试运转，负荷应由小到大直至满载。待一切正常后即可交付使用。具体机械的安装方法在该机械说明书中均有详述。

5. 机械的试运转

为了更好地摸清机械质量和工作能力，必须进行机械试运转。机械的试运转分为无负荷试运转、有负荷试运转及试运转后检查三个步骤。

（1）无负荷试运转　无负荷试运转主要是检查机械各部分连接的紧固和运转情况，保证试验操纵、调节、控制系统以及安全装置的使用。

（2）有负荷试运转　有负荷试运转是机械出厂验收的重要内容，其目的是通过有负荷试运转，以确定机械的动力性能、经济性能、运转情况以及操作、调整控制和安全等装置的作用是否达到运用的要求。有负荷试运转必须具备检测生产能力、转速、振动、温度以及油耗等所必需的试验设备，这些仪器设备制造厂和修理厂都具备，对于在用或调用的机械负荷试运转，一般可以根据经验统计法和随机驾驶员反映的情况进行核实，如核查机械使用记录（生产能力、燃料润滑油消耗、故障记录以及安全记录等）。与此同时，对照无负荷运转的情况即可做出经验性的判断。

（3）机械试运转后的检查　机械经过无负荷、轻负荷或重负荷运转后，各部件受到强度和稳定性的考验，故必须对各部分可能产生的变形、松动及密封性等情况进行彻底检查。内燃机装备的施工机械试运转后，运转情况一般应符合下列要求。

① 柴油机运转正常，无异常声响。

② 离合器的分离和接合正常，不发抖、不打滑、无异响。

③ 变速箱、分动箱以及各传动部分，不跳挡、不漏油、不过热、无异响。

④ 制动器的制动鼓与摩擦片磨损均匀，制动效率符合要求。

⑤ 行走机构行驶平衡，不跑偏，转向灵活、准确、轻便，无剧烈振动或晃动，轮式机械车轮不偏拖，履带式机械不啃轨、不脱轨。

⑥ 操纵机构及安全装置动作灵敏可靠。

⑦ 工作装置效率不降低，运转正常，不发生破裂，无严重磨损和不正常的运转声响。

⑧ 机架、机身不松动和变形。

6. 施工机械运行工况与技术服务措施

（1）施工机械运行工况　机械设备的合理使用与实际运行工况有直接的关系。不合理使用的运行工况大致有以下几种情况。

① 低载、低负荷使用　即所谓"大马拉小车"，这是机械设备低效使用的常见现象。

② 降低性能范围使用　企业从装备管理角度出发，以综合效益最佳为原则选用的机械由于降低性能范围使用，会使原来的设想无法实现（本来可以实现），使综合效益下降，机

械投资的很大一部分被白白浪费。

③ 超载、超负荷使用　机械设备的超载或超负荷使用，不仅造成零部件的过度磨损，机械寿命降低，而且还会导致主要受力部位的永久性变形，甚至损坏机械。在公路施工中要求杜绝超载、超负荷现象。

④ 超性能范围使用　机械设备去从事有害的、超过原设计性能范围以外的作业项目，使机械损坏严重。例如，履带式推土机本来是一种铲土设备，但由于机械振动及履带板传振机能的关系，在砂质土上对 40～60cm 深度范围内的土层有较好的压实作用，但这种压实作用只能作为在工地上铲土、运土过程中的一种副作用，而不能把推土机作为一种压实机械来使用。

(2) 技术服务措施　为了保证机械设备不致受到不正常因素的损耗，在某些特定的条件下需要采取相应的技术服务措施。

① 严格执行磨合期规定　新出厂或新大修的机械设备在投产使用初期，必须经过运行磨合（即走合）过程。因为新加工的零件表面比较粗糙，装配表面也不一定达到良好的配合程度，虽然在出厂前已经进行了工厂磨合，但这种磨合一般都是空运转，而且时间短，达不到可以满负荷使用的要求，必须在生产条件下再进行一定时间的运行磨合。机械设备的运行磨合就是在使用初期的摩擦表面作高度精密的加工，使配合表面逐渐达到良好的配合状态。机械设备的运行磨合期一般规定为 100h，汽车及机动机械为 100km。在磨合期内应按下列规定执行（原厂有规定的，应按原厂规定执行）。

a. 机械设备在磨合期内，应减载运行，负荷应减少 20%～30%，汽车的行驶速度在公路上不超过 30～40km/h，在工地上不超过 20km/h，不得拖带挂车。内燃机上的限速装置的铅封不得拆除。

b. 操作要平稳，避免突然加速或增加负荷，防止传动机构承受急剧的冲击。

c. 在磨合期内，应注意各部机构的运转情况。如声响、振动、连接部件的松紧程度、工作温度、压力等，如发现异常现象，应分析情况，找出原因，并及时消除。

d. 磨合期完后，应按规定进行一次全面的检查保养，并加注（传动机构）及更换润滑油（内燃机）。填写运转磨合记录，由技术主管人员审查合格后，拆除限速铅封，正式投入正常使用。

② 注意换季保养和供电质量

a. 凡露天作业机械，在进入严寒季节前，要进行一次换季保养，检查全部技术状况，换用冬季润滑油及液压油，加装预热保温装置；

b. 按照不同地区的不同要求，准备好机械的预热防寒设备，如保温车库、保温被、防滑链条等。并做好冬季燃油、润滑油、防冻液等的供应工作；

c. 对停用的内燃机械，入冬前要进行一次检查，确认是否已彻底放尽内燃机内部存水；

d. 注意供电质量，对以电动机作为动力的机械，在运行中一定注意电压的高低，对电动机来讲，超压与欠压均对其不利。

7. 机械设备大检查

(1) 机械设备大检查的分类机械设备检查分日常检查、定期检查和年度检查。

① 日常检查　施工季节中，日常检查一般按月进行，主要把握机械的运行性状态。通过听、看、查、问、试的形式，对操作和保修人员平时的保养和小修工作进行监督，促使驾驶员自觉地贯彻执行保养制度，合理地使用机械，保证施工不受影响。

② 年度检查　年度检查是每年进行一次的、自上而下的、逐级开展的全面性的检查和评比活动，通常在年中或年末进行。它是积累机械技术状况动态数据和经营绩效资料的重要工作。通过检查发现问题，纠正问题，表彰先进和交流经验。

③ 定期检查　定期检查是一种按规定周期（一般每隔1～4年），在非施工期机械保修工作完成以后，分期、分批进行的机械检验和操作人员审查工作。其目的是使机械设备在下一个施工期开始之前，能够具有良好的技术状况，提高机械设备的完好率，保持与提高机械操作人员的技术素质。定期检查合格的机械，其技术状况原则上应达二类以上（含二类）水平。

（2）机械设备检查的主要内容

① 检查各级机管机构、人员配备、规章制度的建立与执行情况。

② 检查主要机械设备的使用、保养情况以及三率指标（完好率、利用率、效率）的完成情况。

③ 检查技术档案以及其他技术资料的管理和使用情况。

④ 检查经济核算建立、推广及实际效果。

⑤ 检查维修计划的执行、保养修理质量和配件管理情况。

⑥ 检查机械设备的挖潜、革新、改造情况。

⑦ 检查节约能源的措施、方法和效果。

（3）机械技术状况的分类和标准通过检查对机械的技术状况评定等级，标准如下。

① 一类机械　即完好机械。技术性能良好，消耗正常，各部机件完备，附件仪表齐全、完整，能随时出勤投入生产。

② 二类机械　即尚好机械。部分机件磨损达不到一类机械要求，但主要部分基本正常，能继续安全运行，附件仪表基本齐全。

③ 三类机械　即待修或在修机械。动力性能显著下降，超耗，不进行修理无法正常安全运行。

④ 四类机械　既待报废机械。损坏严重，已无法修复。

（4）机械设备大检查的组织实施机械设备技术状况大检查应与竞赛评比结合进行。施工队每半年进行一次，施工公司每年进行一次。每次检查应组织有经验的技术人员、操作人员和维修人员参加，明确检查部位，检查方法和评分标准，科学组织分工，最好是同一人员检查同一部位，还应做好记录和总结，对检查中发现的问题应立即采取措施，限期整改，以提高机械设备的完好率和利用率。

二、施工机械油料

施工机械使用的油料有：燃料油、润滑油、液体传动油、润滑脂和特种油液等。正确选用油的牌号对充分发挥施工机械的技术性能、减轻零部件的自然磨损、降低使用费用、提高经济效益有着十分重要的意义。

1. 燃料油

燃料油主要是柴油和汽油，公路施工机械主要使用柴油。柴油有重柴油与轻柴油之分。重柴油主要用于中、低速柴油机，轻柴油一般用于高速柴油机。轻柴油按其凝点分为10号、5号、0号、−10号、−20号、−35号和−50号七个牌号。

（1）柴油机对轻柴油的要求

① 燃烧性能　柴油的燃烧性能用十六烷值表示。十六烷值越高，燃烧性能越好，但如

果值过高则会使柴油机油耗明显增大。柴油机转速越高，要求柴油的燃烧时间越短，应使用十六烷值高的柴油，否则会使柴油的燃烧恶化或燃烧不完全。

② 供给和喷雾性能 供给和喷雾性能实际上是柴油的低温流动性和雾化性。它们直接影响着供油和喷雾的状况，而决定这个性质的主要因素是柴油的黏度（柴油的流动难易和稀稠程度）、浊点、凝点和冷滤点（三者反映柴油低温下的流动性能和过滤性能）。

③ 水分和机械杂质 水分和机械杂质也是评定柴油供给性能的指标。柴油中的水分在 0℃ 以下容易结冰或生成小颗粒的冰晶，会冻结油管或堵塞过滤口，造成供油中断或供油不畅。同时，杂质与柴油燃烧形成的氧化物生成硫酸，腐蚀机器。此外，还会加剧燃油系精密机件的磨损或引起卡塞，导致供油压力降低、雾化性能变坏或不能供油。在国家标准中，对油品生产所含的水分和机械杂质作了严格规定。

④ 腐蚀性 柴油中含有的硫分、碱分、水分、灰分和残炭等杂物，都会对发动机的零件产生腐蚀作用，其中以硫分影响最大。使用硫分较多的柴油，不但增加发动机的腐蚀，而且由于含硫油料燃烧后生成硬质积炭，还会增加机械磨损。

⑤ 柴油的闪点和燃点 闪点表示油料的蒸发倾向和安全性指标。燃点是油料蒸气与空气的混合气，在引火后能继续燃烧不熄火的最低温度。

（2）轻柴油的选用

① 原则上要求柴油的凝点应略低于当地最低气温，以保证在最低气温时不致凝结。

② 柴油使用前要进行沉淀和滤清。

③ 从 10 号开始，牌号越低适用的地区越寒冷。如 10 号适用于有预热设备的高速柴油机，－50 号适合于最低气温在 －44～－29℃ 的地区使用，或供高寒地区严冬使用。

2. 润滑油

① 发动机润滑油使用性能分类 柴油机油按质量等级分为 CA、CB、CD、CE、CF-4、CG-4 六级。越往后其质量越好，即具有更好的防积沉、抗腐蚀、抗磨损和低排放等性能。

② 内燃机油按黏度分类 冬用机油按 －18℃ 时的黏度分为 0W、5W、10W、15W、20W、25W（W 指低黏度），春季、夏季用机油按 100℃ 的黏度分为 20、30、40、50、60 五个等级。对 －18℃ 和 100℃ 所测的黏度值只能满足其中之一者，称为单级油；同时能满足两个温度下黏度要求的机油称为多级油。如 5W/20、10W/30、15W/30、20W/30 等，分母表示 100℃ 黏度等级，分子表示 －18℃ 低温黏度等级（以 W 表示）。

③ 内燃机油的选用

a. 选用的一般原则在保证液体润滑的条件下，尽量选用黏度小的润滑油，这样能减轻摩擦和磨损、节油、冷却和清洁作用好。

b. 柴油机油的选用

（a）按施工机械使用说明书提供的质量等级和黏度牌号选用柴油机油；

（b）根据施工机械负荷和使用条件选择柴油机油的质量等级（表 7-3）；

（c）根据气温选择柴油机油的黏度牌号，气温高时选黏度较小的机油；气温低时选黏度牌号中带有 "W" 字样的机油，"W" 前数字越小的机油具有更好的低温流动性。

表 7-3 国产柴油机油的质量等级表

质量等级	使用性能说明
CC	中等及重载荷柴油机使用。用于中等及苛刻条件下工作的非增压或低增压柴油机。该油在低增压柴油机中使用,有防止高温沉积的能力,可替代 CC 以下柴油机油
CD	重载荷柴油机使用。用于要求严格控制磨损和沉积物的高速大功率增压柴油机。具有防止轴承腐蚀、抗高温沉积等性能,广泛适用于燃用各种优质、劣质燃料的增压柴油机。油品符合 APICD 级油使用性能要求,可替代 CC 级柴油机油
CD-Ⅱ	重载荷二行程柴油机使用。用于要求严格控制磨损和沉积物的二行程柴油机上,油品符合 APICD-Ⅱ 和 CD 级油使用性能要求
CE	重载荷柴油机使用。用于增压重载荷柴油机的低速、高载荷和高速、高载荷工况下,油品符合 APICC、CD 级油使用性能要求
CF-4	用于 1990 年以后生产的苛刻条件柴油机,比 CE 级油有更好的改善油耗及活塞积物的性能,也可用于推荐用 CE 级油的柴油机,符合 APICF-4 级油使用性能要求

3. 车辆齿轮油

(1)车辆齿轮油的分类、牌号和规格

① 车辆齿轮油的分类　我国车辆齿轮油分为 CLC、CLD 和 CLE 三个使用级,分别相当于 GL-3(普通车辆齿轮油)、GI-4(中负荷车辆齿轮油)和 GL-5(重负荷车辆齿轮油)。

② 车辆齿轮油的牌号　我国车辆齿轮油分为 70W、75W、80W、85W、90W、140W 和 250W 七个黏度牌号。

③ 车辆齿轮油的规格　车辆齿轮油的规格由使用级和黏度牌号组成。

a. CLC 级普通车辆齿轮油适用于中速和负荷比较苛刻的变速齿轮箱和螺旋锥齿轮驱动桥。按黏度分为 80W/90、85W/90 和 90 三个牌号。

b. CLD 级中负荷车辆齿轮油适用于高速冲击负荷和低速高扭矩条件下操作的各种齿轮。按黏度分为 90、85W/90、140 和 85W/140 四个牌号。

c. CLE 级重负荷车辆齿轮油适用于高速冲击负荷和高速低扭矩、低速高扭矩条件下工作的齿轮,CLD 无法满足的、在苛刻条件下工作的双曲线齿轮,根据暂行技术要求,按黏度分为 75W、90、140、80W/90、85W/90 和 85W/140 六个牌号。

(2)选用原则

① 车辆齿轮油的选定需从质量等级和黏度牌号两方面考虑,缺一不可。

② 确定车辆齿轮油质量等级的最主要依据是车辆使用说明书,其次是依据有关用油手册进行查询。

③ 车辆齿轮油的黏度牌号选择主要是根据车辆使用地区的环境温度来确定。

(3)齿轮油质量等级和黏度牌号的选择分别见表 7-4 和表 7-5。

表 7-4 国产车辆齿轮油质量等级选择表

齿形齿廓	齿面载荷	车型及工况	国产油品质量等级	API 分类标准
双曲线	压力＜2000MPa,滑动速度 1.5～8.0m/s	一般	CLD	GL-4
双曲线	压力＜2000MPa,滑动速度 1.5～8.0m/s	拖挂车山区作业	CLE	GL-5
双曲线	压力＜2000MPa,滑动速度 1.5～8.0m/s,油温 120～130℃	不限	CLE	GL-5
螺旋锥齿	—	国产车	CLC	GL-3
螺旋锥齿	—	进口车或重型车	CLD	GL-4

表 7-5 几种黏度牌号的选择表

黏度牌号	使用环境温度/℃
75W	−40～20
85W/90	−30～40
85W/90	−16～40
90	−10～40
140	0～45

4. 液压油

液压油是液压系统传递动力的介质，也是相对运动零件的润滑剂，它除了传递动力外，还具有润滑、冷却、洗涤、密封和防锈等用途。液压油具有抗乳化性、消泡性、抗压缩性等使用性能。液压油分石油基液压油和难燃液压油两大类。石油基液压油可分为普通液压油、专用液压油、抗磨液压油和高黏度指数液压油等。

目前，工程机械的液压传动大多采用普通液压油和抗磨液压油。选用液压油时应考虑使用条件、油泵类型、液压机构的结构、工作压力、工作温度和气温等因素。

（1）普通液压油有 YA-N46、YA-N68、YA-N150 等牌号。适用于环境温度为 0～40℃ 的各类中高压系统，适用工作压力为 6.3～21MPa。

（2）抗磨液压油有 YB-N32、YB-N46、YB-N68 等牌号。适用于环境温度为 −10～40℃ 的高压系统，适用工作压力可大于 21MPa。

（3）抗凝液压油有 YC-N32、YC-N46、YC-N68 等牌号。适用于环境温度为 −20～40℃ 的各类高压系统。

（4）机械油有 HJ-10、HJ-30、HJ-40 等牌号。可用作液压系统的代用油，适用于工作压力小于 6.3MPa 的系统，适用的环境温度为 0～40℃。

5. 润滑脂

润滑脂是在润滑油中加入稠化剂、稳定剂等制成，按加入稠化剂的不同分为钙基、钠基、钙钠基、锂基以及二硫化铝润滑脂等。润滑脂常温下为黏稠的半固体，一般润滑油占 80%～85%，它的含量决定了润滑脂的润滑性。稠化剂是动植物油（如钙皂、钠皂等），它的作用是增加油的稠度。

（1）润滑脂的牌号

① 钙基润滑脂 钙基润滑脂按针入度分 1、2、3、4、5 五个牌号，号数越大针入度越小，脂质越硬，滴点越高。该脂具有良好的抗水性，遇水不易乳化变质，广泛应用于潮湿环境下工作或易与水接触的各机械零部件的润滑。

② 复合钙基润滑脂 复合钙基润滑脂按针入度分为 1、2、3、4 四个牌号。它具有良好的机械和胶体安定性，耐高温和极压性能好，有良好的抗水性，一般适用于较高温度范围和负荷较大以及经常在潮湿环境下工作的滚动轴承的润滑。

③ 钠基润滑脂 钠基润滑脂按针入度分为 2、3、4 三个牌号。它具有很强的耐热性，可以在 120℃ 高温条件下长时间使用，在熔化时不会降低其固有的润滑性能；已熔化的钠基润滑脂在冷却后能重新凝成胶状，搅拌后可继续使用；对金属的附着力强，可用于振动较大、温度较高的滚动或滑动轴承的润滑。

④ 钙钠基润滑脂 钙钠基润滑脂又称轴承润滑脂，按针入度分为 1、2 两个牌号。该脂

的特点介于钙基润滑脂和钠基润滑脂之间，其耐热性优于钙基润滑脂，而又不如钠基润滑脂；抗水性优于钠基润滑脂而又低于钙基润滑脂；具有良好的输送性和机械安定性，滴点在120℃左右，适用于工作温度在100℃以下易与水接触的条件下机件的润滑。

⑤ 锂基润滑脂　锂基润滑脂按针入度分为1、2、3三个牌号。其特点是滴点较高（不低于180℃），使用温度范围较广（－30～150℃），具有良好的耐低温性、抗水性以及机械和胶体安定性；使用周期长，可代替钙基润滑脂、钠基润滑脂和钙钠基润滑脂等，而且性能优于上述各种润滑脂，广泛应用于工程机械的各类轴承和摩擦交点处的润滑。

（2）润滑脂的选用　由于润滑脂的种类、牌号较多，而且性能也有较大的差异，所以选用润滑脂应根据工程机械各部件所处的环境温度、运动速度和承受负荷等因素综合考虑。

① 温度　若机件工作时温度过高或接近润滑脂的滴点，会导致润滑油基础油蒸发、流失严重而失去润滑性能；若环境温度过低，则润滑脂会失去流动性，使机件运动阻力增大，加速机件的磨损。选用润滑脂时，其滴点应高于最高工作温度30℃左右，凝点应低于最低环境温度10℃左右；冬季应选用针入度大的润滑脂，而夏季则相应降低一些。

② 黏度　润滑脂黏度会随剪切速度而改变，机件运转速度越高，润滑脂所承受的剪切力越大，有效黏度下降也越多。同时，转速越快，摩擦点的温升也越高。

③ 负荷　重负荷条件下（＞5×10^3 MPa）应选用稠化剂含量较高即针入度小的润滑脂，如果负荷过大则应选用加有极压添加剂的润滑脂，如锂钙基润滑脂、复合钙基润滑脂等；中小负荷条件下应选用中等黏度的矿物油作基础油，如钙钠基润滑脂、锂基润滑脂等。

④ 环境条件　若机械经常在潮湿、与水接触或污染严重的环境下工作时，应选用抗水性能好的润滑脂（如钙基润滑脂、锂基润滑脂等），以及加有防锈添加剂的润滑脂（如二硫化钼润滑脂等）。

第四节　施工机械维修管理

施工机械在使用过程中，由于工作负荷大、作业条件恶劣，各部件出现磨损、变形、蚀损、老化，甚至出现断裂等现象，会使机械经常出现故障，致使机械动力不足、经济性变差、利用率降低，严重时会使机械完全丧失工作能力。因此，要使机械经常处于良好的技术状况，确保公路工程施工、养护工作的正常进行，必须对公路工程机械进行必要地维护和修理。

一、施工机械故障类型与维修

1. 故障率

机械的故障率是指机械在单位作业时间内发生故障的次数。这一指标可以反映机械发生故障的频繁程度，也是评价机械可靠性的依据之一。正常机械故障的变化规律如图7-1所示。

图中的横坐标为机械的工作时间，纵坐标为机械发生故障的次数。由图7-1可见，机械故障变化规律分为三个阶段，即早期故障期，偶然故障期和晚期故障期。

（1）早期故障期　早期故障期是指新机械或大修后的机械在最早使用时期内故障的变化规律，如图7-1中曲线的 AB 段，这一时期相当于机械的磨合期。在磨合的初始阶段由于配合表面粗糙、材料缺陷、设计不合理、维修和制造工艺不合理等原因，故障率较高。随着磨合时间的延长，配合表面质量得到改善，有故障的部件得以更换，故障率逐渐降低。

（2）偶然故障期　偶然故障期是指机械经磨合后投入正常使用发生随机故障的时期，如图 7-1 中 BC 段曲线，这一时期相当于机械的使用寿命，故障的发生是随机的，即没有一种特定的、起主导作用的故障。偶然发生的故障往往是由于使用不当、操作疏忽、管理不善、润滑不良、维护欠佳以及材料缺陷、结构不合理、设计不周等原因所致。

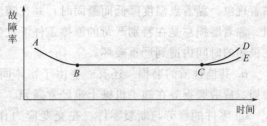

图 7-1　机械故障的变化规律

（3）晚期故障期　晚期故障期是指机械经长期使用后技术状况变坏时其故障的变化规律，如图 7-1 中 CD 段曲线所示，这一时期由于机械零件磨损、各处配合间隙增大、零件疲劳、材料老化等原因，随着使用时间的延长，故障率逐渐升高。根据机械故障变化的规律，使用、维护部门应把握时机，确定机械的使用极限点。在晚期故障期出现之前采取有效的维修措施，更换疲劳、老化、磨损的零件，使机械性能不致急剧恶化（如 CE 曲线段）。当机械确已达到使用极限，只靠维护已不能保证正常运行时，应及时进行大修，以使机械性能得以恢复。

2. 施工机械故障类型

机械技术状况变坏或丧失工作能力的现象叫机械故障。机械故障按其原因及性质不同可分为自然性故障和事故性故障两大类。自然性故障是指机械在使用中由于自然磨损、变形、老化、蚀损、疲劳等原因引起机械失去工作能力的现象；事故性故障是指机械由于意外事故而丧失工作能力的现象。施工机械发生故障后，其技术指标就会显著降低，如发动机功率下降，工作装置的工作能力降低，燃油及润滑油消耗量增加，以及主轴出现不正常的声响等。机械故障的表现形式多种多样，发生故障的原因也大不相同，但归根结底是机械零件失效。

① 零件的磨损　这是机械零件失效最普遍，也是最基本的形式。磨损性损伤主要是由于摩擦而引起的，凡是两互相接触或与外界其他物体相接触，而又具有相对运动的零件都会发生由于摩擦而引起的损坏。这是因为任何一个零件，不论采取何种精密程度的加工方法，都永远不可能得到一个理想的、平整的表面。那些直观看来已经十分完美的平滑表面，实际在加工表面上存在着无数细微的沟峰与沟谷。

机械加工表面微观接触情况零件的磨损，由于发生的机理不同，又可以分为四种类型。

a. 摩擦磨损是由于摩擦表面的微观凸凹不平，在相对运动过程中互相干涉而引起的。凸起部分互相碰撞，产生弹性、塑性变形，甚至直接被刮削、断裂而脱落，也可能由于多次重复变形而疲劳剥落，形成摩擦磨损。这种类型的磨损一般只引起尺寸、形状、体积等几何性质的变化。摩擦表面越粗糙，磨损也越严重。如果在摩擦表面之间存在着某种润滑物质，则可以大大减轻磨损的程度。

b. 磨料磨损　硬质颗粒进入摩擦表面所引起磨损称为磨料磨损。磨料磨损是机件失效的主要原因之一，磨料的来源可以是由于摩擦本身所产生的磨屑，也可能是来自周围环境中的砂土、尘埃以及油料在高温作用下形成的积炭等。施工机械大都工作在尘土飞扬的地方，工作对象以岩石或土壤为主，在尘土中所含有的石英细末硬度极高，是一般钢铁材料硬度的 2～4 倍。这些尘土一旦进入摩擦表面，会使磨料磨损的作用表现得十分强烈。

c. 黏着磨损　两个物体在载荷作用下作相对运动时，实际接触面积很小，应力很大，接触点产生塑性变形，使接触点处的温度升高。当温度升高到材料的熔化温度时，便产生了黏着现象。黏着点温度降低而凝固时，并在随后的相对运动中撕脱下来。这种现象叫黏着磨损。黏着磨损总是在特别严苛的摩擦条件下发生的，一旦发生、发展特别迅速，能使配合件在极短的时间内遭到严重破坏。

d. 其他性质的磨损　　还有一些由于物体间相对运动而引起的磨损，如腐蚀磨损、微动磨损、疲劳磨损等在施工机械上也经常遇到。

② 零件的疲劳与断裂零件　在交变应力作用下工作时间较长而出现裂纹、变形、折断等现象称为零件的疲劳损坏。疲劳断裂与静载荷下的断裂不同，其特点为破坏时的应力远低于材料的强度极限，甚至低于屈服极限。塑性材料和脆性材料零件在交变应力作用下的疲劳断裂，都不产生明显塑性变形，断裂是突然发生的，因此具有很大的危险性。

③ 热损伤　这种性质的损伤主要是零件在铸造焊接时，各部受力不均而引起的内应力，在使用中由于外界振动使内应力逐步释放而产生的变形或裂纹，最后导致零件损坏。

④ 零件的蚀损与老化　零件受周围介质作用而引起的损坏现象叫腐蚀。如化学腐蚀、电化学腐蚀。用塑料、尼龙、橡胶等合成材料制成的零件经过一段时间的使用后，其表面质量、强度、硬度等性能都发生了很大变化的现象叫零件的老化。它们的特点是发展进程较缓慢，而且对零件的磨损、零件的疲劳与断裂有诱发或促进作用。

以上不同类型的故障中，有的在零件制作中采取某种措施可以事先加以防止，也有的在设计过程中可以设法使其在正常情况下不致发生，但是摩擦磨损一般来说是无法绝对避免的，而且这种故障占有极大的比例。因此，机械设备的技术状况总是随着时间的延续而日趋恶化。但是，仅仅是零件部件的故障还不是维修的必要性的充分条件，因为如果组成整机的所有零件都具有相同的有效使用寿命，也不会产生维修的概念。之所以要维修是因为除了零件不可避免的磨耗外，同一台机械的零部件之间还有一个损耗的不均衡性问题。零件的损耗加上零部件之间损耗的不均衡性，才是维修概念产生的全部原因。

3. 现代维修的涵义

一般来说，现代维修的涵义至少应包括以下三个方面的内容。

（1）维修或恢复机械设备的设计性能，保持其良好的技术状况，提高设备的运行可靠性，保证生产的正常进行，此种维修又称"驱除维修"。

（2）实行改善维修，开展情报反馈工作。通过维修，不仅要消除故障或隐患，而且要进一步消除发生故障的原因，例如改进零件的材质、局部的结构等，同时，应积极开展情报反馈工作，力求在设计阶段从根本上提高设备的维修性，实施预防预修。

（3）维修工作讲求经济性。在保证设备性能的前提下，力求以最少的人力物力，取得最佳的经济效果。维修的经济性主要由以下内容组成。

① 维修的经济界限　在我国目前的情况下，维修的经济性主要是针对大修而言的，也就是设备大修经济界限的确定。

② 最佳维修工作量的确定　这是包括所有维修作业在内的，其目的是要求得到经济效果最好的预防维修工作量，避免过度维修。

③ 提高维修作业效率　指在具体的维修作业过程中以及在维修工作组织等方面，如何采用新技术、新方法、合理的劳动组织、科学的宏观维修体制等，达到减少浪费、节约费用、提高效率的目的。研究并实施如何使维修工作达到上述三个目标的一切活动及措施，总称为维修管理工作。其中经济性目标是维修管理的核心内容。

4. 机械维护与修理

当构成机械设备零件的不均衡损耗使机械的局部功能或整机功能失效时,为了消除这种不均衡的失效状况,甚至全面地恢复设备的整机功能而采取的一切活动称为维修,维修包括维护与修理。机械维护是一种延缓或避免机械发生故障的技术措施,是以清洁、紧固、润滑、调整、故障诊断与排除为主要内容的作业形式。机械维护及时、方法及内容适当,可以大大延长机械的使用寿命,提高机械的可靠性和利用率。机械修理是一种恢复机械性能的技术措施。机械经长期使用,各部件都会出现不同程度的自然故障,或由于事故性故障,机械的动力性、经济性、行驶安全性、工作可靠性等主要性能指标恶化,使机械部分或完全失去工作能力,且只靠维护性措施不能保证机械正常工作时,应对机械进行全面修理,以彻底恢复其工作性能。机械修理必须根据机件的工作特点及损坏情况和原因,按照一定的修理工艺,采取适当的修理方法,恢复到出厂时的技术标准。

5. 公路工程施工对机械维修的要求

公路工程的施工与养护受许多客观条件的制约,如季节性条件、气候条件、材料供应条件、机械设备条件等。机械设备的可靠性、完好率等因素对现代公路的施工进度、施工成本、施工质量影响极大。有时由于某一台关键机械突然出现故障,会使整个工程停工。因此,现代公路工程施工,特别是大规模的公路工程机械化施工对机械维修有特殊要求,以保证正常施工进度和施工质量,降低施工成本。

(1) 季节性要求　公路工程施工受季节性条件的限制。例如我国北方地区每年5月份以后才能铺筑路面,10月份就不再进行路面施工,否则会因气温过低而影响路面施工质量。我国南方地区在梅雨季节不仅不能进行路面施工,甚至路基施工也不能正常进行。这就要求在非施工季节维修机械设备,使其技术性能恢复到最佳状态,而在施工季节则要求机械设备时刻保持良好技术状况,否则将影响公路工程的正常施工。

(2) 及时性要求　在公路施工中,特别是大规模机械化施工中,个别机械出现故障会影响整个工程的正常流水作业。因此,正常施工的机械一旦出现故障,须在最短的时间内加以维护、修理,必要时要在夜间加班加点抢修机械设备,以保证正常的施工进度。

(3) 现场维修要求　公路施工机械,特别是履带式机械,自转移能力较差,出现故障时最好就地维修,否则转移运输时间过长,不仅对公路工程施工进度影响较大,而且增加费用。因此,每个施工现场应拥有一定数量的机械维修技术人员和技术全面的修理工,配备相应的工程修理车及机动性较好的维修设备,在施工现场维护、修理有故障的机械设备,为施工机械设备提供技术服务,保证机械的正常运行。

二、施工机械维护和修理制度

1. 机械维护制度

机械维护制度是根据统计资料及技术规范对机械维护周期和项目制定的需强制执行的技术性规定,以保证机械经常保持良好的技术状况。具体规定如下。

(1) 日常维护　在每一工班前后都要进行的维护措施叫日常维护。它的作业内容包括:

① 保证正常运转所必要的条件;

② 外部清洁;

③ 安全运转的检查;

④ 一般故障的排除。

(2) 定期维护　定期维护是指机械经过一定时间的运转后,停机进行清洗、检查、调整以及故障排除，和对某些零件进行修理和更换等。

定期维护根据作业内容的不同可分成三个等级。

① 一级维护以润滑、紧固为中心。主要作业内容是：检查、紧固机械外部螺纹件；按规定加注润滑脂，检查各总成内润滑油平面，并加添润滑油；清洗各种滤清器；排除所发现的故障。

② 二级维护以检查、调整为中心。主要作业内容是：除执行一级维护作业项目外，检查、调整发动机及电气设备；拆洗机油盘和机油滤清器；清洗柴油滤清器；检查调整转向、制动机构；拆洗前、后轮毂轴承，添加润滑脂（油）；拆检轮胎并进行换位。

③ 三级维护以总成解体清洗、检查、调整、换件为中心。主要作业内容是：拆检发动机，清除积炭、结胶及冷却系污垢；视需要对底盘各总成进行解体清洗、检查、调整，消除隐患；对机架、机身进行检查，视需要进行除锈、补漆。

（3）特殊维护

① 磨合期维护　翻新机械或经过大修的机械，在正式使用前和磨合期结束后都要进行维护。使用前的维护包括外部检查、清洁、润滑和充油、充水、充气、充电等。磨合期结束时，又要进行一次全面维护，内容包括解除最大供油的限制，清洗润滑系和更换发动机润滑系的润滑油，并对各连接部位进行一次全面检查与紧固。

② 换季维护　凡冬季最低气温在0℃以下的地区，在入夏和入冬前都要进行换季维护。其主要内容有：检查节温器，更换润滑油、燃油（柴油机），调整蓄电池电解液密度等。

③ 停驶维护　停用的机械每周外部清洁一次，每半月摇动发动机曲轴10转以上，每月将发动机发动一次。停用的机械应使弹簧钢板卸载，履带式机械应停放在枕木上或水泥地面上。

④ 封存维护　长期不用的机械在封存前应进行一次维护，其主要内容有：排除气缸中的废气，向每个气缸注入30～50L脱水机油，摇动曲轴数转，使机油均匀地涂在缸壁上；封闭通向外部的通道；清除锈蚀并对可能生锈部位涂抹防锈脂。封存机械每半年发动一次并重新封存。

2. 机械修理制度

我国现行的维修制度是计划预期检修制度，其实质是规定新机械或经过大修后的机械，使用到规定的大修间隔里程或工作时间后，通过技术鉴定确定机械送修或继续使用。凡准予继续使用的机械，应规定其继续使用里程或时间。当到达续驶里程，再进行技术鉴定，以确定其送修或使用。这样对机械在大修前进行技术摸底，有计划地安排机械大修，同时，由于定期进行技术鉴定，及时掌握机械的技术状况，预防机械出现事故性的损坏，因此称为计划预期检修制度。计划预期检修制度的另一目的是使机械得到充分利用，适时修理，既要防止应修不修致使各零件过度磨损，造成修理困难、成本增加，又要防止提前送修，造成浪费。机械预期检修制度包括机械大修、总成大修、零件修理。

（1）机械大修　机械大修是对部分或完全丧失工作能力的机械，通过技术鉴定后按需要、有计划地修理，以恢复机械的动力性、经济性、可靠性和原有装置，使机械的技术状况和使用性能达到规定技术要求的恢复性措施。

（2）总成大修　总成（由零件组装而成的具有一定的独立功能及完整性的组合件）大修是对部分或完全丧失工作能力的总成，经技术鉴定后按需要、有计划地修理，以恢复总成的动力性、经济性、可靠性和原有装置，使总成的技术状况和使用性能达到规定要求的恢复性措施。

（3）零件修理　零件修理是对不符合技术要求的零件采取适当的修复工艺，使零件的技术状况达到规定技术要求的恢复性措施。

3. 机械维修检验制度

（1）送修制度　公路工程施工的季节性要求很高，为了在非施工季节有计划地维修机械，必须根据本单位的实际情况编制年度计划，并同承修单位签订合同，作为全年送修的依据。由于情况的变化，计划内容不可避免地会有局部变更，一般可以在年度计划中调整。

（2）检验、交接制度

① 进厂检验　当机械达到规定的大修周期时，应对机械进行全面的技术检验。经检验确认技术状况较好，且可继续使用一个施工期，则可暂时不修。一个施工期结束后，应重新对机械进行检验。确认需要大修时，按机械送修合同送承修部门，并按照送修要求办理交接手续。

a. 除特殊原因外，送修的机械应在尚可运转的情况下入厂，各总成、附件应齐全；

b. 机械的技术文件（出厂说明书、机械履历书、运转记录）应随机入厂；

c. 认真填写进厂检验书，并由双方当事人签字。

② 过程检验　机械在维修过程中必须遵守自检、互检和抽检的原则。自检就是维修人员根据修理标准进行检验；互检就是相关工位的检验人员对上一工位修毕的机件或总成进行检验；抽检就是维修单位的专职检验人员对维修过的机件或总成进行抽样检查，确保维修质量。

③ 出厂检验　修竣的机械，必须进行出厂质量检验。经检验合格的机械应将修理情况及主要零、部件规格记入履历书中，连同其他技术文件进行交接，并填写交接单。修理质量不合格的机械一律不得出厂。出厂的机械要实行"保修制度"。使用中发现属于修理质量问题的，承修单位应负责返修，并应承担由于返修而消耗的一切费用（包括往返运输费用等）。

三、施工机械检修制度的实施

1. 技术维护计划的编制

技术维护应按照维护计划进行具体安排。一般情况下，由于维护工作量较少、时间较短，其费用直接摊入当日成本，通常都是按月编制，并作为施工生产作业计划的一个组成部分。在下达施工任务的同时，应一起下达主要施工设备的维护任务，这样做也有利于机械设备安排生产时间与保养时间。

2. 大修计划的编制

机械设备的大修理作业，由于工作量较大，停机时间较长，而且需要一定的组织准备及物质准备，所以要分别编制年度的控制性计划及季、月的实施计划。

（1）年度大修计划　年度机械设备大修计划是控制性计划，它的编制目的如下。

① 掌握施工企业年度机械设备的大修类别及台数，大致的进度（按季度）安排，为审定年度施工生产、机械使用计划提供依据。

② 统筹平衡全年检修力量，发现问题，及时研究解决办法，如组织外修或对外承揽修理任务。

③ 为编制年度配件供应计划提供依据。

④ 核定大修理费用。

编制大修计划的依据如下。

① 上年度的运转台时与修理类别。

② 日常掌握的机械设备的实际技术情况。

③ 年度施工生产计划中，机械使用计划内对机械设备的使用安排。

④ 机械设备的大修计划由公司一级编制，按规定期限报局。由局审查汇总后分送施工生产、财务、材料、配件等部门与大修厂。大修厂根据上级下达的年度修理计划，可以大体安排并平衡本厂全年的检修任务。

（2）季度大修计划　季度大修计划中，机械设备的送修时间已明确到季度，但由于施工及设备本身可能出现的某些变化，到时候该送的送不了，不该送的反而提前进厂，季度计划就是根据实际情况作最后的调整，所以，季度计划就是年度计划的季度落实。季度计划由公司一级编制，于季度前 15 日上报局并分送有关修理单位，作为机械设备送修的依据。

（3）月份大修计划　月份大修计划是实施性的作业计划，一般由修理厂编制。根据最后落实的季度计划编制出当月的实施性作业计划。各使用单位必须按照规定的日期保证机械设备按时送厂。月末后 5 日，大修厂应将月份计划完成情况填表报送上级主管部门。一般规定，季度计划的调整量不超过年度计划框限的 ±20%，否则，年度计划将失去其指导性或约束性意义。月份计划更要尽可能服从季度计划的安排，否则将打乱检修力量及配件供应的安排部署。此外，还要加强单位和单位之间的联系及配合，才能使计划得以顺利执行。由于计划的编制也需要消耗大量的人力和时间，而施工生产的特点又是变化多、变得快，所以目前有的单位有取消季度计划的倾向，而根据年度计划及实际情况直接安排月份计划，但总的检修工作量仍应在年度计划的季度框限之内。

3. 大修费用的结算

机械设备的修理费用由工时费、材料费和辅助材料费组成。

（1）工时费是按综合工时单位计算的，并包括动力费、车间经费及企业管理费等在内。

（2）材料费包括外购配件、自制配件、油料、燃料、涂料等。其中配件费在新机每一次大修时按定额乘 0.85，第三次大修时按定额乘 1.15。费用结算的具体办法应按本部门或本地区的技术经济定额及合同条款执行。

结算方式主要有如下两种。

① 按修理费用定额执行。

② 按预算核定修理费用，包括工时、配件、机械费等。实践证明，实行修理合同制、按台签订修理合同是一种较好的方法，可以避免许多不必要的争执和不良的后果。

小　　结

公路工程机械化施工与人力施工相比，具有其特殊性，能有效减轻劳动强度、提高工效、加快建设速度、保证工程质量、节约资金和降低成本。因而，在施工的技术、组织和管理上有更高的要求。本章在介绍施工设备管理的概念的基础上，详细介绍了施工设备固定资产管理、施工设备使用管理与维护等方面的内容。

思考与练习

1. 施工设备管理包括哪些方面的内容？
2. 什么是机械设备固定资产？其购置程序与验收内容有哪些？
3. 什么是三定制度？有哪些优点？
4. 现代维修的涵义有哪些？
5. 公路工程施工对机械维修的要求有哪些？

第八章　公路工程施工项目的材料管理

第一节　公路工程施工项目材料管理的任务

公路工程施工项目的材料管理指公路工程施工企业对施工过程中所需各种材料的采购、储备、保管、使用等一系列组织和管理工作的总称。公路工程材料管理也就是按照计划、组织、指挥、监督、协调等管理职能，依据一定的原则、程序和方法，搞好材料的平衡供应，高效、合理地组织材料的储存、使用，保证公路工程施工活动的顺利进行。

一、材料管理的内容

材料管理工作，主要是指在做好材料计划的基础上，搞好材料的供应、保管和使用的组织与管理工作。具体的讲，材料管理工作包括：材料计划的编制、材料采购、材料运输、材料定额的制定、材料的储备与验收、材料的保管与损耗、材料的发放、材料的统计等。

二、材料管理的任务

材料管理工作的任务，一方面既要保证生产的需要，另一方面又要采取有效措施降低材料的消耗，加速资金的周转，提高经济效果，其目的就是要用少量的资金取得最大的效果。具体要做到：

(1) 按期、按质、按量、适价、配套地供应施工生产所需的各种材料，保证生产正常进行；

(2) 经济合理地组织材料供应、减少储备、改进保管、降低消耗；

(3) 监督与促进材料的合理使用和节约使用。

三、材料管理的意义

施工生产的过程，同时也是材料消耗的过程，材料是生产要素中价值量最大的组成要素。因此，加强材料的管理是生产的客观要求。由于建筑生产的技术经济特点，使得建筑企业的材料供应管理工作具有一定的特殊性和复杂性，这表现为：供应的多样性、多变性，消耗的不均匀性，带来季节性储备和供应问题，并且要受运输方式和运输环节的影响与牵制。

加强材料管理是改善企业各项技术经济指标和提高经济效益的重要环节。材料管理水平的高低，会通过工作量、劳动生产率、工程质量、成本、流动资金占用的多少和周转速度等各项指标直接影响到企业的经济效益。因此，材料管理工作直接影响到企业的生产、技术、财务、劳动、运输等方面的活动；对企业完成生产任务，满足社会需要和增加利润起着重要作用。

第二节　公路工程施工项目材料计划管理

材料计划在广义上是指在材料流通过程中所编制的各种宏观和微观计划的总称。具体地说，材料计划是指从查明材料的需要和资源开始，经过对材料的供需综合平衡所编制的各种计划。

材料计划管理是企业组织施工生产的必要保证条件，是企业全面计划管理的重要组成部分，也是企业保证供应、降低成本、减少浪费、加速资金周转的主要因素。其中，材料需用量计划是编制材料供应计划的基础。材料需用量计划的准确与否，决定了材料供应计划保证供应的程度。

一、材料计划管理任务

材料计划管理为实现企业施工生产目标做好物质准备，为施工过程做好平衡协调工作，采取措施，促进材料的合理使用，建立健全材料计划管理制度。

（1）根据建筑施工生产经营对材料的需求，核实材料用量，了解企业内外资源情况，做好综合平衡，正确编制材料计划，保证按期、按质、按量、配套组织供应。

（2）贯彻节约原则，有效利用材料资源，减少库存积压和各种浪费现象，组织合理运输，加速材料周转，发挥现有材料的经济利益。

（3）经常监察材料计划的执行情况，及时采取措施调整计划，发挥计划的组织、调节作用。

（4）了解并核实实际供应和消耗情况，积累定额资料，总结经验教训，不断提高材料计划管理水平。

在编制和执行材料计划管理的过程中，要注意以下几点：

（1）认真编制各项材料计划，保持材料计划的准确性；

（2）对建筑施工、材料供应工作的复杂性，应有足够的认识；

（3）保持材料计划的严肃性。

二、材料计划管理的内容

1. 编制材料计划的原则和要求

（1）依据施工生产的实际情况认真严肃地编制，做到经济合理，切实可行；

（2）坚持勤俭节约和先利用库存，后订货、采购的原则；

（3）各部门对计划严格审核。

2. 材料计划管理的内容

（1）材料需用量计划　材料需用量计划是指完成计划期内工程任务所必需的物资用量，它是材料供应计划、材料采购计划的基础。

（2）材料供应计划　材料供应计划是企业物资部门根据材料需要计划而编制的计划，也是进行材料供应的依据。材料供应计划按保证时间分为年度、季度和月度供应计划。物资供应量＝需要量－库存量＋储备量。

（3）材料采购计划　材料采购计划是物资部门根据批准的材料供应计划，分期分批编制，采购人员据以采购材料的计划，是保证材料供应的主要措施。

（4）材料用款计划　材料用款计划为尽可能少的占用资金、合理使用有限的备料资金，而制订的材料用款计划，资金是材料物资供应的保证。对施工企业来说，备料资金是有限的，如何合理地使用有限资金，既保证施工的材料供应，又少占用资金，应是企业材料部门努力追求的目标。根据采购计划编制材料用款计划，把备料控制在资金能承受的范围内。急用先备、快用多备、迅速周转，是编制物资用款计划的主要思路。

（5）材料计划的调整　由于施工生产任务的增减或变更设计，相应地会出现材料需用量的增减以及品种规格的变化，材料部门应根据变更后的材料需用量计划及时编制材料调整计划。

（6）材料计划的及时性　材料计划的及时性是材料部门保证供应、降低进料成本的先决条件。

（7）材料计划的执行与检查　材料计划确定后必须严格执行，不得任意变更，要定期检查分析执行情况，解决存在的问题。

第三节　公路工程施工项目材料采购管理

公路工程材料采购管理是指为了达成生产或销售计划，从适当的供应商那里，在确保质量的前提下，在适当的时间，以适当的价格，购入适当数量的商品所采取的一系列管理活动。

一、材料采购任务

材料采购的任务，概括起来就是保证供应，降低采购成本。

（1）按照企业材料供应计划，结合施工生产的要求，适时、合理、齐备地采购各种材料，保证施工生产的需要。既要保证供应，防止脱节，又要减少库存，防止积压。

（2）采购材料的规格、性能、质量，要符合设计及工艺要求。既要保证质量，又不能高于或低于设计要求。

（3）择优选购，实行"三比"，即比质量、比价格、比运费，以最优价格，买到符合要求的材料，以降低材料成本。

（4）就近采购，合理运输，力求缩短采购时间及运输距离，以节约流通费用。

（5）掌握市场信息，广辟货源，多开渠道，不断发现和慎重选择新材料和代用材料，以保证供应。

（6）做好供货合同的签订，加强提货验收及货款结算等业务工作，保证内外各环节协调一致，顺利完成采购任务。

二、材料采购原则

采购时如何做到货比三家、物美价廉，这直接关系到企业的产量、质量、成本、资金和交货期等方面的问题。

1. 在材料采购过程中采用信息管理技术和手段

企业应建立能采集所有有关信息处理源的高效网络和相应服务机构，使企业可及时获得物流信息，并根据所获信息和企业相应策略制度拟定采购方案。此类技术的应用将会给企业带来很大的效益。

2. 应用价值分析

价值分析应用于材料采购，称为采购原理。在企业中对材料管理必须进行功能和成本两方面分析研究，谋求功能和成本的最佳组合。价格和费用的高低是选择供货单位的一个重要标准，价格和费用的高低决定着材料的采购成本，对企业经济效益有着一定的影响。但是价格和费用不是选择供货单位的唯一标准。比如，产品质量低劣、交货迟缓，也会影响生产任务的完成。材料采购的具体方法如下。

（1）对材料提出具体功能要求，并分析每项材料是否绝对必要。无用、重复、过剩功能可以取消。

（2）在保证必要功能和技术要求允许的前提下，可建议有关部门选取资源充裕、价格便宜的材料代用。

（3）了解市场有无新品种材料可采用，以降低成本。

（4）分析用料品种、规格能否简化，特殊规格的能否改用通用件或标准件。

（5）充分了解有无要价更优惠的供货厂商。

（6）分析材料的功能成本是否相当，即选择能够保证材料质量的供货单位。质量是企业的命脉，但并不是说，材料的质量越高越好。根据价值工程原理，质量只要符合产品的功能要求即可。

3. 及时进行采购绩效评价

采购绩效评价是指建立一定的评价指标体系，用以全面反映和检查采购部门的工作效率、效益。其原则和方法是：每个企业应根据本企业特点，制定评价指标体系；计算口径指标应尽量细化；为进行绩效评价所花费的费用应与其所能取得效益相当；原始数据必须可靠；已采用的采购绩效指标应随情况变更而调整。以上几个方面内容即是在现代企业中进行材料管理的原则和方法。

4. 加强物资采购管理

努力降低采购成本物资采购是材料管理的第一关，也是材料管理的重要环节。物资采购管理要从材料计划、采购、验收、发放等每一个环节入手。首先，采购前要编制详细的物资采购计划，要根据生产的实际情况采购材料，认真核实库存，力求准确、合理，做到不积压、不浪费，严禁无计划采购。物资采购要坚持统一计划、统一采购的原则，避免多家采购。采购中要做到货比三家，力争质优价廉，严禁采购质次价高的物资。其次，严把物资的验收入库和发放关，努力降低采购成本，减少材料费支出。

三、材料采购管理内容

1. 确定采购计划

企业或项目部依据项目合同、设计文件、项目管理实施规划和有关采购管理制度编制采购计划。采购计划包括采购工作范围、内容及管理要求；采购信息，包括产品或服务的数量、技术标准和质量要求；检验方式和标准；供应方资质审查要求；采购控制目标及措施。

2. 市场调研、合理选择

（1）审核查验材料生产经营单位的各类生产经营手续是否完备齐全；

（2）实地考察企业的生产规模、诚信观念、销售业绩、售后服务等情况；

（3）重点考察企业的质量控制体系是否具有国家及行业的产品质量认证，以及材料质量在同类产品中的地位；

（4）从建筑业界同行中了解，获得更准确、更细致、更全面的信息；

（5）组织对采购报价进行有关技术和商务的综合评审，并制定选择、评审和重新评审的准则。

3. 材料价格的控制

对材料的采购价格进行控制。企业应通过市场调研或者通过咨询机构，了解材料的市场价格，在保证质量的前提下，货比三家，选择较低的材料采购价格。对材料采购时的运费进行控制。要合理地组织运输，材料采购进行价格比较时要把运输费用考虑在内。在材料价格相同时，就近购料，选用最经济的运输方法，以降低运输成本。要合理地确定进货的批次和批量，还要考虑资金的时间价值，确定经济批量。

4. 材料的进场检验

建筑材料验收入库时必须向供应商索要国家规定的有关质量合格及生产许可证明。项目采用的设备、材料应经检验合格，并符合设计及相应现行标准要求。材料检验单位必须具备相应的检测条件和能力，经省级以上质量技术监督部门或者其授权的部门考核合格后，方可承担检验工作。采购产品在检验、运输、移交和保管等过程中，应按照职业健康安全和环境管理要求，避免对职业健康安全、环境造成影响。

第四节 公路工程施工项目材料运输管理

材料运输是材料供应工作的重要环节，是企业经营管理的重要组成部分，是生产供应与消费的桥梁。组织好材料运输是保证材料供应，促进施工生产顺利进行的必要条件。加强材料运输管理，是改善企业经营管理，提高经济效益的重要途径。加强运输管理，节约社会运力，缩短流通时间。

一、材料运输任务

材料运输管理的基本任务是根据经济规律和合理运输材料的基本原则，通过计划、组织、指挥、监督和调节材料运输过程，争取以较短的里程、较低的费用、较短的时间，采用安全的措施完成材料在空间的转移，保证工程的需要。为实现这个任务，必须做到以下几点。

（1）按照及时、准确、安全、经济的原则组织运输。

（2）加强材料运输的计划管理，做好货源、流向、运输路线、现场公路、堆放场地等的调查和布置工作。

（3）建立和健全以岗位责任制为中心的运输管理制度，明确运输工作人员的职责范围，加强经济核算，不断提高材料运输管理水平。

二、材料运输方式

按照运输工具划分，现代运输方式有铁路运输、公路运输、水上运输、航空运输和管道运输等。

（1）公路运输 公路运输机动灵活、简捷方便、应急性强、投资少、收效快。但载重量小，车辆运行时震动较大，易造成货损事故，费用成本较海运和铁路运输为高。

（2）铁路运输 铁路运输运行速度快、载运量较大、受气候影响小、准确性和连续性强、运输时间短。但由于物流成本一直居高不下，所以与海运相比较，全铁路运输的费用还是有一点高。

（3）水上运输 水上运输通过能力大、运输量大、运费低廉、对货物的适应性强。但运输时间长，受天气的影响大，无法承运到内陆国家和地区。

（4）航空运输 航空运输运输时间短，适合货量较少，且要求时间紧的货物。但价格太过昂贵，大大增加了成本。

（5）管道运输 运输速度快、损耗小、费用低、效率高，适用于输送各种液体、气体及粉状、粒状材料。

第五节 公路工程施工项目材料消耗定额

材料消耗定额是指在一定条件下生产单位产品或完成单位工程量，合理消耗材料的数量标准。包括材料的使用量和必要的工艺性损耗及废料数量。

材料消耗定额是正确计算各类材料需要量、储备量、申请量、采购量，从而编制出准确的材料供应计划的重要依据；是有效组织定额发料，科学地组织材料供应管理的重要基础；是监督材料有效利用的工作标准，也是制定材料储备定额和防备资金定额、计算产品成本、开展经济核算的尺度。先进合理的材料消耗定额不但能促进生产技术经营管理以及工人操作技能的提高，而且也是开展增产节约和劳动竞赛的有力工具。

一、材料消耗定额的构成

定额材料消耗量，既包括构成产品实体净用的材料数量，又包括施工场内运输及操作过程不可避免的损耗量。

即：总消耗量＝净用量＋损耗量

另外，损耗率＝损耗量/总消耗量×100％

则，总消耗量＝净用量/（1－损耗率）

为了简化计算，采用如下公式：

损耗率＝损耗量/净用量×100％

总消耗量＝净用量×（1＋损耗率）

所以，制定材料消耗定额，关键是确定净用量和损耗率。

二、材料消耗定额的制定内容

制定材料消耗定额的内容，主要是定质和定量两个方面。

定质指对工程或产品所需要的材料品种、规格、质量作正确的选定，使它达到技术上可靠、经济上合理、供应上可能。具体要求是：品种、规格、质量符合设计要求；要有良好的工艺性，便于操作，以保证工程质量和提高工效；采用通用、标准产品，尽量避免稀缺、昂贵材料，使经济上合理，降低成本，要结合地区资源条件，保证供应上可能。

定量的关键在损耗。由于消耗定额中的净用量，一般视为是不变的量，定额的先进性和合理性主要表现在对损耗量的测算上。所以正确测算损耗量的大小，是制定材料消耗定额的关键。

三、材料消耗定额的制定方法

根据材料使用次数的不同，建筑安装材料分为非周转性材料和周转性材料。非周转性材料也称为直接性材料。它是指施工中一次性消耗并直接构成工程实体的材料，如砖、瓦、灰、砂、石、钢筋、水泥、工程用木材等。周转性材料是指在施工过程中能多次使用，反复周转但并不构成工程实体的工具性材料。如模板、活动支架、脚手架、支撑、挡土板等。

1. 直接性材料消耗定额的制定

常用的制定方法有：观测法、试验法、统计法和计算法。

（1）观测法　观测法是对施工过程中实际完成产品的数量进行现场观察、测定，再通过分析整理和计算确定建筑材料消耗定额的一种方法。这种方法最适宜制定材料的损耗定额。因为只有通过现场观察、测定，才能正确区别哪些属于不可避免的损耗，哪些属于可以避免的损耗。

用观测法制定材料的消耗定额时，所选用的观测对象应符合下列要求：

① 建筑物应具有代表性；

② 施工方法符合操作规范的要求；

③ 建筑材料的品种、规格、质量符合技术、设计的要求；

④ 被观测对象在节约材料和保证产品质量等方面有较好的成绩。

（2）试验法　试验法是通过专门的仪器和设备在试验室内确定材料消耗定额的一种方法。这种方法适用于能在试验室条件下进行测定的塑性材料和液体材料（如混凝土、砂浆、沥青玛碲脂、涂料及防腐剂等）。

（3）统计法　统计法是指在施工过程中，对分部分项工程所拨发的各种材料数量、完成的产品数量和竣工后的材料剩余数量，进行统计、分析、计算，来确定材料消耗定额的方法。这种方法简便易行，不需组织专人观测和试验。但应注意统计资料的真实性和系统性，要有准确的领退料统计数字和完成工程量的统计资料。统计对象也应加以认真选择，并注意和其他方法结合使用，以提高所拟定额的准确程度。

（4）计算法　计算法是根据施工图纸和其他技术资料，用理论公式计算出产品的材料净用量，从而制定出材料的消耗定额。这种方法主要适用于块状、板状和卷筒状产品（如砖、钢材、玻璃、油毡等）的材料消耗定额。

2. 周转性材料

周转材料的消耗定额，应该按照多次使用，分次摊销的方法确定。

摊销量是指周转材料使用一次在单位产品上的消耗量，即应分摊到每一单位分项工程或结构构件上的周转材料消耗量。周转性材料消耗定额一般与下面四个因素有关。

（1）一次使用量　第一次投入使用时的材料数量。根据构件施工图与施工验收规范计算。一次使用量供建设单位和施工单位申请备料和编制施工作业计划使用。

（2）损耗率　在第二次和以后各次周转中，每周转一次因损坏不能复用，必须另作补充的数量占一次使用量的百分比，又称平均每次周转补损率。用统计法和观测法来确定。

（3）周转次数　按施工情况和过去经验确定。

（4）回收量　平均每周转一次可以回收材料的数量，这部分数量应从摊销量中扣除。

第六节　公路工程施工项目材料储备与验收

一、材料储备

材料储备是为了保证施工生产正常进行而作的材料准备。材料离开生产过程进入再生产消耗过程前，以在途、在库、待验、再加工等形态停留在流通领域和生产领域，这就形成了材料贮备。材料贮备可分为经常贮备、保险贮备和季节贮备。

材料储存是材料管理的中间环节，对实物管理起着至关重要的作用。储存环节一旦管理混乱、把关不严，将导致整个材料管理的混乱。这个环节容易出现的问题主要有以下几个方面：

（1）疏于防火、防盗、防潮等安全措施；

（2）库房材料摆放零乱，无标明品名、厂家、生产日期、型号、规格等的标示卡片；

（3）没有登记材料收、发、存台账，无月度、季度材料收支动态表。

二、材料验收

材料的验收工作是管好材料的关键。材料采购回来后，必须进行验收方能入库，严禁不经验收就直接入库。

1. 材料验收坚持职务分离

材料入库必须坚持职务分离，包括：项目领导亲属回避物资采购；计划提出人、验收人同采购人分离；采购、贮存以及使用人与账务记录人员分离；质检与验收人员、采购人员分离；付款审批人同付款人、付款执行人分离；付款执行人同记账人员分离；其次，验收过程中应当有第三人在场并签字；特殊的需经过监理及甲方认可的材料，应当邀请他们共同签收。

2. 材料验收检查内容

材料验收应以合同为依据，材料验收检查内容包括：产品的名称、规格、型号、数量、外观质量、产品出厂合格证、准用证、价格、日期等。其中主要是材料数量和质量要符合定货单、发票和合同的规定。材料的数量验收，在通常情况下应进行全数检查；对数量较大而协作关系稳定、证件齐全、运输良好、包装完整者可采用抽检；从国外进口的材料，要从严从细进行全数检查；材料的质量检验有三种情况：第一，从外形可判断其质量合格者，可由保管员进行检验；第二，需要进行技术检验才能确定其质量的，要由专门技术检验部门或专职人员进行抽检；第三，凡需进行物理化学试验的，应由专门技术检验部门抽检。只有当单据、数量和质量验收无误，才能办理入库、登账、立卡等手续，并将入库通知单连同发票、运单等一同送交财会部门。如发现品种、规格、数量、质量、单据不合规定，应查明原因，报告主管部门，及时处理。数量不足的，必须核实补足；质量不合格的要及时退货，由此而产生的费用应由卖方承担。若无法如期补、退，应一方面采取补救措施，一方面交涉索赔事宜。为了提高验收效率，要经常掌握到货情况，做好各项准备工作，及时组织力量进行验收。

第七节　公路工程施工项目材料的保管与损耗

材料验收入库到发出使用前，有一段时间需要仓库妥善保管。材料保管维护的基本要求是合理存放，妥善维护，加强账、卡、物管理，达到节省库存容量，出库和领用方便，节省人力消耗，减少库存损耗。

材料在保管过程中，应设专门库房，妥善存放；标示清楚，分类存放。应按不同的材质、规格、性能和形状等实行科学合理的摆放和码垛，使摆放整齐，标志鲜明，便于存放取送和查验盘点，有利于充分利用仓库空间和降低保管费用。"五五摆放"、"四号定位"是一种合理的存放方法。"五五摆放"就是根据各种材料的特性和形状，做到"五五成行，五五成方，五五成串，五五成包，五五成堆，五五成层"地摆放，便于过目成数，便于盘点和取送发放。"四号定位"就是按库号、架号、层号、位号对材料实行统一编号，便于迅速查账和发料。此外，对于危险品如炸药、雷管、毒品和特殊贵重物资要隔离存放，专库专柜存放。

材料在仓库储存过程中，为了保证仓库安全和材料不致变质，应按性能分门别类、按类分库，采取不同措施，进行维护保养，做好防锈、防腐、防潮、防水、防爆、防变质、防老化等工作，尽可能减少库存损耗。为了防火、防盗，仓库要建立必要的安全管理制度，并由专职人员严格执行。

第八节　公路工程施工项目材料的发放

材料发放的基本要求是：按质、按量、齐备、准时、有计划地发放材料，确保生产的需要，严格出库手续，防止不合理的领用，促进材料的节约和合理使用。材料发放必须有发放凭证，无单不发货。发放凭证是材料部门的供料凭证，也是单位之间结算的凭证。发放材料一般应以急用先发，先进先出、推陈储新为原则。

现场送料就是根据单位工程材料计划或限额发料计划，以及施工进度，由仓库有计划的备料，并直接送到施工现场。其做法有以下几种。

（1）大配套送料 是指工程所需的大宗材料，如砖、瓦、砂石、灰、钢筋等，按单位材料计划统一提前备料，直接送到现场。

（2）小配套送料 指工程所需的一般材料，如电料、仪表、化工、涂料、工具、劳保用品等，根据供应计划，结合施工进度，分别配套送到队组。

（3）限额送料 根据队组限额领料单上所需的材料，由材料部门组织送货到现场。

（4）急料专送 根据施工中的急需或查漏补缺，通过材料平衡调度，指定时间专料专送。

实行现场送料的好处是：一方面可以严格材料消耗定额的执行，控制材料的节约使用，保证施工生产的需要；另一方面便于材料管理人员深入现场，掌握材料使用情况，实行监督，同时也有利于主动调剂余缺，加强材料的计划性和预见性。

第九节 公路工程施工项目材料的统计

一、材料统计的任务

（1）准确及时、全面系统地收集整理和分析有关统计资料，并按规定编制各种统计报表。

（2）及时统计材料收入量，为制订与检查材料供应计划和研究材料分配提供信息，反映材料供应时间、品种、数量、质量、规格的配套情况，对工程任务的保证程度；统计材料消耗量，研究消耗水平，为合理使用材料，降低消耗量和编制材料消耗定额提供依据；统计材料库存量，为研究材料储备量的合理程度，为编制供应计划，合理调剂余缺，改进材料储备定额，加速资金周转提供依据。

（3）给企业领导提供材料统计资料，为企业经营决策，施工任务安排，增强竞争能力，加强企业管理提供依据。

（4）为群众参加企业管理，开展增产节约与劳动竞赛服务，例如采用公布有关统计资料等群众喜闻乐见的各种形式，促进增产节约持续开展。

（5）管理本单位统计报表，建立健全统计台账制度，并会同有关部门或人员建立健全原始记录制度，组织收集、整理、分析报表，妥善将各种统计资料归档保存。

二、材料统计分析的基本方法

材料统计分析的基本方法，一般采用对比分析法（相对指标）和平均分析法（平均指标）两种。

1. 对比分析法

对比分析法是为了对两个有联系的经济现象之间的数量关系进行对比，表明相互之间的比例关系。但必须是同类的，相互有联系的，时间、单位和计算方法是一致的，才有可比性，比出来的结果才是合理的。

（1）计划完成程度分析　　计划完成程度指标。它表现为实际完成数与计划任务数之比，以百分数表示。

（2）结构对比分析　　结构对比是被研究现象的分量指标对总量指标之比，即部分与总量之比，以百分比表示。分析各部分指标在总量指标中所占的比重，以观察内部结构情况。

（3）动态对比分析　　动态对比指标是某一现象在不同时间上的同一指标对比的比值，用以观察其发展变化的水平和速度。一般是将同一指标的报告期（计算期，比较期）水平与用来作为对比基础的那个时期（简称基期）的水平对比。

（4）同类对比分析　　同类对比指标是指同一时间的同类现象，在不同地区、不同单位、不同部门或个人之间的指标之比。

（5）强度对比分析　　强度对比是两个性质不同又有联系的指标对比的比值。它用来表明现象的强度（密度、普遍程度）。

2. 平均分析法

平均指标是反映事物一般水平的重要指标。它表明同质总体某一标志在一定条件下的一般水平。例如某施工队在一定时期的材料消耗定额水平，显然不能用个人或个别班组的材料消耗水平作为代表定额水平，因为个别班组或个人受劳动组合、体质状况、技术等级、材料供应条件、工艺和管理水平等多种因素影响而各不相同。只有将各班组在一定时期完成同质工作量之和及相应消耗材料之和加以计算，得出每一单位工作量所消耗材料的平均数，才能反映出材料消耗的一般水平。这样把个人或班组之间的差异加以科学地抽象，而将各班组中的共同性显示出来。只有平均指标才具代表性，也是相对指标所不能反映出来的。

平均指标还对空间上的差异、时间上的变化进行比较，说明现象的发展过程和趋势，以及分析现象间的依存关系。如各队之间材料平均消耗的差异，上年与本年消耗水平的变化等。平均指标常用的有算术平均数和加权算术平均数。

小　　结

本章首先介绍了材料管理的内容、任务及意义，然后根据公路工程材料管理的工作顺序就材料计划管理、采购管理、运输管理、储备与验收、保管、发放、统计等逐一作了详细说明。

思考与练习

1. 简述材料管理的内容包括哪些？
2. 简述材料采购管理的内容。
3. 材料运输方式有哪些？
4. 材料消耗定额的概念是什么？简述材料消耗定额的制定方法。
5. 简述材料保管的基本要求及材料存放的方法。
6. 简述材料发放的基本要求。
7. 简述材料统计分析的基本方法。

第九章　公路工程施工项目的成本管理

第一节　施工项目成本管理概述

一、施工项目成本的概念、构成及形式

1. 施工项目成本的概念

施工项目成本是建筑企业的产品成本，指在建设工程项目的施工过程中，发生的全部生产费用的总和，包括所耗费的生产资料转移价值的货币形式，即消耗原材料、建筑构配件、辅助材料、周转材料的摊销费或租赁费，所使用施工机械的台班费或租赁费等；还包括劳动者的必要劳动所创造价值的货币形式，即给生产工人支付的工资、奖金、工资性质的津贴、福利，以及进行项目施工组织与管理产生的全部费用支出等。由直接成本和间接成本所组成，施工项目成本不包括不在施工项目价值范围内的非生产性支出以及劳动者为社会所创造的价值。

施工项目成本也称工程成本，其成本核算对象一般为项目的单位工程，施工项目成本通过各个单位工程的成本核算综合反映得到。

2. 施工项目成本的主要构成

按生产费用计入产品成本的方法分为两种形式，包括直接成本和间接成本。其中直接成本是指直接消耗用于并能直接计入工程对象的费用，包括人工费、材料费、机械使用费和其他直接费；间接成本指进行工程施工必须发生的但不直接用于也无法直接计入工程对象的成本费用，是施工单位在进行施工准备、组织及管理过程中所发生的各项支出，包括管理人员的人工费、劳动保护费、职工福利费、办公费、差旅费等，计算方法通常是按照直接成本的比例来计算。

3. 施工项目成本的主要形式

按照项目的进展和成本发生的时间及成本管理需要，可以分为承包成本、计划成本和实际成本三类。

（1）承包成本也称预测成本，它是根据施工图，依据国家规定的相关定额、工程量的计算规则以及各地区的有关规定（市场价格、劳务价格、价差系数等），并按相关取费费率进行计算得到。承包成本是反映了企业竞争的成本，它不仅是确定工程造价的基础，而且是编制计划成本、评价实际成本的主要依据。

（2）计划成本是指在实际成本发生前，根据有关资料预先计算的成本，计划成本是反映企业在计划期内应达到的成本水平，它对建立和健全施工项目成本管理责任制，提高项目经理部的经济核算，降低、控制施工项目成本及施工产生的费用，起到非常重要的作用。

（3）实际成本是在报告期内施工项目实际产生各项费用的总和。计划成本的测算和实际成本的管理受企业经营管理者的能力、职工的素质和技术水平及项目本身的施工条件的影响，并反映施工企业的成本管理水平。

二、施工项目成本管理系统

施工项目成本管理是贯穿项目整个生产经营活动而发生的一个动态过程，从而在合理的消耗下完成施工企业经营目标和合同的过程，是施工企业成本管理的重点。工程项目成本管理是指项目自开工至竣工的成本全过程管理。包括成本预测、成本计划、成本控制、成本分析、成本核算和成本考核等一系列管理过程。

1. 成本预测

施工成本预测就是根据此项目具体情况及现有成本信息，科学有效的预测未来成本及其发展趋势，其实质是在项目开工前对成本进行估算。项目经理部在满足施工单位与业主要求的前提下，通过事先分析，对成本进行成本预测，并选择低成本、效益好的最优方案，特别在薄弱环节上要加强成本控制，以求提高预见性，减少决策的失误。如：对投标时的利润预测、人工费用及材料费用的预测以及方案变化时的预测等进行准确的预测，才能更好地保证工程成本最低，减少不必要的损失。

2. 成本计划

成本计划是由项目经理部编制并实施的计划方案。一个施工项目成本计划应该包括从项目开工到项目竣工能够发生的所有施工成本，比如项目在计划期内的成本水平、生产费用、为降低成本所采取的方案等，它是开展成本控制和核算的基础，是降低该项目成本的指导文件，是建立项目成本管理责任制的保障，更是设立目标成本的依据。

3. 成本控制

成本控制可以分为事前控制、事中控制和事后控制三类。成本控制是指在施工过程中，采用各种有效措施，严格控制施工中实际发生的人工、机械、材料的各项支出与消耗，降低工程成本，达到预期的项目成本目标所采取的一系列活动。为减少成本损失，项目成本控制应强调事先控制和主动控制，因此要求项目经理部必须明确各级管理人员及员工的权限与责任，对影响项目进展的各种因素加强管理，对施工过程中的各项开支进行监督管理，及时预防，随时提出意见和建议，发现问题纠正偏差，从而把计划成本控制在预定计划之内，达到企业经营效益的目标。如针对工程材料费就应该通过材料总量、材料分阶段用量和材料的购置计划进行事前控制，避免材料费用的浪费。

施工成本控制是施工企业进行成本管理的重要环节，应贯穿于从项目开标到项目竣工验收的整个施工工程。

4. 成本分析

成本分析是基于项目成本进行的一种比较与总结的工作，成本分析作用于整个项目成本管理阶段，是利用项目成本核算及成本计划、预测等相关资料，分析了解成本水平与构成的变动情况，系统分析成本变动原因及经济指标对成本的影响，寻找降低成本的有效途径和方法，做到有效地进行成本管理。

成本分析可以采用因素分析法、比较法、比率法、差额计算法等计算方法。影响施工项目成本变动主要由内部因素及外部因素两方面构成，其中内部因素属于企业自身经营管理的因素，外部因素主要是来自市场经济的因素，在进行成本分析时，应把分析重点放在直接影响施工项目成本的内因上，例如：设计图是否变更过多，投资和计划阶段是否有足够的专业投资人员参与控制等都是要着重进行考虑分析的因素。

5. 成本核算

成本核算是对施工项目的各项费用支出及管理费用的发生进行的核算，按照规定计算出实际发生的施工费用，对已发生的成本进行分配和归集，以计算总成本和单位成本。成本核算的正确与否，直接影响企业的成本预测、计划、分析、考核和改进等控制工作，同时也对企业的成本决策和经营决策的正确与否产生重大影响。因此，成本核算对目标成本的实现起着至关重要的作用。

6. 成本考核

成本考核是指项目完工后，对与施工项目成本有关的各管理者和工作人员，以企业的成本计划为标准，把成本的实际完成情的具体指标情况同计划完成情况的各项指标对比，考核成本的完成情况，并根据各责任者的业绩给予一定的奖惩措施，以提高经济效益为首要目标。通过成本的考核情况对责任者做到奖罚分明，不仅能够提高员工的主动性、积极性，鼓励员工努力完成成本目标，而且能够为增加企业利润、降低工程成本做出贡献。同时，可结合阶段性成本考核和月（季）度成本考核两种考核方式，这样能够保证项目在实施阶段的工程质量和工作效率，起到事半功倍的效果。

第二节 施工项目的目标成本

一、目标成本概念及组成

（1）所谓目标成本，既是项目对未来产品成本所规定的目标（它比已经达到的实际成本要低），但又是必须经过努力才能够达到的。

$$项目目标成本＝预计结算收入－税金－项目目标利润$$
$$目标成本降低额＝项目的预算成本－项目的目标成本$$

（2）项目目标成本一般由直接目标成本和间接目标成本两部分组成。直接目标成本主要反映需要实现工程的目标价值，包括对人工、材料、机械使用费及运费等各项主要支出进行具体划分，并分别制定各自的目标。间接目标成本主要反映施工现场管理费用的目标支出数，其制定应以工程项目的核算期为依据，将项目总成本费用中所产生的管理费用作为间接成本的基础，以此制定各部门的目标成本收支，加以汇总得到工程项目的目标管理费用。

二、目标成本的编制及确定

1. 目标成本的编制依据

目标成本的编制依据包括：施工预算，合同报价书，施工组织设计；人工费、材料费、机械使用费的市场价格，企业内部制定的材料、机械台班、劳动力的标准，周转设备租赁价格及摊销损耗标准，施工成本预测资料；已签订的工程合同、分包合同及结构件外加工计划合同，有关财务的历史资料及成本核算制度以及其他相关资料。

2. 目标成本的编制方法

（1）按施工成本组成编制 按施工成本构成可分为人工费、材料费、机械使用费、间接费和措施费，如图 9-1 所示。

（2）按子项目组成编制 一个工程项目可分为若干个单项工程，每个单项工程又可以分为多个单位工程，单位工程可以继续分成多个分部、分项工程。因此目标成本可以逐步进行分解，先到单位工程中，再由单位工程分解到分部、分项工程中。如图 9-2 所示。例如对资金使用计划分解，可以把项目总投资按年、（季）月分解到单项工程和单位工程中。

（3）按工程进度编制 此方法是按时间进度编制的目标成本，可利用项目进度的网络图

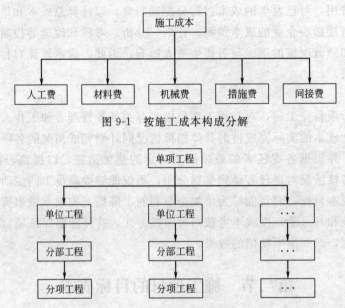

图 9-1　按施工成本构成分解

图 9-2　按子项目分解施工成本

进行扩充得到。一般建立网络图时要确定两方面内容，即完成工作的施工成本的支出计划和完成每项工程需要的时间。在实际工程中，同时能够表现施工成本的支出计划和时间这两个方面的工作是很难的，通常过度分解施工项目的成本支出计划，对于每项工作做到确定成本支出计划就很困难，反之也一样。因此，对于编制网络计划的项目划分方面，应该充分考虑进度控制和确定施工成本支出计划对其的要求，兼顾二者。

　　以上三种编制目标成本的方法是相互联系的。在实际工程中，往往结合这几种方法共同编制目标成本。把按子项目组成编制方法与按成本构成编制方法结合，横向按子项目分解，纵向按成本构成分解。既可以很方便的检查出各分部分项工作的工作情况，又可以检查各项支出是否落实，直观地反映出校核结果。此外还常用一种结合方法，将按子项目编制方法与按工程进度编制方法相结合，把进度时间与各项工作很好的结合，一般横向按时间分解，纵向按子项目分解。

第三节　施工项目的成本控制

一、成本控制的依据

1. 施工目标成本

施工目标成本是施工成本控制的指导性文件，根据具体的成本控制目标和实现目标所采取的措施和规划制定的施工成本控制方案。

2. 工程承包合同

施工成本控制要依据工程项目承包合同，以降低工程成本为目标，寻求减少实际成本和增大预算收入的最优办法，以取得经济效益最大化。

3. 进度报告

进度报告提供了工程实际支付、工程实际完成量等重要信息。通过对比实际成本与目标成本，找出偏差并分析其产生的原因，采取措施，从而改进以后的工作。进度报告还能帮助管理者及时地发现工程施工中存在的弊端和隐患，从而在事态较轻时采取有效措施，以避免不必要的损失。

4. 施工组织设计

投标商在研究招标文件及认真考查现场以后，编制正式施工组织设计。施工组织设计应该满足招标文件中关于工程质量、施工工期的具体要求，并在技术上可行、经济上合理。通过优化施工组织设计，制定合理的施工方案，可以有效地降材料使用量，对工序和工时合理安排，因此它也是制定工程目标成本的重要依据。

除了上述几种施工成本控制工作外，工程变更、分包合同文件等也是施工成本控制的依据。

二、成本控制的步骤

当项目目标成本确定了，就一定要定期地进行实际值与目标成本值的比较，当二者有所偏离时，应及时分析偏差产生的具体原因，并采取适当有效的纠偏措施，从而保证施工成本控制目标的实现。其步骤如下。

1. 比较

逐项比较施工实际成本值和目标成本值，从而确定施工成本是否超出预算。

2. 分析

分析比较的结果，进一步确定产生偏差的原因并分析严重程度。这是施工成本控制的核心工作，主要是为了找出偏差产生的原因，有针对性地采取适当的措施，避免类似问题的再次发生，减少由此产生的额外费用支出。

3. 预测

预测是根据项目的具体情况来估算整个项目完成时所需的施工成本，其目的是为决策提供支持材料。

4. 纠偏

当工程项目的实际成本产生了偏差，要按照工程的实际情况、偏差分析以及预测的结果，及时有效地采取相应措施，使施工成本的偏差能够达到最低限度。纠偏是施工成本控制中具有较大实际意义的一步，只有通过纠偏，才能保证有效控制施工成本这一目的的实现。

5. 检查

检查是对整个项目进展进行的跟踪和检查，及时有效地了解工程的进展状况和纠偏措施的执行情况，为以后的工作奠定基础。

三、成本控制的方法

1. 横道图法

横道图法（图 9-3）是指用不同的横道标示出相关的数据，包括：已完工程计划施工成本、已完工程实际施工成本和拟完工程计划施工成本，横道的长度和对应金额成正比。

横道图法（图 9-3）具有直观、清晰、形象等优点，能够明确表达出施工成本的绝对偏差及偏差的严重性。但通常横道图包含的信息量少。

2. 表格法

表格法是进行成本控制最常见的一种方法。表中包括项目编号、名称、各施工成本参数以及施工成本偏差数，可以直接在表格中进行比较。各偏差数都可以直观的表示出来，有助于管理人员综合了解这些数据。表格法的优点是可根据实际需要设计表格，进行增减项，适

项目编码	项目名称	施工成本参数额/万元	施工成本偏差/万元	进度偏差/万元	偏差原因
001	路基开挖	30 / 30 / 30	0	0	—
002	混凝土摊铺	40 / 30 / 50	10	−10	
003	路肩整形	40 / 40 / 50	10	0	—
合计		110 / 100 / 130	20	−10	

图 9-3　横道图法的施工成本控制

▨ 已完成工程实际施工成本，▧ 拟完成工程计划施工成本，■ 完成工程计划施工成本

用性强，可以反映成本控制所需的资料，有利于施工成本控制，及时采取针对性措施，加强控制；大量的数据可通过计算机来处理，减少人工劳动，并提高速度，节约时间。如表 9-1 所示。

表 9-1　施工成本控制表

项目编码	(1)	001	002	003
项目名称	(2)	路基开挖	混凝土摊铺	路肩整形
单位	(3)			
计划单位成本	(4)			
拟完工程量	(5)			
拟完工程计划施工成本	(6)＝(4)×(5)	30	30	40
已完工程量	(7)			
已完工程计划施工成本	(8)＝(4)×(7)	30	40	40
实际单位成本	(9)			
其他款项	(10)			
已完工程实际施工成本	(11)＝(7)×(9)＋(10)	30	50	50
施工成本局部偏差	(12)＝(11)−(8)	0	10	10
施工成本局部偏差程度	(13)＝(11)÷∑(8)	1	1.25	1.25
施工成本累计偏差	(14)＝∑(12)			
施工成本累计偏差程度	(15)＝∑(11)÷(8)			
进度局部偏差	(16)＝(6)−(8)	0	−10	0
进度局部偏差程度	(17)＝(6)÷(8)	1	0.75	1
进度累计偏差	(18)＝∑(16)			
进度累计偏差程度	(19)＝∑(6)÷∑(8)			

第四节 施工项目的成本分析

一、成本分析的数据

施工项目成本分析主要有两个方面的作用：一是对分析施工成本形成内容及与成本变动的相关影响因素，寻求降低工程成本的方法，此阶段利用会计、业务和统计核算三方面的资料进行分析；二是通过成本分析，能够读懂各项报表的实质内容，提高项目成本的可控性，为做好成本控制、达到项目成本目标奠定基础。

1. 会计核算

会计核算是一种旨在实现最优经济效益的一种管理活动，其主要进行价值核算，通过对工程项目已发生或已完成的经济活动进行事后核算，做出预测和相应的决策，并进行有效监督。通过会计核算来进行分析主要有六个要素指标：资产、成本、负债、利润、所有者权益、营业收入。合理地组织会计核算是做好施工成本会计工作的一个重要条件，但由于会计核算在反映的深度和广度上有很大局限，所以一般不会用其来反映其他指标，但会反映在会计核算的记录中。也正是因为会计记录具有连续性、全面性、系统性等特点，使它成为施工成本分析的重要数据。

2. 业务核算

业务核算包括原始记录和计算登记表，是各个业务部门根据自身相应的业务工作，建立的一项考核制度，反映并监督各个部门经济活动的一种方法。如质量登记，物资消耗定额记录，单位工程及分部、分项工程进度登记，定额计算登记等。业务核算不同于会计、统计核算，其涉及范围较广。业务核算对个别的经济业务进行单项核算：只记载单一的事项，不进行综合整理、分析核算，只是粗略归类整理，其方法灵活、应用范围广泛，如各种技术措施、新工艺等项目。对于会计核算、统计核算，一般核算主体是已发生的经济活动，考察其可行性以及经济效果，有固定的方法理论。业务核算可以对准备采取措施的项目进行核算和审查，分析其预期效果，并可随时进行。同时也可以对已经完成的项目进行审核，分析其取得的效果和是否达到原定目标。业务核算可以迅速取得资料，在经济活动中能够及时调整方案，取得良好效果。

3. 统计核算

统计核算是用统计的方法进行的数据整理。利用会计核算资料，汇总有关企业生产经营活动的大量数据进行统计核算，分析其规律。统计核算可以用货币、实物或劳动量计量，其计量尺度比会计核算宽。统计核算通过抽样调查和全面调查等方法，提供绝对数指标、相对数和平均数指标，一方面可以计算当前的实际水平，确定变动速度；另一方面可以预测未来的发展趋势。

二、成本分析的方法

因素分析法、差额计算法、比率法、综合成本分析法等均为施工项目的成本分析法。因素分析法和综合成本分析法是本节的研究对象。

1. 因素分析法

分析因素对成本的影响高低可采用此方法。假定某一因素发生了变化，而其他因素不变，再进行替换、计算、比较，进一步得到因素影响成本的程度高低。例如，在进行混凝土浇筑时，实际成本高于计划成本，可采用因素分析法对相关因素（单价、用量）等进行分析研究。

2. 综合成本分析

综合成本分析，涉及到各种生产要素，并受许多因素影响，如项目的成本分析，月（季）度成本分析，成本费用分析，年成本等。

（1）分部分项工程分析　分部分项工程分析是施工项目成本分析的基础。按照分析方法来估计成本，通过目标成本和实际成本的比较，分别计算实际偏差和目标偏差，并分析产生偏差的原因，从而节省项目的部分和预期成本。

分部分项工程分析资料的来源：预算成本，投标报价的成本，实际数量的施工任务单的实际成本，单位的实际消费和限制材料的实际消耗。

施工项目中包含很多分部、分项工程，进行分析时只针对主要分部、分项工程进行成本分析，但对于一些规模较小的项目，项目的成本可以忽略不计。通过该项目的主要组成部分的系统分析，可以为未来项目的成本分析和成本管理打下良好的基础，进而完成项目成本分析的全过程，最终形成一个基本的了解。

（2）月（季）度成本分析　月（季）度成本分析，在建设项目的一次性特征的成本分析中往往显得尤为重要。按月（季）度成本分析，能及时发现问题，它可以为成本的监督和控制指明方向目标，以保证成本目标的实现。

月（季）度成本分析是根据上月（季）的成本报告进行分析。分析的具体内容如下。

通过实际成本与累计成本的比较，得到当月（季）的降低成本水平。将实际成本与预算总成本进行比较，并预测趋势，以实现该项目的累计成本的成本分析。

通过比较实际成本与目标成本，发现目标成本和目标管理中存在的问题和不足，以便采取措施，加强成本管理，确保成本目标分析的实现。

通过项目成本分析，可以清楚地了解总成本和费用管理的薄弱环节。例如，成本分析过程中，人工、机械等项目的直接成本和间接成本会严重超支，应该认真研究这些成本和增加的收入与支出之间的比例，采取适当措施，以防止成本进一步超支。应该以控制支出为出发点，并努力减少成本超支额。

（3）年成本分析　每年进行一次结算的企业成本，绝不能被转移到下一年；项目成本结算期在从开工到竣工保修期内，必须是连续的，最后得到其总成本的利润和亏损情况。一般项目建设周期较长，所以不仅要进行月（季）成本核算和分析，每年的成本核算和分析也是必不可少的。年度报告编制，不仅能满足业务需求的成本，也能满足工程造价管理的需要。通过年度成本的综合分析，可以总结出成本管理在过去一年中的优势和劣势，为未来吸取经验和教训，及时和有效地进行工程造价的成本管理。

在年度成本分析的基础上对每年的费用进行报告。年度成本分析的内容，不仅包括月（季）等方面的成本分析，而且应包括下一年度根据具体的规划建设进度、成本管理，提出切实可行的措施，以确保项目目标的建设成本。

（4）竣工成本的综合分析　由几个进行单独成本核算的单位工程组成的建设项目，竣工成本分析都应把各单位工程竣工成本分析作为基础，加入项目经理部运营效率（如资本流动）进行分析。

第五节　公路工程施工项目的成本预测

成本预测是在成本发生之前，根据预计的各种发展变化情况，确定成本降低目标。

一、工、料、费用预测

首先分析工程项目采用的人工费单价，再分析人工的工资水平及社会劳务的市场行情，根据工期、数量该工程合同价中人工费分析是否包住。

二、材料费的预测

材料费占建安费的比重极大，应作为重点予以准确把握，分别对主材、地材、辅材、其他材料费核定材料的供应地点、购买价、运输方式及装卸费，分析定额中规定的材料规格与实际采用的材料规格，汇总分析。

三、机械使用费的预测

投标施工组织设计中的机械设备型号、数量，一般是采用定额中的施工方法套算出来的，与定额差异、工作效益也有不同，因此要测算实际将要发生的机械使用费。同时，还要计算可能发生的机械租赁费的摊销费用，对主要机械重新核定台班产量定额。

四、施工方案引起费用变化的预测

工程项目中标后，必须结合施工现场的实际情况制定技术上先进可行和经济合理的实施施工组织设计，结合项目所在地的经济、自然地理条件、施工工艺、设备选择、工期安排的实施所采取的施工方法与标书编制时的不同，或与定额中施工方法的不同，以据实做出正确的预测。

五、辅助工程费的预测

辅助工程费是指工程量清单或设计图纸中没有给定，而又是施工中必不可少的。

六、成本失控的风险预测

项目成本目标的风险分析，或是对在项目中实施可能影响目标实现的因素进行事前分析，通常包括对工程项目技术特征的认识，对业主单位有关情况的分析，对项目组织系统内部的分析，对项目所在地的交通、能源、电力的分析，对气候的分析。

工程项目目标成本＝工程项目预算收入－税金－项目计划利润－经济承包上缴指标

工程项目成本降低率＝（项目预算成本－项目目标成本）÷项目预算成本×100％

上式中的项目计划利润包括工程法定利润和工程计划利润（预计成本降低额）两项，项目目标成本即计划待实现成本。

工程项目的目标成本用盈亏平衡分析原理来计算，计算的公式是：

单位目标变动成本＝（工程预算收入－税金－计划利润－
经济承包上缴额－固定成本总额）÷计划完成工作量

七、计算经济效果

降低成本的措施确定后，要计算采取的经济效果，是对保证成本目标的预测。

成本降低率＝（工资成本占全部比重）×[1－（1＋平均工资计划增长率）÷
（1＋劳动生产率计划增长率）]

（1）机械使用费降低而使成本降低：

$$成本降低率＝机械成本占全部比重×机械使用费降低率$$

（2）由于材料、燃料等消耗降低而使成本降低：

$$成本降低率＝材料成本占比重×材料、燃料等消耗低率$$

（3）超额完成任务，固定费用相对节约而使成本降低：

$$成本降低率＝固定费用占全部成本比重×\{1-[1÷(1+完成任务增长率)]\}$$

（4）节约开支，压缩管理费用而使成本降低：

$$成本降低率＝管理费用占全部比重×费用压缩率$$

（5）减少废品、返工损失而使成本降低：

$$成本降低率＝废品、返工损失占全部成本比重×废品返工损失降低率$$

将上述各项因素计算的成本降低率相加，即为测算的成本降低率。将测算的成本降低率与成本降低目标进行比较，如满足要求，即可把成本降低目标落实下来，进行成本计划的编制；如不能满足要求，则需要再分析、选择或采取其他的降低成本的措施。

第六节　公路工程施工项目的成本计划

一、编制原则

（1）实事求是，不重不漏，具有可操作性；

（2）实行零利的原则；

（3）可比性原则；

（4）先进性原则。

二、编制依据

（1）本年度已落实的施工生产任务及相应的合同文件、设计文件、工程量清单。

（2）实际指导施工的施工组织设计。

（3）内部施工定额、材料计划价格、人工工日单价、机械台班及其他各类费用支出标准。

（4）近几年发生的期间费用和其他独立核算单位的成本资料。

（5）在工程施工中积累的先进的施工方法和管理经验。

三、成本计划组成

（1）包括三部分：直接费（人工费、材料费、机械使用费）、其他直接费、现场经费（现场管理费、临时设施费、调遣费）。

（2）成本计划包括：计划内成本计划和计划外成本计划。

① 计划成本内计划中的工程项目、工程量与设计文件合同清单相一致。

② 计划外成本计划是合同变更部分的成本计划，包括两部分：施工过程中增加的工程量，并经业主签字确认；施工过程中工程项目增加或改变，并且业主有明确的方案或要求。

四、编制方法

成本计划采用单价法、施工预算法和经验估算法相结合的方法。直接费中能够以单价形式计算的，采取施工预算法；现场经费、期间费用采用经验法核定。

1. 施工预算法

（1）人工费　施工定额工日数乘以人工工日单价。人工工日单价在本单位内部要统一，它是指在同一地区或相似地区采用统一单价。单价中包括施工人工开支的各项费用。

（2）材料费　混合材料用量，按照施工配合比计算（可根据现场实际情况和以往经验进行调整），其他材料用量，按照施工定额计算。预算单价以实际调查为准。

（3）机械使用费　施工定额台班数乘以台班单价。本单位设备执行内部台班单价，外租设备台班单价不得高于限价。

（4）其他直接费　原则上取施工辅助费和雨季施工增加费，或根据经验值进行调整（本条同样适用于单价法）。

2. 单价法

单价法是以工程量直接乘以综合单价作为成本计划。综合单价可以根据市场行情、施工经验、现场环境综合确定。如土方工程的集、装、运、压；路面混合料的搅拌、运输；钢筋加工的人工费、钻孔桩等均可采用单价法。编制成本计划应尽可能使用此法。

3. 经验法

（1）现场经费按照经验估算法现场核定　不但要同本单位以往年度该项成本对比，而且要与先进的施工单位进行对比。现场管理按照人员工资、人数、费用等核定。临时设施费按照工程规模、工程类别确定。调遣费按照调遣里程、调遣方式、工程类别进行核定。

（2）期间费用按照经验估算法来确定　其中管理费按照科目逐项核定；财务费用由企业财会部门核对往来后，提出估算值；经营费用以前三年实际发生费用为基础，结合实际要求进行核算。

（3）其他独立核算单位成本计划按照经验估算法确定　对内业务，根据前三年的收入与成本对比分析，结合本年度实际情况进行核定，收入与往来单位的成本一致。对外业务，主要以前几年营业收入和支出对比，根据本年度的具体情况核定利润指标，如表 9-2、表 9-3 所示。

表 9-2　×××施工项目成本计划（施工预算法）

项	目	节	工程费用名称	单位	数量	预算金额/元	技术经济指标	各项费用/%
			第一部分　建筑安装工程	公路公里		19375582		100.00
一			路基工程			937027		4.84
	1		拆除旧水泥混凝土路面	m²	1815.000	27659	15.2	
	2		利用土方（主线）	m²	28000.000	164808	5.89	
	3		借土填方（分离）	m²	35637.000	309077	8.67	
	4		借土超运（分离）	m³×km	399485.000	435483	1.09	
二			路面工程			16843777		86.93
	1		砾石垫层	m²	60734.000	564851	9.30	
	2		5%水泥稳定土底基层厚 30cm	m²	186305.000	5602010	30.07	
	3		5%水泥稳定土底基层厚 36cm	m²	6894.000	256528	37.21	
	4		6%水泥稳定基层厚 36cm	m²	193198.000	4259242	22.05	
	5		透层	m²	192973.000	271331	1.41	
	6		粗粒式沥青混凝土厚 70cm	m²	189116.000	5596499	29.59	

续表

项	目	节	工程费用名称	单位	数量	预算金额/元	技术经济指标	各项费用/%
	7		6％水泥稳定风化砂砾厚20cm	m²	114454.000	163729	14.29	
	8		风化砂砾磨耗层厚20cm	m²	11454.000	10799	0.4	
	9		泥结砾石路面厚10cm	m²	11454.000	118788	10.37	
三			排水			619546		3.2
	1		土质排水沟	m	1200.000	5076	4.23	
	2		边沟7.5级浆砌片石	m	982.000	85214	86.78	
	3		边沟混凝土预制块	m³	83.300	36565	438.96	
	4		7.5级浆砌片石排水沟	m	2256.00	279033	123.65	
	5		7.5级浆砌片石截水沟	m	580.00	68924	118.83	
	6		7.5级浆砌片石排水沟急流槽	m³	151.900	16431	108.17	
	7		7.5级浆砌片石截水沟急流槽	m³	79.00	8521	107.86	
	8		20号混凝土预制块路堤急流槽	m³	189.000	119782	633.77	
四			防护			395828		5.03
	1		三维土工植被网	m²	335034.000	197565	11.30	
	2		7.5级浆砌片石基础	m³	2110.600	209111	93.61	
	3		空心圆预制块护坡	m³	448.900	144295	465.83	
	4		六棱块预制块护坡	m³	445.300	28433	324.04	
	5		混凝土预制块护坡	m³	79.000		359.91	
九			施工技术装备费	公路公里				
十			计划利润	公路公里				
十一			税金	公路公里				
			第二部分　设备及工具、器具购置费	公路公里				
			第三部分　工程建设其他费用	公路公里				
			第一、二、三部分费用合计	公路公里		19375582		100.00
			预算总金额	公路公里		19375582		100.00
			公路基本造价	公路公里		19375582		100.00

表9-3　×××施工成本计划（单价法）

序号	项目说明 综合单价 (1)+(2) +…+(N)	单位	工程量	工序1 分项单价 (1)	工序2 分项单价 (2)	工序3 分项单价 (3)	工序4 分项单价 (4)	工序5 分项单价 (5)	工序6 分项单价 (6)	工序7 分项单价 (7)	工序8 分项单价 (8)	工序9 分项单价 (9)	金额
1	拆除旧水泥混凝土路面 13.776	m²	1815	人工挖 13.776									25003
2	利用土方（主线） 5.586	m³	28000	人工 0.04	运输 3	整平 0.678	碾压 1.868						156408

续表

序号	项目说明 综合单价 (1)+(2) +…+(N)	单位	工程量	工序1 分项单价 (1)	工序2 分项单价 (2)	工序3 分项单价 (3)	工序4 分项单价 (4)	工序5 分项单价 (5)	工序6 分项单价 (6)	工序7 分项单价 (7)	工序8 分项单价 (8)	工序9 分项单价 (9)	金额
3	借土填方(分离)	m³	35637	人工	挖装土方	1km运	整平	碾压					289586
	8.126			0.08	2.5	3	0.678	1.868					
4	借土超运(分离)	m³×km	399485	运15km									427449
	1.070			1.07									
5	砂砾垫层	m²	60734	人工	碾压	材料费	培肩						551404
	9.079			1.046	0.194	7.643	0.196						
6	5%水稳底基层厚30cm	m²	186305	上料	拌合	运输	摊铺	碾压	材料费	养生	搅拌站	培肩	5452775
	29.268			1.441	1.912	2.49	4.002	0.455	18.399	0.294	0.200	0.135	
7	5%水稳底基层厚36cm	m²	6894	上料	拌和	运输	摊铺	碾压	材料费	养生	培肩		249246
	36.154			1.66	2.322	2.49	4.002	0.455	24.769	0.294	0.162		
8	6%水稳底基层厚20cm	m²	193198	上料	拌和	运输	摊铺	碾压	材料费	养生	搅拌站	培肩	4140426
	21.431			0.96	0.614	2	2.101	0.255	15.059	0.147	0.205	0.09	
9	透层	m²	192973	人工	材料费	机械费							263601
	1.366			0.023	1.315	0.028							
10	粗粒式厚7cm	m²	189116	上料	拌和	运输	摊铺	碾压	材料费	搅拌站			5271419
	27.874			2.867	5.92	1.049	0.94	0.247	16.331	0.52			
11	6%水稳风化砂砾厚20cm	m²	11454	上料	拌和	摊铺	碾压	材料费	养生				160471
	0.906			0.666	0.75	0.069	0.666	11.675	0.184				
12	风化砂砾磨耗层20cm	m²	11454	人工	材料费	碾压							10377
	0.96			0.228	0.526	0.092							
13	泥结碎石路面厚10cm	m²	11454	人工	材料费	碾压	摊铺	养生					116270
	10.151			0.536	8.697	0.258	0.337	0.323					
14	土质排水沟	m	1200	人工									4776
	3.98			3.98									
15	边沟混凝土预制块	m	982										80232
	81.703												
16	边沟混凝土预制块	m³	83.3										34085
	409.184												

续表

序号	项目说明 综合单价 (1)+(2) +…+(N)	单位	工程量	工序1 分项 单价 (1)	工序2 分项 单价 (2)	工序3 分项 单价 (3)	工序4 分项 单价 (4)	工序5 分项 单价 (5)	工序6 分项 单价 (6)	工序7 分项 单价 (7)	工序8 分项 单价 (8)	工序9 分项 单价 (9)	金额
17	7.5级浆砌片石排水沟 116.362	m	2256.6										262582
18	7.5级浆砌片石截水沟 11.848	m	580										64872
19	7.5级浆砌片石排水沟急流槽 101.672	m³	151.9										15444
20	7.5级浆砌片石截水沟急流槽 101.38	m³	79										8009
21	20号混凝土预制块路堤急流槽 595.3	m³	189										112512
22	三维土工植被网 10.583	m²	35034										370765
23	7.5级浆砌片石 87.9	m³	2110.6										185610
24	空心圆预制块护坡 435.6	m³	448.9										195562
25	六棱块预制护坡 304	m³	445.3										135482
26	混凝土预制块护坡 339	m³	79										26789
	小计												18611156
27	管理费												400000
28	临界费												50000
29	调遣费												90000
30	税金												890547
31	其他直接费												382292
	合计												20423995

第七节　公路工程施工项目的成本控制

成本控制分为事先控制、过程控制和事后控制三个阶段。

一、事先控制

事先控制主要通过成本预算和决策，落实降低成本措施、编制目标成本，而层层展开的。

其中事先控制由上级相关职能部门完成，内容有：完善内部定额体系，确定内部计划价格，合理确定成本目标，上级部门与项目部、项目部与工段班组制定目标成本，作为成本控制的依据。

（1）在对合同内容全面分析基础之上，通过开展合同造价分析，建立控制目标。

（2）提出实施合同及控制造价的对策措施。

（3）根据目标成本建立相关台账。

二、过程控制

过程控制主要由项目部完成，是进行动态成本控制的关键，主要是指施工过程中项目部按施工组织设计，合理配置生产要素，对其所耗数量、单价和费用进行严格控制。项目部严格按照成本计划分解的情况进行资源的配置，严格按照施工生产计划施工，抓好宏观成本监督、检查、控制工作，最终实现闭合管理。项目部要把承包合同内的人工、机械、材料费用逐项落实到班组或个人，管理费用包干使用，逐项落实到人头。

1. 施工过程成本动态控制用"四单"传递

四单的内容为工长报告单（见表9-4）、机械作业单（见表9-5）、人工作业单（见表9-6）、领料单（见表9-7）。

"四单"传递程序：当日（最迟次日上午）工长填写报告单，一式两份交计划员，计划员填写人工作业单、机械作业单，专人填写领料单，最迟于次日把审批的工长报告单和"三单"分别送交劳资员（人工作业单）、机械统计员（机械作业单）、材料统计员（领料单）。劳资员统计人工作业单，并填写人工成本台账；机械统计员统计机械作业单，并填写机械作业成本台账；材料统计员审核领料单，并填写材料成本台账。五日结算时，劳资员做人工费结算单，机械统计员做机械费结算单，材料统计员做材料费汇总单，分别交到财务办，并作移交记录。

2. 单据份数与移交存留

工长报告单一式两份，一份计划员留存，一份工长留存。人工作业单一式三份，财务、劳资员、计划员各存一份。机械作业单一式三份，财务、机械统计、计划员各存一份。领料单一式四份，保管员、物资统计、财务、计划员各存一份。

人工费结算一式两份，财务、劳资员各存一份。机械结算单一式两份，机械统计、财务各存一份。材料消耗汇总单一式两份，物资统计、财务各一份。

业务核算、统计核算单据保存至项目结束并上交单位成本管理责任部门，原则上保存一年或按其他有关规定执行。

3. 具体填写要求

（1）计划内工程与计划外工程分别填写。

（2）单一质材料，按照规定的项目填写。

（3）水泥混凝土、沥青混凝土、水稳混合材料等填写混合材料数量。

（4）钢筋按照半成品出库填写数量，其中的消耗量按照各单位要求的损耗计算。

（5）临建、复测、备料发生的人工费、材料费、机械费需按日填写工长报告单。

（6）领料单中混合料的各种材料用量按照施工配合比计算填写。

表 9-4　×××施工项目工长报告单

单位：　　　　　　　　　　年　月　日　　　　　　　编号：

人　工										
连队名称	负责人	分项工程	工程细目	作业内容	桩号	工程量	人数	定额	工日	备注

机　械										
车主	名称型号	编号	分项工程	项目细目	作业内容	桩号	起止时间	工程量	定额	台班

材　料							
材料名称	规格型号	分项工程	工程明细	桩号	单位	数量	备注

工长：　　　　　　工程办主任：　　　　　　　　　主管经理：

表 9-5　×××施工项目机械作业单

单位：　　　　　　　　　　年　月　日　　　　　　　编号：

序号	分项工程	工程明细	作业内容	桩号	工作时间	台班单价
1						
2						

序号	项目型号	编号	实际完成			按定额核定			盈（＋）亏（－）
			工程量	台班	金额	定额	台班	金额	
1									
2									
合计									

金额（大写）：

预算员：　　　机械统计：　　　　　施工员：　　　车主：

表 9-6 施工项目人工作业单

单位： 　年　月　日　 编号：

序号	分项工程	工程明细	作业内容		桩号		工日单价
1							
2							

序号	实际完成			按定额核定			盈（＋）亏（－）
	工程量	工日	金额	定额	工日	金额	
1							
2							
合计							

金额（大写）：

预算员： 　劳资员： 　　施工员： 　　民工连队：

表 9-7 ×××施工项目领料单

单位： 　年　月　日　 编号：

分项工程			项目明细			桩号	
类别	材料名称	规格	单位	数量	单价	金额	备注

物资负责人： 　　领料员： 　　保管员： 　　物资统计：

三、事后控制

事后控制主要是准确进行年度、交竣工项目的结算工作。进行年度、项目的成本构成分析，与成本计划进行对比找出不足，为今后更好开展成本管理工作创造条件。

四、成本工程控制中的重要事项

（1）管理费控制的重点：管理人员工资（人数）、小车费用、通讯费和招待费。

（2）项目部在发生工程变更项目时，应及时将情况上报并将发生的成本单独统计。

（3）项目完工（包括续建项目）实行"封账"制。上级部门成立"封账"小组，根据项目的完成情况，"封账"小组到项目部监督、复核项目成本构成的真实性与合理性，并由财务部门下令"封账"，"封账"后，项目部实行向上级报账。"封账"后发生的成本与费用，未经上级相关部门审核同意，一律不允许进账。

（4）抽调专人到施工现场进行人工单价、机械台班和材料价格的调查，同时调查相邻标段、系统内具有可比性的项目部的相关情况，定期进行公示。

五、边缘成本控制

项目边缘成本是指在项目部管理运作过程中，并非固定成本或可变成本的因素，给现场员工的情绪产生直接或间接的影响而产生的负面效应，导致有形或无形地影响施工正常进行的边缘成本。

1. 发现问题成本

项目管理涉及到的问题方方面面，各种矛盾最为集中，任何一个细小的问题如果没有及时地发现或有效地处理，都会阻碍或影响施工生产的正常运行。所以要及时发现问题，超前介入，把矛盾消灭在萌芽状态，防止事态复杂化和扩大化。

2. 员工心理成本

施工企业具有艰苦、流动、分散、分居的特点。在这种环境下生活的员工，心理、生理、压力和对企业服务状态的要求，明显地高于其他行业企业的员工。改善员工生活水平，提高服务成本，减轻员工的心理成本，把员工的工作积极性、主动性和创造性调动好、发挥好、保护好。

3. 技术发散成本

技术管理渗透到施工管理的全过程，技术管理是以技术发散为前提。由于技术发散过程通过肉眼看不见，用手摸不着，用数字是难以量化的，要求管理者投入必要的时间和精力来关注、处理技术发散时遇到的各种问题。要敢于、善于和乐于为技术人员撑腰，帮助技术人员化解、分担施工风险。要建立和完善应对技术风险的分摊机制，以及实际技术决策评审化，推广运用过程谨慎化等技术原则，让技术人员大胆地作好技术发散工作。

4. 三方互动成本

正确处理施工、业主、监理三方的关系。施工方要积极主动地与业主和监理机构加强沟通，做到事前早预防，减少因为互动不够延误了及时防范和处理问题的良好时机，导致处理问题的成本过高，或问题的扩大化和复杂化带来的不应有的经济、文化和社会风险。

5. 气象环境成本

气象环境对野外施工有较大的影响。要加强与当地气象服务部门的联系，充分利用他们提供的气象信息资源，合理地组织安排施工生产或适时调整施工方案，抵制因为天气变化对施工生产造成的影响，防范由此引发的灾害和经济风险。

第八节　公路工程施工项目的成本核算

成本核算采用五日计划、四单传递、日统计核算、五日财务核算、五日成本传递的方式进行。财务核算的主要依据是三单（人工作业单、机械作业单、领料单），财务部门设置与分项工程、工程细目、主要工作内容的对应关系表，新开工项目的财务设置必须经财务部门同意。

一、人工费核算

劳资员每日进行人工费统计核算。劳资员根据人工作业单中按实际完成工程量核定的工日数量与实际发生的工日数量进行对比分析，每日核算盈亏，找出量差、价差因素。5日内写出分析报告，上报主管经理。

二、材料费核算

材料统计员每日进行材料统计核算。材料统计员根据实际完成工程量核定消耗量的材料

表 9-8　×××施工项目成本收入对比表

工程费用名称 分项工程	人工费 内部结算收入 金额	人工费 实际成本 金额	人工费 节/超 金额	材料费 内部结算收入 金额	材料费 实际成本 金额	材料费 节/超 金额	机械费 内部结算收入 金额	机械费 实际成本 金额	机械费 节/超 金额	其他直接费 内部结算收入 金额	其他直接费 实际成本 金额	其他直接费 节/超 金额	四项合计 内部结算收入 金额	四项合计 实际成本 金额	四项合计 节/超 金额
5%水稳底基层	174014	389818	-215804	7718927	6350445	1368482	3334015	4034837	-700822				11226956	10775100	451856
6%水稳基层	91832	241606	48639	6411292	5429897		806156	1217828.61					7309280	6889332.65	419947
砂砾	69310	20671	-117517	714178	695797	18380	17333	43691	-26358				800821	760159.72	40661
填方	20435	137951		2066636	2057865	8771	487705	1493122.26	-1005417				2574776	3688939.22	-114163
拆除旧路面			0			0		1029.00	-1029				0	1029.00	-1029
排水	267969	118901	249068	860623	291733	568889		24816.00	-24816				1228592	435450.96	793141
防护	1268820	2019186	-750366	2960580	4432338	-1471758		13815.00	-13815				4229400	6465339.78	-2235940
黑色拌和站建设	18163	83622	-68459	38548	205413	-166865	44671	8140.30					101382		-271794
临时工程		16060	-16060		39710	-39711		22060.00	-22060				0	77830.50	-77831
透层	10960							2200.00	-2200				0	2200.00	-2200
拌和站建设	113171	113171	-102211	8732	119716	-110985	63256	26409.48	36847				82948	259297.30	-176349
其他直接费										169571	65384194	-48427094	169571	653841.94	-484271
累计	2021503	3140989	-111946												

数量、费用与完成实际工程量所消耗的材料数量、费用对比分析，每日核算盈亏，找出量差、价差因素。5 日内写出分析报告，上报主管经理。

三、机械费核算

设备统计员每日进行机械费统计核算。设备统计员根据机械作业单中按实际完成工程量核定的台班数量、单价、金额与实际发生的台班数量、单价、金额对比分析，每日核算盈亏，找出找出量差、价差因素。5 日内写出分析报告，上报主管经理。

四、财务核算

项目部每 5 日进行财务核算，并在 2 日后将成本核算按规定的表格通过网络传递到上级主管部门。成本核算数据汇总后，每半个月形成项目部成本分析报告，向主管经理汇报。

第九节　公路工程施工项目成本分析

一、月成本分析

月成本分析是指项目部通过对施工计划指向情况的控制与分析，加强施工过程中成本关键点的控制，每月进行一次成本分析。分析的主要内容：分项工程的盈亏情况，查找盈亏原因，提出具体的整改措施，写出分析报告。分析的方法：主要依据人工、机械、材料日成本台账计算工序单价，人、机、料部门会同财务主管部门按照成本费用构成内容具体分析（其中人工费构成反映出按完成工程量核定的计件工资金额和人工的数量；机械费构成应该反映出机械的名称型号、车主名称、进退场时间、月租单价及金额等；材料费构成应该反映出消耗的主要材料出库的数量金额、实际消耗金额和填方的运费），将成本构成与施工组织设计对照比较；将实际施工进度和生产计划进度进行比较。

二、年成本分析

每半年进行一次成本分析。分析的主要内容：项目部总体效益情况；成本计划的执行情况；人、料、机的盈亏情况；现场经费的执行情况（数据见表 9-8）。

小　　结

本章着重介绍了实际公路工程施工项目成本管理的具体运作，按照成本管理的传统理论进行论述。在成本管理过程中实行成本动态管理，即以单据为载体，以计算机网络为平台，通过网络传递成本信息，时时对成本控制。通过成本管理流程，保证了成本管理各个环节的有效进行，对公路工程施工项目具有很强的指导作用。而且其工作过程与工程预算、财务管理密切联系，操作简单，实用性强。

思考与练习

1. 公路工程施工项目成本管理的定义是什么？
2. 简述成本管理的内容及步骤。
3. 简述目标成本的概念及确定。
4. 简述成本控制的依据、步骤及方法。
5. 简述成本分析的方法及数据来源。
6. 简述公路工程施工项目成本管理的实际操作过程及要点。

第十章　公路工程施工项目的安全管理

第一节　安全管理概述

施工项目的安全管理，就是施工项目在施工过程中，组织安全生产的全部管理活动。通过对生产因素具体的状态控制，使生产因素不安全的行为和状态尽量减少或消除，不引发人为事故，尤其不引发或不发生使人受到伤害的事故。安全生产是施工项目重要的控制目标之一，它关系到企业的经济效益和企业的形象，也是衡量施工企业管理水平的重要标志。因此，在工程施工的过程中，必须把施工项目的安全管理当作组织施工活动的重要任务。

一、安全管理的范围

安全管理的中心任务，是按照国家和有关部委的关于安全生产的法规，保护在生产活动中人的安全与健康，保证施工活动的顺利进行。宏观的安全管理主要包括劳动保护、安全技术和劳动卫生三个方面，三者之间既相互联系，又相互独立。

1. 劳动保护管理

劳动保护管理是从立法上和组织上研究劳动保护的科学管理办法，以确保劳动者在生产过程中的安全和健康为目的的各种组织措施。其主要侧重于政策、规程、条例、制度、规范等方面。

2. 安全技术管理

安全技术管理是以研究防止劳动者在生产中发生工伤事故为目的的各种技术措施，其侧重于对"劳动手段和劳动对象"的管理，主要包括预防伤亡事故的工程技术和安全技术规范、技术规定、标准、条例等。

3. 劳动卫生管理

劳动卫生管理是研究防止劳动者在生产的过程中发生职业中毒和职业病危害，以保护劳动者身体健康为目的各种组织技术措施。如对生产过程中的高温、粉尘、振动、噪声、毒品的管理。从生产管理的角度来看，安全管理可概括为：在进行生产管理的同时，通过采用计划、组织、技术等手段，依据并适应生产中人、物、环境因素的运动规律，使其积极方面充分发挥，而有利于控制事故不至于发生的一切管理活动。

二、安全生产法规

我国党和政府十分重视职工的安全和健康，始终把安全生产当作一件大事来抓，每年召开多次安全生产会议，强调安全生产责任制。早在1986年，国务院把安全生产方针概括为八个字，即"安全第一、预防为主"。这个基本方针，为我国制定安全生产法规奠定了理论基础，也为树立"生产必须安全、安全促进生产"的辩证思想奠定了基础。制定安全生产的法规，是保证安全生产的基本依据和重要措施。各级政府和有关部门对安全生产的法规建设十分重视，先后颁布了一系列切实可行的规程、规定、条例，国家在有关的法律中也对安全生产作出了明确规定。

早在 1956 年，国务院就颁布了关于安全生产的"三大规程"，即《工厂安全卫生规程》、《建筑安装工程安全技术规程》和《工人职工伤亡事故报告规程》。其中，《建筑安装工程安全技术规程》是建筑安装企业安全生产的基本依据，除有关防护用品规定有较大修改外，其绝大部分条款至今仍然适用。因此，《建筑安装工程安全技术规程》是施工企业必须遵守的基本规程。《工人职工伤亡事故报告规程》中规定，企业的各级领导者，应当对伤亡事故调查、登记、统计和报告的准确性、及时性负责。如果隐瞒不报、虚报或故意延迟报告，除责成补报外，责任者应该受到纪律处分；情节严重的，应该受到刑事处分。

1. 国家的主要规定和条例

（1）国务院于 1963 年颁布了《国务院关于加强企业生产中安全生产的几项规定》，其中确定了两条重要原则：一是各级领导人员在管理生产的同时，必须负责管理安全工作的原则；二是在计划、布置、检查、总结、评比生产工作的同时，计划、布置、检查、总结、评比安全工作的原则。

（2）城乡建设环境保护部于 1982 年颁布了《关于加强集体所有制建筑企业安全生产暂行规定》，针对城乡集体所有制建筑企业的管理状况和条件，提出了建筑企业施工最基本的安全技术和管理措施。要求集体所有制建筑企业必须建立安全生产责任制度、安全生产教育制度、安全生产技术措施制度、安全生产检查制度和职工伤亡事故报告制度。

（3）城乡建设环境保护部于 1983 年颁布了《国营建筑企业安全生产工作条例》，对安全生产提出了具体要求。该条例规定：安全生产指标是考核企业的重要技术经济指标，凡每年万人死亡率超过 1.5 的、工伤年频率超过 36‰的施工企业，当年不能评为先进企业。

2. 国家法律中的有关安全生产的条文

（1）《中华人民共和国宪法》第 42 条中规定：国家通过各种途径，创造劳动就业条件，加强劳动保护，改善劳动条件，并在发展生产的基础上，提高劳动报酬和福利待遇。可见，"加强劳动保护，改善劳动条件"是国家以最高法律形式确定的安全生产原则，每个施工企业必须遵循，一切违背这一原则的做法都是违法的。

（2）《中华人民共和国刑法》第二章第 114 条中规定："工厂、矿山、林场、建筑企业或其他企业、事业单位职工，由于不服管理、违反规章制度，或者强令工人违章作业，因而发生重大伤亡事故，造成严重后果的处三年以下有期徒刑或者拘役；情节特别恶劣的，处三年以上，七年以下有期徒刑。"第 115 条中规定："违反爆炸性、易燃性、放射性、毒害性、腐蚀性物品管理规定，在生产、储存、运输、使用中发生重大事故，造成严重后果的，处三年以下有期徒刑或者拘役，后果特别严重的，处三年以上，七年以下有期徒刑或者拘役。"

（3）《中华人民共和国刑法》第 187 条中规定："国家工作人员由于玩忽职守，致使公共财产、国家和人民利益遭受重大损失的，处五年以下有期徒刑或者拘役。"从以上安全生产的法律、法规可以看出，党和国家对安全生产是高度重视、规定严格、奖罚分明的。施工企业的全体干部、职工必须认真学习、严格遵守国家关于安全生产的法律、法规、条例、规程，贯彻"安全第一、预防为主"的方针，切实搞好施工过程中的安全生产工作。

3. 公路工程安全管理的要求

（1）管生产必须管安全的原则　即负责生产管理的经理、副经理在抓生产的同时必须将安全管理工作一并考虑进来，做到生产和安全两手都要抓、两手都要硬。

（2）谁主管谁负责的原则　即项目部主管安全的经理、副经理对职责范围内的安全管理工作负责。

（3）预防为主的原则　即安全管理工作重在预防，由于事故的不确定性的特点，在时间、地点、规模上不能将其量化，只有将重点工作放在预防事故发生方面。

（4）动态管理的原则　即安全管理过程是一个动态的管理过程，随着工程的进展，安全管理的内容和重点也在发生着变化，所以在公路工程安全管理方面要坚持动态管理的原则。

（5）计划性、系统性原则　安全管理的两个显著特点即计划性和系统性，安全管理和其他管理大同小异，都要将其列入到年度或月度计划中去，所以安全管理要坚持计划性的原则；另外安全管理作为一种企业管理模式也具有一定的系统性，它包括在企业管理的大系统当中，同时安全管理自身也是一个系统，本身具有一定的整体性、相关性、目的性等。

（6）奖励和惩罚相结合的原则　即在公路工程安全管理当中既要采用奖励的管理手段，同时也要采用惩罚的管理手段，奖优罚劣，做到奖励和惩罚相结合。

（7）以人为本、关爱生命的原则　即在公路工程安全管理中，要处处做到把人的安全放到首位，关注安全、关爱生命。

（8）坚持"五同时"的原则　即建筑施工企业新建、改建或扩建项目工程的安全设施必须与主体工程同时计划、同时布置、同时检查、同时总结、同时评比验收。

（9）"一票否决"的原则　即对发生重特大事故的项目、部门和单位，将实行安全生产"一票否决"，取消评优评先和领导干部晋职晋级的资格。

三、安全生产管理

1. 安全生产管理组织

（1）项目公司成立由总经理任组长、副总经理、总工程师、各部门经理为组员的安全管理小组，全面负责本单位安全生产管理，按合同规定监控承包人、监理单位等安全生产管理责任的履约情况。工程施工安全生产日常管理部门为工程管理部。

（2）各监理办成立相应安全生产管理小组，总监理工程师作为其监理项目的安全生产的第一监督责任人，各合同段驻地监理工程师负责现场安全生产监督，并制定安全生产监督细则。

（3）每一个合同段承包人项目经理作为施工安全第一责任人，对施工安全管理工作负有直接的责任，负责建立健全安全生产保证体系，成立安全生产工作组，制定详细的工程施工安全管理制度，安排落实施工安全措施。承包人必须取得安全生产许可证，施工单位的主要负责人、项目负责人、专项安全生产管理人员必须取得考核合格证书，方可参加工程管理及施工。

2. 安全生产宣传和教育培训

（1）项目公司和各监理办、各承包人要高度重视安全生产，牢固树立"安全第一、预防为主"、"安全就是生命、安全就是效益"的思想。项目公司每季度定期召开安全生产专题会议，加强对广大干部职工的安全生产教育，摒弃麻痹大意的侥幸心理，从思想上重视安全生产，增强安全生产的自觉性。

（2）各单位要在开工前组织施工人员认真学习国家、行业、地方政府主管部门或安全委员会的有关安全生产管理的政策、法规文件，特别是《公路水运工程安全生产监督管理办法》（原交通部令［2007］1号）、《公路工程施工安全技术规程》（JTJ 076—1995）等，及时传达上级主管部门有关安全生产的宣传、管理文件。

（3）项目公司要积极组织有关施工单位参加上级主管部门安排组织的"安全生产活动周"、"安全生产活动月"等专项活动，经常开展安全生产检查评比活动。

（4）施工工地要经常开展安全生产宣传活动，布置形式多样的宣传标语，加强施工人员用电、防火教育，提高自我防范意识。

（5）各参建单位应当对从业人员进行安全生产教育和培训，保证从业人员具备必要的安全生产知识，熟悉有关的安全生产规章制度和安全操作规程，掌握本岗位的安全操作技能。未经安全生产教育和培训合格的从业人员，不得上岗作业。特殊工种操作者需取得特种作业操作资格证书后，方可上岗作业。

3. 安全生产管理制度

（1）严格遵守国家、当地政府及原交通部《公路水运工程安全生产监督管理办法》、《公路工程施工安全技术规程》等有关安全管理法规。

（2）项目公司、监理办、施工单位要设立专项安全管理资金，在工程正式开工前要针对各单位具体情况建立系统、完善的安全生产管理规章制度，主要有消防安全制度，保卫安全制度、用电安全制度、机械作业安全制度、高空作业安全制度、爆破安全制度、施工现场安全管理制度等。

（3）全面落实以各单位负责人为主的安全生产管理责任制，制定安全生产检查考评指标，安全事故责任追究制度，分级管理，层层检查落实。安全生产管理责任的确定原则是：承包人现场施工主管、项目技术负责人、项目经理负直接责任，驻地主管监理工程师负直接监督责任，监理办高级监理工程师负监督的领导责任，项目公司工程管理部经理负直接管理责任，项目公司副总经理负直接领导责任，项目公司总经理负领导责任。

（4）承包人要针对工程项目特点制定生产安全事故应急预案，定期组织演练；安排专项经费并指定专人（安全员）负责施工现场安全的管理、检查工作，协调办理安全生产具体工作，进行不间断的安全管理；若发生生产安全事故，承包人立即启动事故应急预案，组织力量抢救，保护好事故现场；承包人应当为施工现场的人员办理意外伤害保险。

（5）针对一些高风险的重点工程，要从人员、设备、现场、施工工艺等各个环节都作出具体规定，在申报分项工程开工报告时，应同时上报安全生产施工组织方案，使施工安全做到有章可循。承包人应对下列危险性较大的工程应当编制专项施工方案，并附安全验算结果，经施工单位技术负责人、监理工程师审查同意签字后实施，由专职安全生产管理人员进行现场监督。

① 不良地质条件下有潜在危险性的土方、石方开挖。

② 滑坡和高边坡处理。

③ 桩基础、挡墙基础、深水基础及围堰工程。

④ 桥梁工程中的梁、拱、柱等构件施工等。

⑤ 隧道工程中的不良地质隧道、高瓦斯含量隧道、水底或海底隧道等。

⑥ 水上工程中的打桩船作业、施工船作业、外海孤岛作业、边通航边施工作业等。

⑦ 水下工程中的水下焊接、混凝土浇注、爆破工程等。

⑧ 大型临时工程中的大型支架、模板、便桥的架设与拆除；桥梁、码头的加固与拆除。

⑨ 其他危险性较大的工程。

监理办应当审查施工组织设计中的安全技术措施或者专项施工方案是否符合工程建设强制性标准。必要时，监理办和项目公司对前款所列工程的专项施工方案，可组织专家进行论证与审查。

（6）各承包人要每季度定期召开安全生产检查总结会，通报安全生产状况，安排下阶段安全生产工作。

（7）监理办要把安全生产监督管理作为日常管理内容之一，把有无安全生产措施、是否配备完善的安全生产设施作为是否批准分项工程开工的必要条件，并随时提醒和督促承包人加强施工现场安全生产管理；监理办在实施监理过程中，发现存在安全事故隐患的，应当要求承包人整改，必要时，可下达施工暂停指令并向项目公司报告。

（8）项目公司可对监理办、承包人的安全生产状况进行检查考评，并作为履约的重要内容，对安全生产管理及状况进行相应的奖惩。

4. 安全生产督察与奖罚

为使安全生产管理工作成为项目公司日常管理工作的重要内容，应经常性对施工安全工作进行全面检查，查漏补缺，彻底整改，以最大可能地提高项目的安全生产率。项目公司成立安全生产管理督察组，建立奖励基金与奖惩制度，具体开展施工现场的安全生产协调、监督、检查与考评工作，以提高安全生产管理的可操作性。

（1）安全生产管理督察组的组成　项目公司成立安全生产管理督察组，组长由总经理担任，成员包括副总经理、总工程师、各部门经理、各监理办总监理工程师、各合同段项目经理（需要时召集）。工程管理部为常设办公室，指定安全管理秘书。

（2）安全生产管理奖励基金

① 项目公司先期提供一定数量的资金，作为安全生产管理奖励基金，今后安全生产方面的违章罚款全部进入奖励基金。

② 在定期和不定期安全检查中认定的优秀承包人，以及在日常安全生产管理且成效良好的先进单位和个人，将利用安全生产管理奖励基金进行奖励。

③ 所有被罚款的承包人（员工的罚款由所属单位统一垫付，再由单位在发给员工的工资中扣回）应在接到安全违章处罚通知单3天内交项目公司财务管理部代收并转入安全奖励基金，并由财务管理部开具收据。到期不交纳则从该合同段当月中间支付中双倍扣罚。

④ 每季度安全督察组书面通报一次奖励基金收支使用情况。

（3）安全生产检查评比奖惩办法

① 安全生产管理督察组根据施工进展情况每季度定期或不定期组成现场检查小组对施工工地现场及承包人驻地进行安全生产专项检查，并编发安全检查通报。

② 每位督察组成员可独立对工地及驻地进行安全巡查，发现问题及时处理。各施工单位安全生产管理体系在开工之前必须完善，安全管理体系不完善，人员不到位，监理办不得批准开工。否则，一经检查发现，除下发安全违章限期整改通知单责令承包人停工整改外，对该承包人和监理办处以相应的罚款，下发安全违章处罚通知单。

③ 施工作业人员必须接受安全技术教育，熟悉和遵守本工种的各项安全技术操作规程，从事有关特殊工种的作业人员，必须按劳动管理部门的规定经过专业培训，取得上岗证后方可上岗操作。否则，检查发现无上岗证的操作人员，对承包人进行罚款。

④ 对于承包人施工工序、工艺、操作规程、程序等方面的安全违章（如在公路口没有设立充足的安全警告标志；照明设施没有或不足；桥梁施工没有按批准的方案设立足够的安全防护设施；石方爆破安全防护设施不足；用水、用电方面的违章等），督察组根据情节严重程度可发出限期整改通知单和安全违章罚款通知单进行处罚。

⑤ 对施工操作人员的安全违章（如进入隧道没有戴安全帽；桥梁高空作业没有系安全带、戴安全帽；机械设备违章操作等），除责令立即整改外，对违章人员和直接管理者进行

罚款处理，开出安全违章罚款通知单。

⑥ 个人违章由督察组成员或监理办、项目公司职能部门管理人员发现后向督察组备案，违章事实要当场向承包人有关管理人员核实并记录在案，填发安全违章处罚通知单。

⑦ 承包人施工工序、工艺、操作规程、程序等方面的安全违章，由督察组成员或监理办、项目公司工程管理部管理人员发现后报督察组，由督察组核实后备案，违章事实要当场向承包人有关管理人员说明并记录在案，填发安全违章整改或处罚通知单。

⑧ 每月月末，承包人安全管理责任人要对本月施工安全情况进行总结，提交安全生产专题报告，经监理办会同项目公司工程管理部经理审查后交项目公司安全管理督察组。

⑨ 开展定期的安全检查评比活动，对安全生产状况良好和较差的承包人除通报外，将分别给予一定数额的奖励和罚款。

第二节　公路工程施工安全管理措施

一、公路工程施工安全管理措施

公路工程安全管理是为施工项目实现安全生产而开展的管理活动。施工现场的安全管理，重点是进行人的不安全行为和物的不安全状态的控制，落实安全管理的决策和预定的安全管理目标，以消除一切不安全因素和事故，减少工程不必要的损失。公路工程安全管理措施是安全管理的方法和手段，安全管理的重点是对生产各因素的约束与控制。根据公路工程施工生产的特点，其安全管理措施具有鲜明的行业特色。

归纳起来，公路工程施工生产的安全管理措施，主要有以下几个方面。

（1）落实安全责任、实施责任管理　在公路工程施工的过程中，施工企业承担着控制、管理施工生产进度、成本、质量、安全等目标的责任，这是一个有机的整体，不可分割。因此，落实安全责任、实施责任管理，是实现安全生产的一项重要任务。

（2）建立强有力的安全管理组织　安全管理组织是专门负责安全管理的机构。建立强有力的安全管理组织，是落实安全责任、实施责任管理的关键，也是进行安全管理的组织保证。每一个施工企业，都要建立、完善以项目经理为首的安全生产领导组织，配备思想素质高、业务能力强的干部，专门负责安全生产管理工作，有计划、有步骤地开展安全管理活动，实现安全生产的管理目标。

（3）制定安全生产责任制度　安全生产责任制是企业各级领导、职能部门、工程技术人员、岗位操作人员在劳动生产过程中应层层负安全责任的一种制度。它是企业岗位责任制的重要组成部分，也是企业劳动保护管理的核心。

制定安全生产责任制度，明确施工企业各级人员的安全责任，切实抓好制度落实和责任落实，是搞好安全管理的重要措施。制定安全生产责任制度，具体表现在以下几个方面。

① 建立、完善以项目经理为首的安全生产领导组织，项目经理应对所建公路工程施工过程中的安全工作负全责，在布置、检查、总结生产时，同时布置、检查、总结安全工作，有组织、有领导地开展安全管理活动，绝不能只挂帅而不具体负责。

② 建立、健全安全管理责任制，明确各级人员的安全责任，这是搞好安全管理工作的基础。从项目经理到一线工人，安全管理做到纵向到底，一环不漏；从专门管理机构到生产班组，安全生产做到横向到边，层层有责。

③ 施工项目应通过监察部门的生产资质审查，这是确保安全生产的重点。一切从事生

产管理与操作的人员，都应当依照其从事的生产内容和工种，分别通过企业、施工项目的安全审查，取得安全操作许可证，实行持证上岗。特种工种的作业人员，除必须经企业的安全检查外，还需按规定参加安全操作考核，取得监察部门核发的安全操作合格证。

④ 一切参与公路工程施工的管理人员和操作人员，都要与施工项目负责人签订安全协议，向施工项目负责人做出安全生产的书面保证。

⑤ 对于安全生产责任制落实情况的检查，应当认真、详细地做好记录，并作为重要的技术资料存档。

⑥ 施工项目负责人负责施工生产中物的状态审验与认可，承担物的状态漏验、失控的管理责任，承担由此而出现的经济损失。

二、公路工程施工安全管理内容

1. 进行安全教育与安全培训

认真搞好安全教育与安全培训工作，是安全生产管理工作的重要前提。通过安全教育与安全培训，能增强人的安全生产意识，提高安全生产的知识水平，有效地防止人的不安全行为，减少人为的失误。因此，安全教育、安全培训是进行人为的行为控制的重要方法和手段。进行安全教育，要做到高度重视、内容合理、方式多样、形成制度、注重实效；进行安全培训，要做到严肃、严格、严密、严谨，绝不能马虎从事。

（1）安全教育的主要内容

① 新工人三级安全教育，是指对新入场的工人必须接受公司、工程处和施工队（班组）三级的安全教育。教育的内容包括：安全技术知识、设备性能、操作规程、安全制度和严禁事项等。新工人经过三级安全教育考试合格后，方可进入操作岗位。

② 特殊工种的专门教育，是指对特殊工种的工人，进行专门的安全技术教育和训练。特殊工种不同于其他一般工种，它在生产过程中担负着特殊的任务，工作中危险性大，发生事故的机会多，一旦发生事故，对企业生产的影响较大，所以，在安全技术方面必须严格要求。特殊工种的工人必须按规定的内容和时间进行培训，然后经过严格的考试，取得合格证书后，才能准予独立操作，这是保证安全生产、防止伤亡事故的重要措施。

③ 经常性安全生产教育，是指根据施工企业的具体情况和实际需要，采取多种形式进行经常性安全生产教育。如开展安全活动日、安全活动月、质量安全年等活动，召开安全例会、班前班后安全会、事故现场会、安全技术交底会等各种类型的会议，利用广播、黑板报、工程简报、安全技术讲座等多种形式进行宣传教育工作。

（2）安全教育的注意事项

① 安全教育要突出"全"字　安全生产是整个企业的事情，牵连到每一个职工的思想和行动。因此，安全生产的宣传教育工作应当是全员、全过程、全面进行的，宣传教育面必须达到100%，使企业各级领导都重视安全生产教育，职工人人接受安全生产教育，真正做到安全生产知识家喻户晓、人人皆知。

② 安全生产教育要突出效果　通过安全生产教育，增强企业全体职工的安全生产意识，实现公路施工全过程的安全生产，这是安全生产教育的目的。安全生产教育要想取得预期的效果，必须抓好以下三个步骤。第一步是全面传授安全生产知识，这是解决"知"的问题。选择的安全生产教育内容，一定要具有针对性、及时性和适用性。第二步是使职工掌握安全生产的操作技能，把掌握的知识运用到实际工作中去，这是解决"会"的问题。第三步是经常对职工进行安全生产的认识教育，即安全生产教育常抓不懈，形成制度，提高职工安全生

产的自觉性，使每一个职工在日常的施工中，处处、事事、时时都认真贯彻执行安全生产的有关规定。

③ 安全教育要抓落实、抓考核 抓落实、抓考核是安全生产教育能否取得良好效果的保证和基础。只有口头宣传和布置，而无具体的措施抓落实、抓考核，安全生产将成为一句空话。施工企业的各级领导要切实抓好这一关键性的环节，建立安全生产考核检查办法，组织强有力的安全生产的监督检查机构，形成落实安全生产的系统网络，使安全生产教育真正起到应有的作用。

2. 进行经常性的安全检查

经常性的安全检查，是发现和消除不安全行为和不安全状态的重要途径，是消除事故隐患、落实安全整改措施、防止事故伤害、改善劳动条件的重要方法。安全检查的形式有普遍检查、专业检查和季节检查。

（1）安全检查的内容 安全检查的内容主要包括：查思想、查管理、查制度、查现场、查隐患、查落实、查事故处理及与安全有关的内容。

① 公路施工项目的检查以自检形式为主，应对公路施工项目的生产过程、各个生产环节进行全面检查。检查的重点以劳动条件、生产设备、现场管理、安全卫生设施以及生产人员的行为为主。当发现有不安全因素和行为时，应立即采取得力措施，果断地加以制止和消除。

② 各级生产的组织者，在全面进行安全检查的过程中，通过对作业环境状态和隐患的检查，再对照安全生产的方针和政策，看是否得到贯彻落实，有无违背国家有关安全生产规定的地方。

③ 对安全管理的检查主要注意以下几个方面。

a. 安全生产是否提到议事日程上，各级安全负责人是否坚持"五同时"（指在计划、布置、检查、总结、评比生产工作的同时，要计划、布置、检查、总结、评比安全工作）。

b. 业务职能部门与人员，是否在各自业务范围内，落实了安全生产责任制；专职安全人员是否坚持工作岗位，是否履行自己的职责。

c. 安全生产教育是否落实，教育效果是否良好。

d. 工程技术和安全措施是否结合为一个统一体，是否实施了作业标准化。

e. 安全控制措施是否有力，控制是否到位，在生产过程中有哪些消除管理差距的措施。

f. 对事故处理是否符合国家现行的有关规定，是否坚持"三不放过"的原则。

（2）安全检查的组织

① 建立严格的安全检查制度，并根据安全检查制度中的要求，对制度中规定的规模、时间、原则、处理等方面的落实情况，进行全面、认真的检查。

② 检查组织是否健全，是否成立了以项目经理为第一责任人，由业务部门、专职安全检查人员参加的安全检查组织。

③ 检查组织在实施安全管理工作中，是否做到了有计划、有目的、有准备、有整改、有总结、有处理。

（3）安全检查的准备 安全检查工作是一项要求很高的细致性工作，在进行安全检查之前，必须做好充分的准备工作，其主要包括思想准备和业务准备两个方面。

① 思想准备 发动施工企业全体职工开展安全自检，自我检查与制度检查相结合，形成自检自改、边检边改的良好习惯。使全体职工在发现危险因素的过程中得到提高，在消除

危险因素的过程中受到教育，从安全检查中得到锻炼。

② 业务准备　安全检查的业务准备主要包括：确定安全检查的目的、步骤、方法和内容，成立相应的安全检查组织，安排具体的检查日程；分析事故资料，确定检查的重点，把主要精力放在事故多发的部位和危险工种的检查上；规范检查记录用表，使安全检查逐步纳入科学化、规范化的轨道。

（4）安全检查的方法　在施工工程中常用的安全检查方法有：一般检查方法和安全检查表法两种。

① 一般检查方法　一般检查方法，就是采用"看、听、嗅、问、查、测、析"等手段进行检查的方法。"看"，即看现场环境和作业条件、看实物和实际操作、看记录和资料等；"听"，即听汇报、听介绍、听反映、听意见、听批评、听机械设备的运转响声或承重物发出的微弱声等；"嗅"，即对挥发物、腐蚀物、有毒气体等用嗅觉进行辨别；"问"，即深入到生产第一线，对影响安全生产的问题进行调查研究，详细询问，寻根究底；"查"，即查明问题、查对数据、查清原因、追究责任；"测"，即对有关安全的因素进行测量、测试、监测；"析"，即分析安全事故的原因、隐患所在。

② 安全检查表法　安全检查表法是一种原始的、初步定性分析的方法，即通过事先拟定的安全检查明细表或清单，对安全生产的状况进行初步的分析、判断和控制。安全检查表通常包括：检查项目（如安全生产制度、安全教育、安全技术、安全检查、安全业务工作、作业前检查、作业中检查、作业后检查等），检查内容（如安全教育可包括：新工人入场的三级教育是否坚持，特殊工种的安全教育是否坚持，对工人日常安全教育进行得怎样，各级领导干部是怎样进行安全教育的），检查的方法或要求（如安全教育中的"三级教育"主要包括：是否有计划、有内容、有记录、有考核或有考试），存在问题，改进措施，检查时间，检查人等内容。

（5）安全检查的形式　采取何种安全检查表，应当根据工程的实际和企业安全生产的情况而定。安全检查的形式，一般可分为定期安全检查、突击性安全检查和特殊安全检查三种。

① 定期安全检查　定期安全检查是指列入安全管理活动计划，间隔一定时间的规律性安全检查，这是一种常规检查。定期检查的周期为：施工项目的自检一般控制在 10～15 天，班组的自检必须坚持每日检查制度，对季节性、专业性施工的安全检查，按规定要求确定检查日期。

② 突击性安全检查　突击性安全检查是指无固定检查周期，对特别部门、特殊工种、特殊设备、小区域进行的安全检查。这种检查形式没有规定具体的时间、内容和次数，应根据工程实际和施工具体情况，由安全组织机构确定。

③ 特殊安全检查　对预料中可能会带来新的危险因素的新安装的设备、新采用的工艺、新建或改建的工程项目，投入使用前，以发现危险因素为专题的安全检查，称为特殊安全检查。特殊安全检查还包括：对有特殊安全要求的手持电动工具、电气设备、照明设备、通风设备、有害有毒物、易燃易爆危险品储运设备的安全检查。

（6）消除危险因素的措施　安全检查的主要目的是发现、分析、处理、消除危险因素，避免不安全事故的发生，实现安全生产。消除危险因素的关键环节，在于认真地整改和检查，真正消除危险因素。对于一些由于种种原因一时不能消除的危险因素，更应当认真进行分析，寻求科学的解决办法，安排整改计划，尽快予以消除。安全检查后的整改，必须坚持

"三定"和"不推不拖"的工作方法，不能使危险因素长期存在而危及人和工程的安全。所谓"三定"是指对安全检查后发现的危险因素的积极消除态度，即：定具体整改的责任人，定解决与改正的具体措施，定消除危险因素的整改时间。所谓"不推不拖"是指在解决具体的危险因素时，应当采取积极的态度，凡是能够自己解决的，绝不推诿，不等不靠，坚决组织整改。也就是说，不能把整改的责任推给上级，也不能把消除危险因素的任务交给第一线工人，更不能借故拖延整改的时间。树立"危险因素就是险情"的安全意识，以最快的速度把危险因素消除。

3. 实行作业标准化

在公路工程的施工过程中，具体操作者产生的不安全行为主要有：由于不知道正确的操作方法而发生操作错误，或为了单纯地追求施工速度而省略了必要的操作步骤，或坚持自己的操作习惯等原因。用科学的作业标准化规范人的行为，是克服和消除不安全因素的重要措施，既有利于控制人的不安全行为，又有利于提高公路工程的质量。由此可见，实行作业标准化，是公路工程安全管理的重要组成部分。在实行作业标准化时，应当注意以下几个方面。

（1）制定作业标准　制定作业标准是实施作业标准化的首要条件。除按照国家和有关部委颁布的操作规程生产外，施工企业也要根据本企业的实际和工程项目的特点，制定切实可行的作业标准。

① 采取技术人员、管理人员、生产操作者三结合的方式，根据操作的具体条件制定作业标准，并坚持反复实践、反复修订、群众认可的原则。

② 制定的作业标准都要明确规定操作程序、具体步骤、怎样操作、操作的质量标准、操作阶段的目的、完成操作后的状态等内容。

③ 制定的作业标准，要尽量使操作简单化、专业化，尽量减少使用工具、夹具的次数，以降低对操作者施工工序的要求，使作业标准尽量减轻操作者的精神负担，以便集中精力按作业标准进行生产。

④ 作业标准必须符合生产和作业环境的实际情况，不能把作业标准通用化，不同作业条件下的作业标准应有所区别。

（2）作业标准必须实用　制定的作业标准必须考虑到人体运动特点和规律，作业场地布置、使用工具设备、操作幅度等方面，均应符合人体学的要求。

① 操作者在生产过程中，尤其是在高空作业时，要避免不自然的操作姿势和重心的经常移动，动作要有连贯性，自然节奏强。如：不宜出现运动方向的急剧变化，动作不受到过大的限制，尽量减少用手和眼的操作次数，肢体的动作尽量小。

② 施工场地的布置，必须考虑公路、照明、水电、通风的合理分配，机械设备、料物、工具的位置等要方便作业。在这方面必须考虑以下几点。

a. 人力移动物体时，尽量限于水平方向的移动，尽量避免垂直方向的移动。

b. 机械操作部分，应安排在正常操作范围之内，防止增加操作者的精神和体力的负担。

c. 操作工作台、座椅的高度，应与操作要求、人的身体条件匹配。

d. 尽量利用起重机械移动物体，改善操作者的劳动条件。

③ 反复训练，达到熟练操作。反复训练使操作者能熟中生巧，是避免工伤事故的重要措施。在训练中要讲求方法和程序，应以讲解示范为主，符合重点突出、交代透彻的要求。在训练中要边训练、边作业、边纠偏，使操作者经过训练达到有关要求。对于经过多次纠正

偏向，仍达不到操作要求，或还不能独立操作的，不得在公路工程施工中正式上岗，必须继续进行训练，直到完全合格为止。

4. 生产技术与安全技术统一

生产技术工作是通过完善生产工艺过程、完备生产设备、规范工艺操作，从而发挥技术的作用，来保证生产的顺利进行。生产技术不仅包括了工艺技术，也包括了安全技术。两者的实施目标虽各有侧重，但工作目的是完全统一在保证生产顺利进行，实现快速、优质、安全这一共同基点上的。生产技术与安全技术的统一，体现了安全生产责任制在生产过程中的具体落实，也体现了"管生产，同时管安全"的管理原则。生产技术与安全技术的统一，具体表现在以下几个方面。

（1）在施工生产正式进行之前，要考虑产品的特点、规模、质量要求、生产环境、自然条件等，摸清生产人员的流动规律、能源供给状况、机械设备配置条件、临时设施规模，以及物料供应、储放、运输等条件。根据以上各种条件，结合对安全技术的要求，完成生产因素的合理匹配计算，进行科学施工设计和现场布置。经过批准的施工设计和现场布置，即成为施工现场中生产因素流动与动态控制的依据，是落实生产技术与安全技术的保证。

（2）施工项目中的分部、分项工程，在正式施工进行之前，针对工程具体情况与生产因素的流动特点，完成作业或操作方案，为分部、分项工程的实施提供具体的作业或操作规范。操作方案完成后，技术人员要把操作方案的设计思想、内容和要求，向作业人员进行详细的交底。安全交底既进行了安全知识教育，同时也确定了安全技能训练的时机和目标。

（3）在生产技术工作中，从控制人的不安全行为以及物的不安全状态、预防伤害事故的发生、保证生产工艺过程顺利实施的角度，应纳入如下的安全管理职责。

① 进行安全知识、安全技能的教育，规范人的行为，使操作者获得完善的、自动化的操作行为，减少生产操作中人为的失误。

② 在生产过程中通过安全检查和事故的调查，从中充分了解物的不安全状态存在的环节和部位、发生与发展、危害性质与程度，摸索和研究控制物的不安全状态的规律和方法，提高对物的不安全状态的控制能力。

③ 严格把好设备、设施用前的验收关，绝不能使有危险状态的设备、设施盲目投入运行，预防人、机运动轨迹的交叉而发生伤害事故。

5. 正确对待事故的调查与处理

事故是人们不希望发生，但有时可能发生的事件。事故一旦发生，就应当以正确的态度去对待、去处理，不能以违背人们的意愿为理由，予以否定。采取正确态度的关键在于对事故的发生要有正确的认识，用严肃、认真、科学、积极的态度，处理好已发生的事故，把事故造成的损失降低到最小程度。同时采取有效措施，避免同类事故的发生。正确对待事故的调查与处理，应当做到以下几个方面。

（1）事故发生后，要以严肃、科学的态度去认识事故，按照有关规定，实事求是地及时向有关部门报告，不隐瞒、不虚报、不避重就轻，是对待事故的正确做法。

（2）在积极抢救受伤人员的同时，采取措施保护好事故的现场，以利于调查清楚发生事故的原因，从事故中找出生产因素控制的不足，避免发生同类事故。

（3）弄清事故发生的过程，分析事故发生的原因，找出造成事故的人、物、环境状态方面的主要因素。分清造成事故的安全责任，总结生产因素管理方面的教训。

（4）以发生的事故作为安全教育内容，及时召开事故现场会和事故分析会，进行深刻的安全教育。通过安全教育，使所有生产部位、生产过程中的操作人员，从发生的事故中看到危害，提高他们安全生产的自觉性，从而在操作中积极地实行安全行为，主动地消除物的不安全状态。

（5）事故的科学分析，找出事故的发生原因后，应采取预防类似事故重复发生的措施，并组织有关部门和人员进行整改，使整改方案和预防措施得到全面落实。通过严格的检查验收，证明危险因素确实已完全消除时，才能恢复施工作业。

（6）未造成伤害的事故，习惯称为未遂事故。虽然未遂事故没有造成人员伤害或经济损失，但也是违背人们的意愿、确实已发生的事件，其危险后果是隐藏在人们心理上的创伤，不良影响作用的时间会更长久。未遂事故同具有损失的事故一样，也同样暴露出了安全管理上的缺陷，严重事故的发生随时随地存在，这是生产因素状态控制的薄弱环节。因此，对待未遂事故，应与已发生的事故一样，进行认真调查、科学分析、妥善处理。

第三节　公路施工安全事故的预防

一、公路施工常见安全事故

根据资料统计表明，公路项目施工中常见的安全事故有以下几种：

（1）物体打击　如坠落物体、滚石、锤击、碰伤等；

（2）高空坠落　如从高架上坠落，或落入深坑、深井等；

（3）机械设备事故引起的伤害　如绞伤、碰伤、割伤等；

（4）车祸　如压伤、撞伤、挤伤等；

（5）坍塌　如临时设施、脚手架垮塌、岩石边坡塌方等；

（6）爆破及爆炸事故引起的伤害　如炸药、雷管、锅炉和其他高压容器引起的伤害等；

（7）起重吊装事故引起的伤害等；

（8）触电（包括雷击）事故；

（9）中毒、窒息　如煤气、油烟、沥青及其他化学气体引起的中毒和窒息；

（10）烫伤、灼伤；

（11）火灾、冻伤、中暑；

（12）落水等。

二、公路施工安全事故原因分析

发生安全事故不是偶然的，究其原因主要有：

（1）纪律松弛、管理混乱，有章不循或无章可循；

（2）现场缺乏必要的安全检查；

（3）从领导到群众思想麻痹；

（4）机械设备年久失修、开关失灵、仪表不准、超负荷运转或"带病作业"；

（5）缺乏安全技术措施；

（6）忽视劳动保护；

（7）工作操作技术不熟练、安全意识差、违章作业；

（8）领导违章指挥。

三、公路施工伤亡事故的预防

安全工作要预防为主，消除事故隐患。小事故要当大事故抓；别人的事故要当自己的事故抓；险肇事故要当事故抓。另外，不应把搞好安全生产单纯看作技术性工作，而必须从思想上、组织上、制度上、技术上采取相应的措施，综合治理才能奏效。

1. 思想上重视

首先是项目部领导要重视。要批判"安全事故难免论"和"对安全生产漠不关心"的官僚主义态度，纠正"只管生产，不管安全；只抓进度，不抓安全；不出事故，不抓安全"的错误倾向。其次，要加强对职工进行安全生产的思想教育，使每个职工牢固树立"安全第一"的思想。

2. 建立健全安全生产规章制度

首先要建立安全生产责任制，即各级项目部门的各级领导的安全管理责任制和职工的安全操作责任制，真正做到"安全生产，人人有责"。其次，要坚持安全生产检查制度。通过检查及时发现问题，堵塞事故漏洞，防患于未然。第三，要坚持安全生产教育制度。第四，要建立安全事故处理制度。事故发生后，应认真吸取教训，防止同类事故重复发生。对事故要按照"三不放过"的原则进行处理，即事故原因分析不清不放过；事后责任者和群众没有受到教育不放过；没有新的防范措施不放过。

3. 制定切实可行的安全技术措施

公路施工的安全技术措施，如针对土石方工程、高空作业、超重吊装以及采用新工艺、新结构工程特点制定的安全技术规程；机械设备使用中的安全技术措施，如使用前通过检验排除隐患，按性能使用，超负荷运转应经过验、加固和测试，以及加设安全保险、安全信号、危险警示和防护装置；改善劳动条件和作业环境的技术措施，如开展文明施工活动，做到施工现场整洁有序，平面布置合理，原材料、构配件堆码整齐，各种防护齐全有效，各种标志醒目，合理使用劳动保护用品，改善照明、通风、防尘、防噪音、防震动等方面的技术措施。具体措施如下。

（1）保证施工现场安全生产 保证施工现场的安全生产，是加快工程进度、保证工程质量、降低工程成本的关键。施工企业的全体职工，在保证施工现场安全生产方面必须严肃、认真对待。为保证施工现场的安全生产，应当做到以下几点。

① 进入施工现场的所有作业人员，必须认真执行和遵守安全技术操作规程。

② 各种施工机具设备、建筑材料、预制构件、临时设施等，必须按照施工平面图进行布置，保证施工现场公路和排水畅通。

③ 按照施工组织设计的具体安排，形成良好的施工环境和协调的施工顺序，实现科学、文明、安全施工。

④ 施工现场的高压线路和防火设施，要符合供电部门和公安消防部门的技术规定，设施应当完备可靠，使用方便。

⑤ 根据工程的实际需要，施工现场应做好可靠的安全防护工作，以及各种设备的安全标志，确保作业的安全。

（2）预防发生坍塌事故 公路工程的坍塌事故，是一种危害较大的事故，易造成人员的伤亡和财产的损坏，施工中必须认真对待，应采取有效措施避免此类事故的发生。根据施工经验，一般应注意以下几个方面。

① 在土石方开挖之前，应根据挖掘深度和地质情况，做好边坡设计或边坡支护工作，

并注意做好周围的排水。

② 施工用的脚手架的搭设必须科学合理、可靠牢固，所选用的材料（包括配件）必须符合质量要求。

③ 大型模板、墙板的存放，必须设置垫木和拉杆，或者采用插放架，同时必须绑扎牢固，以保持稳定。

④ 大型吊装构件在吊装摘吊钩前，必须就位焊接牢固，不允许先摘吊钩、后焊接。

（3）预防机械伤害事故 施工机械运转速度较快，很容易出现机械伤害事故，这也是施工安全管理工作中的重要内容。在预防机械伤害事故中，主要应当做到以下几点。

① 必须健全施工机械的防护装置，所有机械的传动带、明齿轮、明轴、皮带轮、飞轮等，都应当设置防护网或防护罩，如木工用的电锯和电刨子等，均应当设置防护装置。

② 机械操作人员，必须严格按操作规程和劳动保护规定进行操作，并按规定佩戴防护用具。

③ 各种起重设备应根据需要配备安全限位装置、起重量控制器、安全开关等（安全）装置。

④ 起重机指挥人员和司机应严格遵守操作规程，司机应当经过岗位培训合格，不得违章作业。

⑤ 公路工程施工中所用的施工设备、起重机械具都应当经常检查，定期保养和维修，保证其运转正常、灵敏可靠。

（4）预防发生触电事故 随着施工机械化程度的提高，施工用电也越来越多，发生触电事故的概率也越来越高。因此，预防发生触电事故，是施工安全管理中的一项重要任务。预防发生触电事故，主要应注意以下几个方面。

① 建立安全用电管理制度，制定电气设施的安装标准、运行管理、定期检查维修制度。

② 根据编制的施工组织和施工方案，制订出具体用电计划，选择合适的变压器和输电线路。

③ 做好电气设备和用电设施的防护措施，施工中要采用安全电压。

④ 设置电气技术专业的安全监督检查员，经常检查施工现场和车间的电气设备和闸具，及时排除用电中的隐患。

⑤ 有计划、有组织地培训各类电工、电气设备操作工、电焊工和经常与电气设备接触的人员，学习安全用电知识和用电管理规程，严禁无证人员从事电气作业。

（5）预防发生职业性疾病 由于公路工程施工具有露天作业多、使用材料复杂、施工条件恶劣等特点，若不注意很容易发生职业性疾病，这也是公路施工安全管理中十分突出的问题。因此，在预防发生职业性疾病时，应注意以下几个方面。

① 搅拌机应采取密封以及排尘、除尘等措施，以减少水泥粉尘的浓度，使其达到国家要求的标准。

② 提高机械设备的精密度，并采取消声措施，以减少机械设备运转时的噪声。

③ 对从事混凝土搅拌、接近粉尘浓度较大、接近噪声源、受电焊光刺激、强烈日光照射等作业人员，应采取相应的保护措施，并配备相应的防护用品，减少作业人员在不良工况下的作业时间，以减少或杜绝日射病、电光性眼炎及水泥尘肺等职业病。

（6）预防中毒、中暑事故 公路工程使用的材料，有些对于人身是有害的（如沥青、某些溶剂等）；在炎热的气候条件下作业，也会发生中暑事故。因此，预防出现中毒、中暑事故，也是施工安全管理中的内容之一。对工程中所使用的有毒性材料，应当严格保管使用制度。对有毒材料要有专人管理，实行严格的限额领料和限量使用；对有毒性材料的施工，应培训有关人员，并做好防毒措施。对从事高温和夏季露天作业人员，要采取降温、通风和其他有效措施。对不适应高温、露天的作业人员应调离其工作岗位。对高温季节露天作业人员，其工作时间应进行适当调整，尽量将施工安排在早晨或晚上。

（7）雨季施工的安全措施　雨季施工是施工难度较大的时期，也给施工安全管理带来很大困难。这是施工安全管理中的重点，应采取以下安全措施。

① 在雨季到来之前，要组织电气设施管理人员，对施工现场所用的电气设备、线路及漏电保护装置，进行认真的检查维修。对发现的电气问题，应立即进行处理。

② 凡露天使用的电气设备和电闸等，都要有可靠的防雨防潮措施；塔式起重机、钢管脚手架、龙门架等高大设施，应做好防雷保护。

③ 尽量避免在雨季进行开挖基坑或管沟等地下作业，若必须在雨季开挖，要制定排水方案及防止坍塌的措施。

④ 雨后应尽快排除积水、清扫现场，防止发生滑倒摔伤或坠落事故。

⑤ 雨后应立即检查塔式起重机、脚手架、井字架等设备的地基情况，看是否有下陷坍塌现象，若发现有下沉要立即进行处理。

第四节　伤亡事故处理

公路施工企业的施工项目一般都是露天生产场，场内进行立体多工种交叉作业，拥有大量的临时设施，经常变化的工作面，除了"产品"固定外，人、机、物都是流动的，施工人员多、不安全因素多。因此，若不重视安全管理，极易引发伤亡事故。对发生的伤亡事故如何正确处理，这是一个严肃的问题。

一、公路施工项目伤亡事故的处理程序

公路施工生产场所发生伤亡事故后，负伤人员或最早发现事故的人员，应立即报告工程项目的领导。项目安全管理人员根据事故的严重程度及现场情况，立即报告上级主管部门，及时填写伤亡事故表上报有关部门。特别是发生重大伤亡事故后，更应当以最快的速度将事故概况（包括伤亡人数、发生事故的时间、地点、原因等）分别报告企业主管部门、行业安全管理部门、当地劳动部门、公安部门等。公路施工项目伤亡事故的处理程序如下。

1. 迅速抢救伤员，保护好事故现场

施工伤亡事故发生后，现场人员一定要保持清醒的头脑，切不可惊慌失措，要立即组织起来，迅速抢救伤员和排除险情，制止事故进一步蔓延。为了满足事故调查分析的需要，在抢救伤员的同时，应采取措施保护好事故现场。如果因抢救伤员和排除险情必须移动现场的构件时，应准确做好标记。在有条件时，最好拍下照片或录像，为事故调查提供可靠的事故现场原始资料。

2. 组织事故调查组

施工企业在接到伤亡事故报告后，首先立即派人赶赴事故现场组织抢救，然后迅速组织调查组开展事故调查。应根据事故的程度确定事故调查组的组成人员。

（1）发生轻伤或重伤事故的，应由企业负责人组织生产、技术、安全、劳资、工会等有关人员，组成事故调查组，负责对事故的调查处理。

（2）发生一般人员死亡事故的，由企业主管部门会同事故现场所在地区的劳动部门、公安部门、人民检察院、工会，组成事故调查组，负责对事故的调查处理。

（3）发生重大伤亡事故的，应按企业的隶属关系，由省、自治区、直辖市企业主管部门或国务院有关部门牵头，由公安、检察、劳动、工会等部门，组成事故调查组，负责对事故的调查处理。组成事故调查组的成员，应当与发生的事故无直接利害关系，以使其在处理中做到公平、公正、无私。

3．进行事故现场勘察

事故调查组成立后，应立即对事故现场进行勘察。事故现场勘察是一项技术性很强的工作，涉及广泛的科学技术知识和勘察实践经验，关系到事故定性的准确性、时效性和公正性。因此，事故现场勘察必须及时、全面、细致、准确，能客观地反映原始面貌。事故现场勘察包括的主要内容如下。

（1）做好事故调查笔录　事故调查笔录是事故调查和处理的极其重要的资料，也是对事故责任划分的最有力证据。调查组应当详细调查询问，认真做好事故调查笔录。事故调查笔录的内容主要包括：发生事故的时间、地点、气象情况等；事故现场勘察人员的姓名、单位、职务；事故现场勘察的起止时间、勘察过程；能量逸出所造成的破坏情况、状态、程度；设施设备损坏或异常情况，事故发生前后的位置；事故发生前的劳动组合，现场人员的具体位置和当时的行动；重要物证的特点、位置及检验情况等。

（2）事故现场的实物拍照　事故现场的实物拍照是极其重要的佐证材料，应尽可能地详细拍摄。实物拍照主要包括：反映事故现场在周围环境中所处位置的方位拍照；反映事故现场各部位之间联系的全面拍照；反映事故现场中心情况的中心拍照；揭示事故直接原因的痕迹物、致害物等的拍照；反映伤亡者主要受伤和造成伤害部位的人体拍照；其他对事故调查有价值的相关拍照。

（3）事故现场绘图　在某种情况下，事故现场的实物拍照具有一定的局限性，不能全面反映事故现场的实际，认真绘制现场图，可以弥补拍照的这一缺陷。根据事故的类别和规模，以及调查工作的需要，主要应绘制出以下示意图：建筑物平面图、剖面图；事故发生时人员位置及疏散（活动）图；破坏物立体或展开图；事故涉及范围图；设备或工器具构造图等。

4．分析调查事故原因，确定事故性质

在事故调查和取证的基础上，事故调查组可开始分析论证工作。事故调查分析的目的，是为了搞清事故的原因，分清事故的责任，以便从中吸取教训，采取相应的措施，防止类似事故的重复发生。事故分析的步骤和要求如下。

（1）查明事故经过　通过详细的调查，查明事故发生的经过。主要弄清产生事故的各种因素，如人、物、生产和技术管理、生产和社会环境、机械设备的状态等方面的问题，经过认真、客观、全面、细致、准确地分析，为确定事故的性质和责任打下基础。

（2）分析事故原因　在进行事故原因分析时，首先整理和仔细阅读调查材料，按照国家的有关规定和标准，对受伤部位、受伤性质、起因物、致害物、伤害方法、不安全行为和不安全状态七项内容进行分析。

（3）查清事故责任者　在分析事故原因时，应根据调查分析所确认的事实，从发生事故的直接原因入手，逐渐深入到间接原因。通过对事故原因的分析，确定出事故的直接责任者和领导责任者，根据在事故发生中的作用，找出事故的主要责任者。

（4）确定事故的性质　确定事故的性质，这是事故处理的关键，对此必须科学、慎重、准确、公正。施工现场发生伤亡事故的性质，通常可分为责任事故、非责任事故和破坏性事故三类。只要事故性质确定后，就可以采取不同的处理方法和手段。

（5）制定防止类似事故措施　通过对事故的调查、分析、处理，根据事故发生的各类原因，从中找出防止类似事故发生的具体措施，并责成企业定人、定时间、定标准，完成防止类似事故发生的措施的全部内容。

5. 写出事故调查报告

事故调查组在完成上述几项工作后，应当立即把事故发生的经过、各种原因、责任分析、处理意见，以及本次事故的教训、估算损失和实际损失、对发生事故单位提出的改进安全工作的意见和建议，以书面形式写成文字报告，经事故调查组全体同志会签后报有关部门审批。事故调查报告要内容全面、语言准确、符合要求、及时上报。如果调查组人员意见不统一，应进一步弄清事实，深入进行论证，对照政策和法规反复研究，尽量统一认识，但不可强求一致。对于不同意见，在事故调查报告中应写明情况，以便上级在必要时进行重点复查。

6. 事故的审理和结案

事故的审理和结案，是事故调查处理的最后一个环节，也是至关重要的安全管理工作。事故的审理和处理结案，同企业的隶属关系一致。一般情况下，县办企业及县以下企业，由县有关部门审批；地（市）办企业，由地（市）有关部门审批；省、直辖市企业发生的重大事故，由直属主管部门提出处理意见，征得劳动部门意见后，报主管委、办、厅批复。

国家建设部对事故的审理和结案有以下几点要求。

（1）事故调查处理结论报出以后，须经当地有关有审批权限的机关审批后方能结案。并要求伤亡事故处理工作应在 90 天内结案，特殊情况也不得超过 180 天。

（2）对事故责任者的处理，应根据事故的情节轻重、各种损失大小、责任轻重加以区别，予以严肃处理。

（3）清理调查资料，并专案存档。事故调查资料和处理资料，是用鲜血和沉痛教训换来的，是对企业职工进行安全教育的活教材，也是伤亡人员和受到处理人员的历史资料，因此，对事故调查资料和处理资料，应当完整保存归档。

二、工程施工伤亡事故的处理

对施工伤亡事故的处理，是一项严肃、政策性很强、要求很高的工作，它关系到严格执法、主持公道、稳定队伍、接受教训的大问题，各级领导必须认真对待。

1. 确定事故的性质与责任

在施工现场发生伤亡事故以后，项目领导以及上级赶赴事故现场的有关人员，应慎重地对事故现场进行初步调查，以便确定事故的性质。一旦认定为工伤事故，事故单位就应根据国家和所在地区的有关规定进行调查处理。在已查清工伤事故原因的基础上，分析每条原因应当由谁负责。按常规一般可分为：直接责任、主要责任、重要责任、领导责任，并根据责任的具体内容落实到人。

（1）直接责任者　直接责任者是指在事故发生的过程中有必须因果关系的人。如安装电气线路，电工把零线与火线接错，造成他人触电身亡，则电工就是直接责任者。

（2）主要责任者　主要责任者是指在事故发生过程中属于主要地位和起主要作用的人。如某工地一工人违章从外脚手架爬下时，立体封闭的安全网绳脱扣，使该工人摔下致伤，绑扎此处安全网的架子工便自然成为事故的主要责任人。

（3）重要责任者 重要责任者是指在事故发生过程中负一定责任，起一定作用，但不起主要作用的人。如某企业在职工中实施了签订互保协议，一个工人违章乘坐提升物料的吊篮下楼，卷扬机司机不观察情况而盲目启动下降，同班组与乘坐者签订互保协议的工人也不制止，如果出现吊篮突然坠落，造成乘坐者受伤，乘坐者是事故的直接责任者，卷扬机司机是主要责任者，协议互保人就是重要责任者。

（4）领导责任者 领导责任者是指忽视安全生产，管理混乱，规章制度不健全，违章指挥，冒险蛮干，对工人不认真进行安全教育，不积极消除事故隐患，或者事故发生后仍不采取有力措施，致使同类事故重复发生的单位负责人。如某工地领导只重视施工速度，不考虑施工条件和工人身体状况，强行命令工人加班加点，如果出现工伤事故，工地的主要领导和负责安全生产的领导，均为领导责任者。

2. 严肃处理事故责任者

对造成事故的责任者，要加强教育、严肃处理，使其真正认识到：凡违反规章制度，不服从管理或强令工人违章作业，因此而发生重大事故者，都是一种犯法行为，触犯了《中华人民共和国劳动法》和《中华人民共和国刑法》，严重的要受到法律的制裁，情节较轻的也要受到党纪和行政处罚。

有下列情况者，应给予必要的处分。

（1）事先已发现明显的事故征兆，但不及时采取有力措施去消除隐患，以致发生工伤事故，造成人员伤亡和财产损失者。

（2）不执行规章制度，对各级安全检查人员提出的整改意见，不认真执行或拒不服从，仍带头或指使违章作业，造成事故者。

（3）已发生类似事故，仍不接受教训，不采取、不执行预防措施，致使此类事故又重复发生者。

（4）经常违反劳动纪律和操作规程，经教育仍不改正，以致引起事故，造成自己或他人受到伤害或财产受到损失者。

（5）不经有关人员批准，任意拆除安全设备和安全装置者。

（6）对工作不负责任或失职而造成事故者。

3. 稳定队伍情绪，妥善处理善后工作

工程实践证明，施工现场一旦发生伤亡事故，将严重影响正常的生产、工作和生活秩序。尤其表现出领导精神紧张、职工思想波动、队伍情绪低落，工程质量、施工进度、企业经济和社会效益，都受到不良影响，如果处理不好，还会影响企业内部和社会的安定团结，给企业和政府带来很大压力。因此，稳定队伍情绪，妥善处理善后工作，是事关大局的事情，必须下大力气确实解决好。

（1）事故发生后，企业领导和工地负责人要应当率先垂范，应立即赶赴事故现场，积极组织力量抢救伤员，并发出停工令，让大部分职工撤离事故现场，防止事故扩大而增加损失。

（2）项目经理或主管领导要冷静沉着、果断指挥，立即召开有关人员会议，成立事故调查处理小组和行政生产管理小组，以便有秩序地开展工作。

（3）待事故调查组基本搞清事故发生的经过、原因和责任后，事故单位应在事故调查组的参与下，组织召开事故分析会议，从事故事实中找出教训和责任者，提出改进安全管理工

作的措施，以此提高干部职工安全生产的意识。

（4）工伤事故发生后，应尽快通知伤亡人员的家属，切实搞好接待和安抚工作，如实地向其家属介绍事故的情况，以取得他们的谅解和协助。

（5）根据国家和地区有关处理伤亡事故的规定，做好医疗和抚恤工作。这是一件最难解决的问题，企业领导要引起足够的重视，要根据国家的有关政策，做好耐心细致的思想工作。

（6）在征得有关部门同意复工后，企业领导一方面首先组织干部、专业人员和职工对施工现场进行全面的安全检查，及时处理发现的问题和隐患；另一方面组织全体施工人员，认真学习安全生产技术知识、规章制度、标准和操作规程，特别是为避免同类事故发生应宣布本工地所采取的措施，使全体职工受到深刻的教育，把安全管理工作提高到一个新的水平。

第五节　文明施工管理

文明施工是指施工场地整治、卫生，施工组织科学，施工程序合理的一种施工活动。文明施工包括规范施工现场的场容、场貌，保持作业环境的整洁卫生；科学有序地组织施工；减少噪声、排放物和废弃物等对周围环境和居民的影响；保证员工的健康和安全。

文明施工是施工企业管理工作的一个重要组成部分，也是企业有计划、有秩序、有步骤施工的体现，又是施工现场安全生产的基本保证，文明施工不仅体现着企业的综合管理水平，而且关系到施工企业的经济效益。文明施工是现代化施工的一个重要标志，是施工企业施工管理综合素质的反映，针对工程施工中的特点，应把创建文明建设工地与安全质量管理放在同等地位对待，贯穿于项目实施的全过程。公路工程文明施工是指保持公路工程施工现场的整洁、卫生，施工组织科学有序，施工程序科学合理，施工过程确保安全，整个施工符合环境保护要求的一种施工管理活动。这是现代公路建设对其提出的更高标准、更新要求。

一、公路工程项目文明施工管理

建立文明的施工环境不仅是工程自身的需要，而且也是整个社会的需要。文明施工不但与安全隐患存在着千丝万缕的关系，而且还直接或间接地影响着人们的身体健康。实施文明施工、加强现场施工环境管理，将现场的环境保护与文明施工纳入施工管理的职责，并强制性执行，对工程是至关重要的。搞好公路工程项目文明施工的首要条件就是必须建立文明施工组织机构，制定切实可行的管理制度，收集和保存文明施工的资料，加强文明施工的宣传和教育。其具体的技术措施如下：

（1）施工现场应成立以项目经理为第一责任人的文明施工管理组织，分包单位应服从总包单位文明施工管理组织的统一管理，并接受检查和监督；

（2）各项施工现场管理制度应包含文明施工的规定，包括个人岗位责任制度、经济责任制度、安全检查制度、持证上岗制度、奖惩制度、竞赛制度和各项专业管理制度等；

（3）加强和落实现场文明检查、考核及奖惩管理，以促进施工文明管理工作的积极性。检查范围和内容应全面周到，包括生产区、生活区、场容场貌、环境文明及制度落实等内容，检查发现的问题应采取整改措施，并限期加以改正。

（4）收集文明施工的资料

① 上级关于文明施工方面的标准、规定、法律、法律等资料；

② 施工组织设计（施工方案）中对文明施工的管理规定，各阶段施工现场文明施工的

措施；

③ 文明施工教育、培训、考核计划的资料，文明施工自检资料，文明施工活动各项记录资料。

（5）加强文明施工的宣传和教育工作

① 在坚持岗位练兵的基础上，要采取派出去、请进来、短期培训、上技术课、登黑板报、广播、看录像、看电视等方法，灵活多样地进行文明施工教育；

② 要特别注意对新进场工人和临时工的岗前培训及教育，使他们知道文明施工的重要性；

③ 各级领导和专业管理人员，不仅要抓工程质量、进度和成本，而且要重视和熟悉文明施工管理。

二、公路工程项目文明施工基本要求

随着社会的发展和公路工程的管理逐步进入规范化、法制化轨道，文明施工的条例、制度也成为施工建筑法规的重要内容，加上业主对文明施工的具体要求日趋严格和规范，因此，作为施工单位，只有在思想上充分认识到文明施工的重要性，把文明施工工作切实抓紧、抓好、抓出成效，才能在日益激烈的市场竞争中求生存、谋发展、创一流。实现公路工程的文明施工，不仅要着重做好施工现场的场容管理工作，而且还要相应做好现场材料、机械、安全、技术、保卫、消防、生活等方面的管理工作。

公路工程项目文明施工的基本要求如下。

1. 对现场场容管理方面的要求

（1）工地主要入口处要设置简易规整的大门，门旁必须设立明显的标牌，标明工程名称、施工单位和工程负责人姓名等有关内容；

（2）建立文明施工责任制，划分区域，明确管理负责人，实行挂牌制，做到现场清洁整齐；

（3）施工现场应场地平整，公路坚实畅通，有良好的排水设施，基础、地下管道施工完毕后，要及时回填平整，清除积土；

（4）现场施工用的临时水电要有专人管理，不得有长流水、长明灯现象；

（5）施工现场的临时设施，包括生产、办公、生活用房、仓库、料场、临时上下水管道以及照明、动力线路，要严格按施工组织设计中确定的施工平面图进行布置，并做到搭设或埋设整齐美观；

（6）工人操作地点和周围必须清洁整齐，做到活完脚下清，工完场地清；丢撒在楼梯、楼板上的砂浆、混凝土要及时清除，落地灰要回收过筛后再使用；

（7）砂浆、混凝土在搅拌、运输、使用过程中，要做到不撒、不漏、不剩，混凝土必须有容器或垫板，如果有撒、漏应及时清理；

（8）要有严格的成品保护措施，严禁损坏、污染成品，防止堵塞管道。在公路施工的沿线，要每隔一定距离设置临时厕所，并有专人负责清理，严禁在施工现场随地大小便；

（9）工程施工所清除的垃圾渣土，要按照施工组织设计的要求，集中运送到规定的地点，严禁随意堆放，更不得随意处理。在清运渣土、垃圾等废物时，要采取遮盖、防漏措施，运送途中不得遗撒；

（10）根据公路工程的规模、性质和所在地区不同情况，采取必要的围护和遮挡措施，并保持外观整洁；

（11）针对施工现场的具体情况，设置宣传标语和黑板报，并适时更换内容，切实起到表扬先进、促进后进的作用；

（12）施工现场采用封闭式管理，严禁在现场居住家属，严禁居民、家属、小孩在施工现场穿行和玩耍。

2. 对现场机械管理方面的要求

（1）现场使用的机械设备，要按照平面布置规划固定点存放，遵守机械安全规程，经常保持机身及周围环境的清洁，机械的标记、编号明显，安全装置可靠；

（2）在清洗施工机械时排出的污水要有排放措施，不得使其随地流淌而污染施工现场；

（3）在所用的混凝土和砂浆搅拌机旁，必须设有沉淀池，不得将浆水直接排放到下水道及河流等处；

（4）塔吊轨道要按规定铺设得整齐稳固，塔边要封闭，道渣不外溢，路基内外排水畅通。总之，现场机械管理要从安全防护、机械安全、用电安全、保卫消防、现场管理、料具管理、环境保护、环境卫生八个方面进行定期检查。

3. 职工应知两个方面的内容

（1）安全色　安全色是表达信息含义的颜色，用来表示禁止、警告、指令、指示等，其作用在于使人们能够迅速发现或分辨安全标志，提醒人们注意，预防事故发生。在工程上常用的颜色有红色、蓝色和黄色。①红色：表示禁止、停止、消防和危险的意思。②蓝色：表示指令，必须遵守的规定。③黄色：表示通行、安全和提供信息的意思。

（2）安全标志　安全标志是指在操作人员容易产生错误、可能造成事故的场所采取的一种标志。此标志由安全色、几何图形复合构成，是用以表达特定安全信息的特殊标志。设置安全标志的目的，是为了引起人们对不安全因素的注意，预防事故的发生。

三、公路工程项目文明施工内容

在公路工程文明施工方面，各施工企业都根据自己的特点和经验，制定了施工过程中的具体内容。现将某公路施工企业列出的文明施工工作内容介绍如下。

（1）施工企业在开工前做好施工组织设计，绘制好总体平面布置图，应布局合理，文明责任区划分明确，并有明显标记。同时设置明显的标牌，标明工程项目名称、工程概况、建设单位、设计单位、监理单位、项目经理和技术负责人的姓名、开工日期及计划交工日期。

（2）项目经理部必须实行目标管理，应将施工组织网络图、年度目标计划、工序交接流程、质量目标及管理制度上墙，并按季度、月份进行目标细化。高速公路工程施工企业应推行计算机动态跟踪管理。

（3）施工现场所有管理人员、监理人员都必须佩戴胸卡（上岗证上应附照片、姓名、职务、岗位等）。

（4）施工现场（工地）作业公路应保持平整，设有路标。机具材料应做到"二整"：机械设备保持状态良好、表面整洁、停置整齐；施工材料堆放有序、存储规整合理，并插置标示牌。工地现场外观应做到"三洁"：施工场地整洁、生活环境清洁、施工产品美观洁净。场区及施工范围内的沟道、地面无废料、垃圾和油污，应做到工完、料尽、地清。办公室、作业区、仓库等场所内部应整洁有序，生活区中的食堂、供排水、浴室、医务室、宿舍及厕所应符合防火、卫生、通风、照明等要求。

（5）施工标段内的每个重要人工构造物（桥梁、隧道、房建）应设置标明名称、施工负责人、技术负责人、旁站监理等内容的公告牌。

（6）各类拌和场内地区必须进行硬化处理，材料分隔堆放，并标明名称、产地、规格，对水泥、钢材等需设置防雨、隔潮设施。

（7）现场使用的主要机械设备（沥青混凝土合料拌和设备、摊铺机、压路机等）应配设"设备标志牌"，标示出设备名称、生产厂家、出场日期、使用状况，操作人员名称等。在现场使用的主要拌和设备旁，如沥青混合料拌和楼、基层材料拌和楼、水泥混凝土拌和楼（机）等，应设立正在拌和生产的混合料配比控制牌。

（8）施工现场每个施工点，均应有负责人在现场指导施工，主要部位应有技术人员盯岗，现场指挥和技术人员要熟悉操作工艺要求及质量标准。

（9）合理安排施工工序，可能对路面造成污染的附属工序要提前进行或采取相应的保护措施，有碍于间层结合的工序不准在路面上施工或摆放材料。

（10）施工便道（包括施工企业自建的临时公路和因施工需要而通行的原有公路），应进行日常养护，保证晴雨通车，经常清扫、洒水，防止尘土飞扬而影响当地群众的正常生活、生产活动。

（11）施工企业应具有环保意识，对施工中产生的废弃材料不可乱弃乱放，应按要求运往指定地点进行处理存放；对易于造成环境污染的施工材料，在运输、存放及使用过程中，应采取有效措施，使之不产生污染或将污染程度降到最小。

（12）现场进行的各项施工操作，必须按施工前的施工操作安排或有关规范和规定进行，做到层次清楚、紧张有序，杜绝违章操作和野蛮施工。

（13）监理人员对施工企业的文明施工情况应随时进行监督检查，对不能满足文明施工要求的情况要及时予以下令整改。

（14）施工结束后做好临时占地的恢复工作，对施工中占用的地方公路、桥梁等做好修复工作。

小　　结

公路施工是一个风险较高的事业，施工现场的环境较为恶劣，在工程项目建设工程中重视施工安全与建设者的职业健康，具有重要意义。本章在介绍公路施工安全管理范围、要求的基础上，详细介绍了公路工程安全管理措施，公路施工安全事故的预防，伤亡事故的处理以及文明施工等方面的内容。

思考与练习

1. 简述公路工程安全管理的范围。
2. 指出公路工程安全管理的要求。
3. 公路工程安全管理的措施主要有哪些？
4. 与公路工程施工有关的职业伤害事故有哪些？
5. 谈谈安全检查的内容、组织、方法、形式及消除危险因素的措施有哪些？

第十一章 公路工程施工项目的环境保护

第一节 公路工程施工项目环境保护概述

一、环境保护的意义

环境保护是我国的一项基本国策,关系到中华民族的存亡与兴衰,也与每一个人密切相关。对于公路工程项目,环境保护主要是指保护和改善施工现场的环境。公路施工企业在施工过程中,应遵照国家和地方的法律法规及公路行业的要求,采取有效措施尽量保护沿线的自然环境、生态环境,控制施工现场的粉尘、废气、固体废弃物和施工噪声、振动等对环境的污染和危害。改善项目环境无论是对项目本身,还是对社会都是非常重要的,其意义体现在以下几个方面。

(1) 保护和改善项目环境是保证人们身体健康的需要 有些项目可能会对周边环境产生严重负面影响。例如粉尘污染就可能会使作业人员患职业性肺病;噪声污染会干扰人的睡眠,引起人体紧迫的反应,如长期连续在强噪声的环境,会损害人的听觉系统,造成听力损伤,甚至造成神经系统紊乱等。所以,对可能会影响人体健康的项目环境必须进行改善,这是保障人们身体健康的一项重要任务。

(2) 保护和改善项目环境是保证项目顺利进行的需要 就项目内部而言,通过保护和改善环境,使项目参与者能在一个良好的环境中进行工作,这无疑对项目的顺利进行是非常有利的。而就项目外部而言,通过保护和改善环境,可以最大限度地减少来自外部的干扰,使项目顺利进行。

(3) 保护和改善项目环境是项目参与者应尽的职责 保护和改善项目环境事关国计民生,作为项目的参与者责无旁贷。国家就环境保护问题颁布了相关法规,因此保护环境是国家的要求,是施工企业的行业标准。

(4) 保护和改善项目环境是现代化大生产的客观要求 现代化大生产广泛应用新设备、新工艺、新材料,这些对环境质量要求很高。例如粉尘、振动超标就可能损坏设备,影响功能的发挥。

二、施工现场环境保护基本规定

(1) 项目经理部应当遵守国家有关环境保护的法律规定,采取措施控制施工现场的各种粉尘、废气、废水、固体废弃物以及噪声、振动对环境的污染和危害。

(2) 施工现场在施工中所用的泥浆水,应按有关规定进行妥善处理,未经处理不得直接排入河流中。

(3) 除经批准符合规定的装置外,不得在施工现场任意熔化沥青、焚烧油毡等,也不得焚烧其他可产生有毒有害和刺激气味气体的废弃物。

(4) 在工程施工的过程中,尤其采用石灰稳定土路基时,应采用有效控制措施,防止石灰和尘土的飞扬。

（5）对于施工产生噪声、振动和排废气的施工机械，应采取有效控制措施，减轻对周围环境的影响。

（6）工程施工由于受技术、经济、设备等方面的各种限制，对环境的污染不能控制在规定范围内的，项目经理部应会同业主事先报请当地建设行政主管部门和环境保护行政主管部门批准。

第二节　施工现场环境保护的主要内容

一、生态环境保护措施

（1）对于开挖土方、回填土方过大的路段，施工应当避开雨期，并在雨期来临之前，将开挖、回填、弃土方的边坡处理完毕。

（2）对于施工取土，要做到边开采、边平整、边绿化。同时还要做到计划取土、及时还耕。对于需要在公路两侧取土的，要根据实际情况做好规划，要有利于保护耕地。在南方地区公路工程的取土，要与修建养鱼、养虾池有机地结合起来，并与路基保持一定的距离，杜绝随意取土。

（3）对于雨水较多的地区，在公路工程施工中，很容易出现边坡的崩塌、滑坡现象，因此凡是大面积护坡处需增设截水沟，有组织地排除雨水。

（4）施工过程中，在可能产生雨水地面径流处开挖路基时，应设置临时性的土沉淀池以拦截泥沙，必要时在沉淀池的出水侧面设置土工布围栏，待公路建成后，将土沉淀池推平，并绿化或还耕。

（5）对修筑好的路堤边坡应及时植草绿化，在修筑较高的挡土墙时，每隔一定距离栽植容易生存的灌木。

（6）对于施工中的临时占地，应将原有土地表层耕作的熟土堆积一旁，待施工完毕再将这些熟土推平，恢复原土地表层。

二、大气污染防治措施

（1）公路工程施工的堆料场、灰土料拌和站等应设于空旷的地方，周围相距 200m 的范围内不应有集中居民区、学校等。

（2）在采用沥青路面的路段，沥青混凝土搅拌站的位置应选择适当，既要施工方便，又要符合卫生要求，卫生防护距离分级中规定的保护距离不少于 300m。同时沥青混凝土搅拌站应设在离开居民区、学校等环境敏感点以外的下风向处，有条件的工程宜采用封闭式沥青熬化作业工艺。

（3）在进行施工材料运输时，运输公路在干燥气候下应采取定时洒水降尘措施，对于一些粉状材料（如石灰粉、散水泥等），运输时应加以遮盖，卸料时应低位轻卸。

三、水体污染防治措施

（1）某些施工所用材料，如沥青、油料、化学品等不宜堆放在民用水井及河流湖泊的附近，防止雨水冲刷而进入水体。

（2）施工单位的生活污水、生活垃圾、粪便等应集中处理，不能直接排入水体；施工管理区的生活污水等无法接入市政排水管网时，要建化粪池进行处理。

（3）桥梁施工中的施工机械、船只要经过严格检查，防止出现油料泄漏。严禁将废油、施工垃圾等随意抛入水体中。

四、施工噪声防治措施

（1）当公路工程施工路段或工地距居民驻地距离小于150m时，为保证居民夜间休息，应在规定的时间内停止施工，并提前张贴安民告示。

（2）对于公路工程施工处附近的学校和单位，施工项目部应预先与他们商议，调整施工时间或采取其他措施，尽量减小施工噪声对教学和工作的干扰。

（3）施工项目部要注意保养施工机械，使机械维持最低声级水平，安排工人轮流操作施工机械，减少工人接触高噪声的时间，对在高噪声声源附近工作时间较长的工人，可采取发放防声耳塞、头盔等保护措施，使工人进行自身保护。

（4）对于施工机械产生的噪声，可采用吸声、隔声、隔振和阻尼等声学处理方法来降低噪声，使其符合规定的标准。

第三节　环境保护的具体措施

公路施工环境保护是针对施工过程环境保护的全方位、全过程的建立和管理，在这个过程中的主要任务：一是根据《中华人民共和国环境保护法》及相关法律法规，对工程建设过程中污染环境、破坏生态的行为进行监督管理，如噪声、废水、污水等污染物排放应达标、减少水土流失和生态环境破坏，也称为"环境达标"；二是对建设项目配套的环保工程进行施工，确保"三同时"的实施，如对水处理设施、声屏障、绿化工程、自然保护区、水源保护区以及风景名胜保护区的保护等的进行，也称"环保工程"。施工环境保护是工程建设的重要组成部分，但由于工作内容不仅仅限于工程本身，涉及环保技术，因此具有其特殊性。施工环境达标是以环保法律法规、合同中有关的条款，尤其是公路项目环境影响评价的内容和相关批复作为工作的主要依据，主要是对工程建设过程的环境污染、生态破坏防治及恢复的措施进行监督管理。

一、环境保护工作内容及方式

1. 环境保护的工作内容

（1）准备阶段的环境保护工作

① 参加设计和环境保护交底工作，熟悉环境评估报告和设计文件，掌握沿线重要的环境保护对象，了解建设过程的具体环境保护目标，对敏感的保护目标作出标识。

② 审查施工单位提交的施工组织设计和开工报告，对施工方案中环保目标和环保措施提出审查意见。

③ 审查施工单位的临时用地方案是否符合环境保护的要求，临时用地的恢复计划是否切实可行。

④ 审查施工单位的环境保护管理机构是否健全，环境保护体系是否责任明确，制定的环境保护措施是否切实有效。

⑤ 参加第一次工地会议，了解环境保护目标的具体要求，以便提出环境保护具体措施。

（2）施工阶段的环境保护工作

① 审查施工单位编制的分部（分项）工程施工方案中的环境保护措施是否可行，对不适宜部分提出意见和建议。

② 对施工现场、施工作业进行巡视或旁站，检查环境保护措施的落实情况，对发现的问题要明确指出、及时纠正。

③ 监理工程师或环境保护有关人员，要严格按规定监测各项环境指标，并出具环境检测报告或成果。

④ 监理工程师或环境保护有关人员，要根据工程实际和环境保护管理目标，向施工单位发出环境保护工作指令，并随时检查指令的执行情况。

⑤ 监理工程师或环境保护有关人员，要按照有关规定和要求编写环境保护工作月报，及时通报施工中的环保工作状况。

⑥ 监理工程师或环境保护有关人员，参加工地环保工作例会，建立、保管环境保护工作档案。

⑦ 监理工程师或环境保护有关人员，协助主管部门和建设单位处理突发环境保护事件。

（3）交工及责任期的环境保护工作

① 设计、建设、监理、施工、质量监督等单位共同参加交工验收检查，确认施工现场清理工作、临时用地的恢复等是否达到环境保护的要求。

② 监理工程师应将施工中的环境保护工作当作一项重要任务，要认真检查施工单位环境保护方面的资料是否达到设计要求。

③ 组织有关单位评估环境保护任务或环境保护目标的完成情况，对尚存的主要环保问题提出继续监测或处理的方案和建议。

④ 按照设计和合同文件中的条款要求，继续完成缺陷责任期的环境保护工作。

2. 环境保护的工作方式

对施工活动的环境保护工作进行动态管理。工作方式以巡视为主，根据施工区污染源分布情况，定期进行巡视。对特别关心的重点可以进行旁站，必要时还可以进行环境监测。对巡视和旁站情况，做好详细记录。过程中如发现环境污染和生态破坏等情况，监理工程师应立即通知施工单位限期整改。一般性或操作性的问题，可以采取口头通知方式。口头通知无效或有污染隐患时，应发出书面通知，要求施工单位整改，并根据施工单位的书面回复检查整改结果。严重的环境问题，还应同时向建设单位汇报。如整改情况不理想，可以发布停工指令。

二、环境保护的具体措施

1. 施工准备阶段的环境保护

公路工程施工环境保护应贯彻"预防为主、防治结合、综合治理"的原则，树立"原始的就是最美的，不破坏就是最好的保护，力求达到施工中最小程度的破坏、施工后最大限度的恢复"的环保理念，在施工准备阶段应做好以下准备工作。

（1）熟悉工程资料，掌握工程整体情况（包括工程环境影响区域）。环境保护人员应掌握项目环境影响评价和水土保持方案提出的环保要求和措施，熟悉环评和水保批复的内容，对照工程设计文件、图纸以及现场环境，对施工期的环保情况形成一个整体的概念，并对敏感的保护目标作出标示。

（2）根据环保管理目标和工程实际情况，编制切实可行的施工环境保护规划。根据施工环境保护规划，编制各单位工程的环境保护实施细则。

（3）根据工程实际情况和环境保护的具体要求，配置必需的环境监测设备和仪器。

（4）按要求建立环境保护工作网路，施工单位要建立完善的环境保护管理体系，将环境保护工作真正落在实处。

(5) 审查施工单位的临时用地方案，所有便道、便桥和临时设施，必须经监理工程师及环保管理人员审批同意后才能使用。

(6) 在工程正式开工前，审查取（弃）土场、采石场的选址，对生态敏感点和取（弃）土场、采石场进行必要的实地踏勘。

(7) 审查施工单位编制的施工组织设计，对不符合工程环境保护要求的环节和内容提出改正要求，对遗漏的环节和内容要求增补。

(8) 监理工程师或环境保护有关人员，要参加第一次工地会议，对施工单位进行环境保护方案交底。

(9) 对施工现场试验室放射源要进行全过程的旁站，保证放射源得到妥善处置。

(10) 施工场地和便道附近有敏感保护对象时，对施工车辆作出限速行驶的规定，并对执行情况进行巡检。

(11) 对营地、办公区、试验室、材料室、拌和场、预制场以及取（弃）土场的环保措施执行情况、环保设施运行维护情况进行巡检。

2. 施工阶段的环境保护

(1) 路基工程的环境保护　　路基应做好临时排水，并与永久性排水系统相结合，避免积水及冲刷边坡，取土场、弃土场应做好水土保持措施，对施工产生的振动、噪声、扬尘应减小到最低限度。

① 地表清理及结构物拆除环保措施　　开挖施工中表层土保护是一个重点环境保护问题，表层土流失除引起水土流失外，也可能引发一系列生态平衡失调，如植被丢失、景观破坏等。

a. 在清除表层淤泥、杂草前，应明确清理对象和范围，不应仅考虑方便施工而任意破坏沿线两侧的植被。对于古树名木等有保存价值的植物，应事先联系当地林业部门，采取移植等异地保护的方法加以保护。树根挖除深度以正好挖出为宜。清除物中的树木、农作物、杂草，除部分可作为肥料外，应尽快运至经审批的水土保持方案所确定的弃渣场，不得随意丢弃。对于挖出的表土，应在施工区域附近选择地形平坦的地点集中堆置，可用于将来沿线绿化和地表恢复，堆置期间应由防雨设施覆盖，以防止雨水冲刷和水土流失，并设置相应的排水系统。不用于本地恢复的可直接覆盖至可供耕作的其他地面。

b. 路基用地范围内的旧桥梁、旧涵洞、旧路面和其他障碍物的拆除，若周围 30m 范围内有居民点，在拆除时，宜整体大部件吊装移除，减少粉尘排放，并且在拆除前应对被拆体充分洒水、保持湿润，并对正常排水作出妥善安排。拆除的废弃物应及时清运，以防造成二次污染。

② 路基开挖过程中的环保措施　　路基开挖对沿线植被及动物栖息地将造成永久性的破坏。此外，土壤的剥离与开挖容易造成土壤结构的破坏和肥力的下落。

a. 土石方开挖

(a) 将开挖范围严格控制在施工范围内，不应仅考虑方便施工而任意破坏施工范围之外的植被和土壤。注意对图纸未示出的地下管道、光缆、文物古迹和其他结构物的保护。

(b) 路基开挖，应按相应的土石方调配方案，做到尽可能利用。开挖应自上而下进行，不得乱挖和超挖。若发现实际与设计勘探的地质资料不符时，特别是土质较设计松散时，应修改施工方案及挖方边坡，保证坡面稳定。施工过程中如修建平台后边坡仍然不能稳定或大雨后立即坍塌时，应考虑修建石砌护坡，在边坡上植草皮或建挡土墙。在雨水充沛的地区，应及时设置排水沟及截水沟，避免产生边坡坍塌、滑坡。剥离表层土予以保护和利用，若不用于本地恢复的，应在施工区域附近集中堆置，并设置相应的防雨和排水设施。

（c）对于施工取土，需做到边开采、边平整、边绿化，同时要做到计划取土，及时还耕。对于公路两侧取土，要做好规划，需有利于荒地改造。南方地区可与修建养鱼、虾池有计划地结合起来，并与路基保护有一定的距离，杜绝随意取土，禁止在河渠、沟堤取土。

（d）挖、填方工程量过大的路段应避免雨季施工，尽可能安排在 11 月至次年 4 月，避免雨季施工带来的严重水土流失。如不能避开雨季施工，应尽量减少施工面坡度，并做到填料的随取随运、随铺随压，以减少雨水冲刷侵蚀。

（e）开挖回填时应做好临时排水系统，雨季来临前将开挖回填、弃方的边坡处理完毕。

（f）在有雨水地面径流汇集处开挖路基时，以及在临时土堆周围和其他容易产生水土流失的地段，应设置沉淀池，作用是雨水流经时流速减慢使泥沙下沉，防止水土流失。泥土沉淀池沿路线长度视需要确定，沉淀池可用挖掘机在路基旁开挖出 $0.5\sim1m$ 深、$20\sim30m^2$ 的凹地，并在沉淀池的出水一侧设置土工布围栏，使泥沙再次受到拦截。当路基建成、排水涵管铺设完毕后，推平沉淀池。

b. 弃方的处理

（a）在有弃方的路段开工前，在施工组织设计中应明确弃方的数量、调运方案、弃方位置及堆放形式、坡脚加固处理、排水系统的布置等相关安排。弃土堆应堆置整齐、稳定，排水畅通，避免对周围的建筑物、排水及其他任何设施产生干扰和破坏，避免造成环境污染。

（b）开挖中挖出的未被利用的剩余材料、清理场地的杂物和废料，以及不适合作路堤填料的材料，不得任意废弃，都应运送至图纸所示的地点（弃渣场）堆放。沿溪及沿山坡和图纸规定不能横向弃置废方的开挖路段，必须严格在指定的弃方场弃方。

（c）弃方运输过程中应有覆盖，并严格按照指定路线行驶，将因运输造成的沿线土壤和植被损失控制在最小程度。运输路线经过住宅区、学校等敏感地区时，注意调整作业时间，避免交通噪声干扰人民生活。

（d）改河、改渠、改道开挖出的土石方除可利用外，应按弃方妥善处理。

c. 石方爆破

（a）凡不能采用机械或人工直接开挖的石方，才可采用爆破法开挖，石方爆破作业应查明空中缆线、地下管线的位置，确定爆破作业的危险区域，并采取有效措施防止人、畜、建筑物和其他公共设施受到危害和损失。在危险区的边界应设置明显的标志，建立警戒线，显示爆破时间的警戒信号，在危险的入口或附近应设置标志，并派人看守，严禁人员在爆破时进入危险区。在风景名胜等受保护区域附近进行爆破作业时，应预先作爆破效果分析，包括飞石、地震波的影响范围，采取减震等保护措施，以免破坏保护对象。如采用减弱松动爆破都无法保证安全时，可采用人工开凿、化学爆破或控制爆破。

（b）石方开挖，应充分重视挖方边坡稳定。在地形、地质、开挖断面适合时，应采取预裂、光面爆破技术开挖边坡，减少对山体的扰动，保持边坡稳定。石方爆破作业应以小型及松动爆破为主，减小爆破震动影响。路堑开挖前先挖截水沟，挖至设计高程后及时砌筑护坡、排水沟、急流槽等设施，并保证工程质量，防止坡面崩塌造成的不必要的水土流失。

（c）需要爆破时，如附近有村庄尽可能以挖掘代替爆破，以多点少药代替大剂量炸药爆破，采用延时爆破技术等手段降低噪声和震动。夜间禁止开山爆破。敏感点及文物保护单位附近禁止开山放炮，确需放炮作业的，应先检查被保护建筑是否属于危房，适当加固，并加以阻挡和防护，防止飞石，并减小震动对建筑物的影响。

（d）在山地或森林等野生动物分布较集中的区域，爆破前宜采用人工手段对爆破区内可能存在的野生动物进行驱赶，避免其因爆破造成意外死亡。

（e）开山施工应特别注意避免对特殊地貌景观的破坏，以及避免引发泥石流等地质灾害。

d．边坡修正

（a）边坡开挖后出露的块石及植物根系应尽量予以保留，以减少开挖面土壤的散落，开挖面的坡度应严格按照设计图纸设置，以免造成坍塌或加剧水土流失。

（b）合理安排各工序的施工时间和程序，分段施工，尽量减少工作面。在土方工程完成后，立即开始护坡、设挡土墙、路基边坡植草、铺砌排水沟等工程。完成一段后再开始下一工段。

（c）及时开始边坡的护坡工程和绿化植草，土木工程和生物工程相结合。这种综合治理的方法，可以有效地防止路堑边坡滑塌造成的水土流失，按照设计和规范要求控制好坡度。

（d）拟设挡土墙的路堑，应及时防护，可采取纵向分段挖掘法，以便同时分段修筑挡土墙。

（e）拟设防护工程的边坡，当防护工程不能紧跟开挖施工时，应暂时留下一定厚度的保护层或放缓坡度，待防护工程施工时再刷坡挖足。

（f）在雨水充沛地区，及时设置排水沟及截水沟，避免产生边坡崩塌、滑坡。

e．噪声控制　　该阶段施工场界噪声限制为昼间75dB，夜间55dB。

（2）路堤填筑施工的环保措施　　路堤填筑应采取有效的环保措施防止水土流失、边坡冲刷，确保路基稳定。施工机械引起的振动、噪声、扬尘，符合国家规定的相关要求。

① 路基施工中，应保持通行公路湿度，避免过往车辆卷起扬尘，污染周边空气环境。应严防施工机械跑、滴、漏油，以避免对土壤和水环境的污染。运料车应加盖篷布，按照指定路线行驶，在已建成通行的公路上行驶，应保持原有公路整洁畅通。

② 填方工程量过大的路段应避开雨季施工，避免雨季施工带来的严重水土流失。在雨季来临之前安排将开挖回填土方的边坡的排水设施处理好，并防止路基施工中发生污染农田事件。如不能避开雨季施工，应尽量减少施工面坡度，并做到施工用料的随取、随运、随铺、随压，以减少雨水冲刷侵蚀。

③ 雨季施工时，应及时掌握气象预报资料，以便按降雨时间实施雨前填铺的松土压实等防护措施，减少水土流失。路堤填土后应立即平整顶面并压密实，保证适当的排水横坡，边坡铺砌前挖设临时急流槽并用塑料布铺底，雨季时用沙袋或草席压住坡面进行暂时防护，防止护坡面的水土流失。

④ 山区公路路基施工要先做初步挡护再进行开挖或填土，防止土、石进入河流或谷地影响水质和泄洪，路基工程工序结束后再重新按设计要求修建挡墙。

⑤ 借方土料场使用前，应将表土剥离并集中堆置，配以防雨排水设施（同挖方的表土处置）。

⑥ 填筑路基时，应分层碾压并分层检查压实度，并要求填土层压实度达到要求后方能允许填筑上一层填土。只有分层控制填土的压实度，才能保证控制水土流失量。对填石路段，采用冲击式压实机械，还应防止强烈振动对周边结构物产生的危害。

⑦ 粉煤灰路堤施工中，粉煤灰的运输和堆放应呈潮湿状态，运输车辆周边密闭，顶面加盖，以防粉煤灰沿路散落飞扬而污染环境。同时在施工路堤两侧应有良好的排水设施和防雨水冲刷的措施，以防粉煤灰污染附近水源和农田等。半填半挖交界处，或采用加筋挡墙的地段应用土工合成材料加筋时，边料角应回收，不得随意丢弃。

⑧ 对成型施工路段适时洒水，减轻扬尘污染。临时边坡应做几种排水槽；暴露面及时压实、及时洒水，注重水土保持工作，并控制扬尘污染。

⑨ 运输路线经过住宅区、学校等敏感区时，注意调整工作时间，避免交通噪声干扰人民生活。该阶段施工场界噪声限值为昼间 75dB，夜间 55dB。

（3）特殊路基处理

① 软土、沼泽地区路基软土、沼泽地区路基施工，注意解决可能出现的路基盆形沉降、失稳和路桥沉降差等问题。路堤填筑前，应排除地表水，保持基底干燥。淹水部位填土应由路中心向两侧填筑，高出水面后，按要求分层填筑并压实。软土、沼泽地基应根据软土、淤泥的物理力学性质、埋层深度、路堤高度、材料条件、公路等级等因素分别采取置换土、抛石挤淤、超载预压、反压护道、渗水及灰土垫层、土工织物、塑料排水板、碎石桩、轻质路堤、深层加固等措施，为加强效果，各项措施可配合使用。软土、沼泽地区下层路堤，应采用渗水材料填筑；路堤沉陷到软土泥沼中的部分，不得采用不渗水材料填筑，其中用于砂砾垫层的最大粒径不应大于 5cm，含泥量不大于 5%。

② 滑坡地段路基滑坡是指在一定的地形地质条件下，由于各种自然的和人为的因素影响，山坡的不稳定土（岩）体在重力作用下，沿着一定软弱面或带作整体的、缓慢的、间歇性的滑动变形现象。滑坡是山区公路的主要病害之一，对山区公路建设设施危害很大，勘察工作繁重，防治工作艰巨。对大型滑坡应尽量绕避，当路线绕避困难，或经济上显著不合理而又必须通过滑坡时，应根据滑坡规模的大小，进行具体方案选择，采取综合治理的策略，并力求根治。

a. 滑坡体未处治前，禁止在滑坡体上施加荷载（如停放机械、堆放材料、弃土等）。

b. 对于滑坡顶面的地表水，应采取截水沟等措施处理，不让地表水流入滑动面内。必须在滑动面以外修筑 1～2 条环形截水沟；对于滑坡体下部的地下水源应截断或排除。

c. 对于挖方路基上边坡发生的滑坡，应修筑一条或数条环形水沟，但最近一条必须离滑动裂缝面最少 5m 以外，以截断流向滑动面的水流。滑坡上面出现裂缝须填土进行夯实，避免地表水继续渗入，或结合地形，修建树枝形及相互平行的渗水沟与支撑渗沟，将地表水及渗水迅速排走。

d. 滑坡直接影响到公路路基稳定时，不论采用何种方法处理，都必须做好地表水及地下水的处理工作。

e. 当挖方路基上边坡发生的滑坡不大时，可采用刷方（台阶）减重、打桩或修建挡土墙等方法进行处理以达到路基边坡稳定，同时，宜修筑排水沟、暗沟（或渗沟）排除地下水。滑坡较大时，可采用修建挡土墙、钢筋混凝土锚固桩或预拉应力锚索等方法处理，不论采用何种方法处理，其基础都必须置于滑动面以下的硬岩层上或达到设计要求的深度。同时宜修筑深渗沟、排水涵洞（管）或集水井等排除地下水或修建地下截水墙截断地下水。

f. 对于填方路堤发生的滑坡，可采用反压土方或修建挡土墙等方法处理。当滑坡较大时，或采用反压土方或修建挡土墙、钢筋混凝土锚固桩、预拉应力锚索等方法处理时，修建构造物的基础必须置于滑动面以下的硬岩层上或达到设计要求的深度。

g. 对于沿河路基发生的滑坡，可采用修建河流调治构造物（如堤坝、丁坝、稳定河床等）、挡土墙等方法处理，其构造物的基础必须置于河流冲刷线以下设计要求的深度或硬岩上。

h. 滑坡表面处治可采用整平夯实山坡、填筑积水坑、堵塞裂隙或进行山坡绿化方法固定表土。

③ 泥石流地区路基泥石流多发生在山区，路线通过泥石流沟时，应对地貌特征、泥石流的规模、危害程度、流体性质、物质组成、发生趋势等沿沟进行实地调查，掌握泥石流的具体情况，以确定合适的防治措施。对于穿过泥石流沟的路基应采取以下环保防治措施。

a. 采用桥梁、涵洞、过水路面、隧道、渡槽穿越泥石流沟。

b. 在桥涵进出口段设置排导沟，以减缓泥石流对路基的冲击。

c. 在泥石流沟内设置拦挡坝，防止泥石流沟床下切，导致山坡滑坍和携带的冲击物危害路基。拦挡坝可用片石、混凝土、石笼、土等材料砌筑。坝顶应采用平顶式，当两端岸坡有冲刷可能时，应采用凹形。

d. 对于流石较小、大石块含量少的小型泥石流沟可设置格栅坝拦截。格栅坝可用钢轨、钢绳、粗钢筋或钢筋混凝土构件筑成。

e. 在泥石流范围内可采用水土保持或其他稳定山坡的措施。水土保持可与当地规划相结合，广泛植树造林、封山育林、平整山坡、修筑梯田、合理放牧，并视具体情况修建地表排水设施，使泥石流病害得到逐步治理。

（4）路面工程环境保护措施 路面拌和场应远离自然村落，并在其常年主导风向下风处，场地应硬化处理。沥青路面拌和设备配料除尘装置应保持良好的除尘效果，施工过程中剩余的废弃料必须及时收集到弃料场集中处理，不得随意抛弃。路面施工应与路基、桥梁施工有合理的安排，减少交叉施工引起的环境污染。

① 路面基层环境保护措施

a. 混合料拌和与运输

（a）水泥稳定混合料或二灰稳定混合料的拌和应采用厂拌法。

（b）拌和场应配备临时污水汇集设施，对拌和场清洁砂石料的污水应汇集处理后回用，不得直接排出至施工现场以外的地方。拌和场所产生的废水，应处治后排放，不得直接排入鱼塘、河流和农田。

（c）装载机和运输车辆的装卸料、运输产生的扬尘，可在现场设置喷水装置洒水，增加洒水频率来控制扬尘，使扬尘减至最低限度。石灰、粉煤灰应有防尘防雨设施，散装水泥出料口应有封闭型卡车进行装载运输，并严格按照指定路线行驶。运输易引起扬尘的材料时，车辆应备有篷布及类似物进行遮盖。

（d）运输路线经过住宅区、学校等敏感地区时，注意调整作业时间，避免交通噪声干扰人民生活。

b. 初期养护 基层应采用土工布或棉毡进行覆盖养护，减少水分蒸发。养护应控制水量，避免溢出。在养生结束后，覆盖物应定点堆放，运输和存放过程中，应注意对周边植被和土壤的保护，在存放点应有防雨和排水设施。

c. 噪声控制 该阶段施工场界噪声限制为昼间 70dB，夜间 55dB。当敏感区域噪声不能达标时，应采用控制作业时间等措施，保证居民的夜间休息不受打扰。

② 沥青混凝土路面环境保护措施

a. 混合料的拌和

(a) 沥青混凝土拌和场不得设在饮用水源地保护区内。

(b) 要充分考虑沥青烟气的有毒有害性，结合项目环境影响报告书中关于沥青搅拌场的影响分析和选址意见，在其下风向严重考虑避开人类活动密集区、养殖场及敏感植物类群。

(c) 沥青拌和设备、沥青、导热油、燃油储存罐及连接管道应确保密封，防止泄漏，应配置干砂、足够的灭火器，以保证发生意外时的应急处理。应配置除尘器以及沥青烟气处理装置，设备污染物排放应符合《沥青工业污染物排放标准》（GB 4916—85）中的一级标准的规定（沥青烟尘≤150mg/m³）。沥青混凝土的采购合同应明确对供货单位的环保要求。

(d) 拌和楼除尘系统每天将产生大量回收粉尘，经试验室试验分析，塑性指数等指标符合沥青路面施工技术规范相关要求时，尽量回收利用，若不能使用时，应制定相应的处理措施，不得随意倾倒。

b. 混合料的运输混合料应按指定的路线运输，运输路线经过住宅区、学校等敏感地区时，注意调整作业时间，避免交通噪声干扰人民生活。

c. 沥青混合料摊铺和碾压摊铺和碾压的机械应保证正常使用，噪声控制应执行建筑施工场噪声限值标准。摊铺作业时会产生沥青烟等有害气体，施工单位必须为作业人员提供有效的劳动保护用品，以保证施工人员的健康。

d. 沥青撒布

(a) 沥青撒布时，应确保设备完好，事先周密计划，尽可能缩短时间，减轻对周围人群及施工人员健康的影响。

(b) 位于沥青撒布区周边的土壤表面应铺设临时覆盖物，加以保护，对于沥青可能溅到的植物，应由临时覆盖物加以包裹或遮挡。洒落的沥青应进行收集并运送至弃渣场。

(c) 摊铺施工剩余废弃料必须收集，运至废料场集中处理，不得随意抛弃。

e. 废气料拌和楼调试、使用过程中的废气料或不同原因造成的废弃混合料，应及时收集并运至弃渣场，避免随意弃置污染土壤或破坏植被。

f. 噪声控制噪声控制施工场界噪声限值控制在昼间 70dB，夜间 55dB。

(5) 桥涵工程环境保护措施　桥梁施工应充分了解设计提供的工程资料，根据当地的气候及周边环境在施工组织设计中，制定相应的环境保护措施。

① 明挖基础　明挖基础施工过程中，应还查对地质水文资料，若得知基础地基下有涌泉、流沙、溶洞等地质情况时，施工单位应考虑有关准备措施。

② 围堰　围堰施工应考虑流速增大、河床集中冲刷、通航及导流的影响，并应清楚围堰的材料。

a. 明确围堰用的土袋、板桩或套箱的数量，对围堰材料进行编号，保证施工前后数量一致。

b. 施工现场材料应堆放整齐有序。废弃的包装材料应每日清理收集。

c. 施工结束后，废弃的材料应及时运送至弃渣场。

③ 基坑开挖

a. 采用先进的施工工艺，如沉井法施工，减少作业面和影响面。

b. 保护地表水体，开挖的工程弃方不能随意丢弃至河流中或岸边，应暂时堆放在距离水体较远的地带，防止冲刷或塌落进入水体。

c. 基坑开挖出的土壤、泥岩、岩石等，应集中运送至弃渣场，其中对于湿度较大的泥炭或底泥，应先进行自然吹干，待吹干后再行运输；对于有机质含量较高的底泥和泥炭等，经自然吹干后也可运至需要的单位进行土壤育肥。

d. 旱桥桥墩基础开挖的石方集中堆放，周边用临时设施拦阻，桥墩基础浇筑完成后回填，剩余部分可用于附近低洼地的整平，多余的部分一律运至弃土（渣）场。

e. 旱桥施工中只允许砍伐墩、台永久施工的植被，桥墩范围的植被不得砍伐、清除，尽可能保留桥跨部分的原生植被，减少桥墩、台施工对地表原生植被的破坏。

④ 钻孔灌注桩基础

a. 泥浆制作准备

（a）在现场选择或开挖一地段作泥浆沉淀池，用于储存将来使用后废弃的泥浆。泥浆池应选在不易外溢的地段。

（b）当现场没有可以利用的地时，应自行挖掘或砌筑泥浆池。

（c）泥浆池周围应设置良好的排水系统，以免雨水过大而造成泥浆外溢破坏当地环境。

b. 钻孔施工

（a）钻孔必须设置泥浆沉淀池，不得将泥浆直接排入河水或河道中，经沉淀后上部清水排放，减少悬浮固体的排放量。大型桥梁通常利用钢防护筒作泥浆储备周转，并采用泥浆过滤设备，清除残渣。

（b）废弃的钻孔泥浆以及其他废弃物，应运至事先准备好的沉淀池临时储存，待吹干后，运往弃渣场，不得弃于河道或河滩地，以防抬高河床，淤塞河道。

（c）在水上钻孔时，一般应采取平台施工。采取围堰或筑岛施工时，应及时对围堰和筑岛进行清理，以免破坏水生环境，影响洪水下泄。

（d）应对施工机械及船只进行严格检查，防止油料泄漏，严禁将废油、施工垃圾等随意抛入水体中。

（e）挖孔桩施工时，应选择合适的孔壁支护类型，挖孔时，应注意施工安全，挖孔工人必须有安全装备，提取土渣的机具要经常检查，井口围护应离地面 20～30cm，防止土、石、杂物落入孔内伤人，如孔内二氧化碳等含量超过 0.3%，或孔深超过 10m 时，应采用机械通风。

c. 混凝土浇灌施工灌注混凝土时，溢出的泥浆应引流至事先准备的适当地点进行处理，待吹干后，运至弃渣场，以防止污染环境或堵塞河道和交通。

⑤ 桥梁下部构造

a. 混凝土浇筑时应做好防护措施，防止混凝土散落入周边水体。

b. 护岸开挖时，应按照设计图纸严格控制开挖界限，不得任意扩大开挖范围，将两栖动物生境的受影响范围控制在最小程度。

c. 桥梁墩台修筑完毕，及时清除围堰等临时工程的堆积物，并将施工中产生的废浆、弃土和废弃物及时运至弃土场，恢复河道畅通。

⑥ 混凝土搅拌、运输和养护

a. 在混凝土的搅拌、运输、振捣、摊铺等作业中，防粉尘、防噪声（振动）可以采取如下措施：

（a）采用商品混凝土，密罐车运输；

（b）场界设置临时隔声维护；

（c）作业时间避开下风向 100m 内人群密集的地段等。

b. 混凝土搅拌车应定点清洗，设置临时沉淀池，清洗水经沉淀处理后方能外排。有条件者，也可采取废水回收处理后循环使用。

c. 混凝土搅拌站不得设在饮用水源地保护区内，搅拌站的排水、混凝土的养护水等含有有害物质的废水，不得排入地表水Ⅰ～Ⅲ类水源地保护区。

（6）排水工程环境保护措施　排水工程包括地表排水和地下排水，是水土保持的必要措施。地表排水设施包括边沟、排水沟、跌水与急流槽、蒸发池、油水分离池、排水渠等，应结合地形和天然水系进行布设，并做好进出口的位置选择和处理，防止出现堵塞、溢流、渗漏、淤积、冲刷和冻结等现象。地下排水设施包括暗沟（管）、渗沟、渗水隧道、渗井、仰斜式排水孔、检查井等类型，应根据工程地质和水文地质条件确定，并与地表排水设施相协调。

① 及时沟通排水系统，为临近的土地所有者提供灌溉与排水用的临时管道。临时排水设施与永久排水设施相结合，应有合适的泄水断面和纵坡，临时用作排水渠道时，应适当加大泄水断面，并采取加固措施，使水流畅通不产生冲刷和淤塞。污水不得排入农田和污染自然水源，不得引起淤积和冲刷。

② 截水沟设置在无弃土堆的情况下，截水沟的边缘离开挖方路基坡顶的距离视土质而定，以不影响边坡稳定为原则，如一般土质至少应离开 5m，对黄土地区不应小于 10m 并进行防渗水加固，截水沟挖出的土应运到指定地点。

③ 施工过程中应当采取措施，控制扬尘、噪声、振动、废水、固体废弃物等污染，防止或者减轻施工对水源、植被、景观等自然环境的破坏，改善、恢复施工场地周围的环境。不论何种原因，在没有得到有关管理部门同意的情况下，各类施工活动不应干扰河流、渠道或排水系统的自然流动。

④ 在路基和排水工程（涵洞、倒虹吸等）施工期间，应为邻近的土地所有者提供灌溉与排水用的临时管道。

⑤ 将弃土、弃渣于指定地点堆放，并采取防护措施，避免其被冲刷流入水体。

⑥ 该阶段施工场界噪声限值为昼间 70dB，夜间 55dB。

三、环境保护控制要点

1. 路基环境保护控制要点

（1）在路基开工前，审批施工单位编制的施工方案，对其环保措施提出审查意见。对特殊区域的路基工程，及时提醒施工单位注意可能出现的环保问题。

（2）根据工程情况，确定本阶段环保的巡视、旁站计划，对施工单位环保措施的执行效果进行检查。

（3）挖除地表土，并将表土搬运到经监理工程师同意的地点。

（4）地表清理遇到古树、名木或珍稀植物，采取移植等异地保护措施时，审查其移植方案，并对移植过程全过程旁站。

（5）严格控制路基开挖在用地范围内分段进行，同时配合挡土墙、边坡防护的修筑。

（6）弃土弃渣的堆放地点应事先经工程师同意。督促施工单位在堆放地点预先采取排水和挡土措施，防止水土流失或对水源和灌溉渠道造成污染和淤塞。

（7）对施工过程中不符合环保要求的行为，及时发出指令，责令改正。

（8）施工过程中应关注扬尘、噪声、石油等环境监测指标，必要时可根据需要进行现场监测。

2. 路面施工环境保护控制要点

（1）在路面工程开工前，要审批施工方案的环保措施，尤其是对沥青拌和场选址方案的审批。要求沥青拌和场布置在远离人员活动的地点，并配置除尘设备。

（2）根据工程情况，确定本阶段环保的巡视、旁站计划，对施工单位环保措施的执行效果进行复核。

（3）规定沥青拌和料废料的处置方法，并随时对执行情况进行巡查。

（4）特别注意沥青烟气的污染防治，在靠近水源的地区施工时，应注意到水源保护问题。施工中有重点地对沥青撒布过程进行旁站检查，防止沥青污染。

（5）对施工过程不符合环境保护要求的行为，发出指令，责令改正。

3. 桥梁工程环境保护控制要点

（1）在桥涵工程开工前，要审批施工方案的环保措施。要求施工单位对基础开挖、围堰、钻孔桩施工过程采取周密的水环境保护措施。

（2）根据工程情况，确定本阶段环保的巡视、旁站计划，对施工单位环保措施的执行效果进行检查。

（3）基坑开挖的弃土堆放地点应事先经工程师同意。督促施工单位在堆放地点预先采取排水和挡土措施。

（4）经常巡视检查钻孔桩泥浆水的处理效果，对发生泄漏或任意排放的，应当场责令施工单位改正，并旁站监督整改过程。

（5）需要围堰施工的，应事先取得当地水利部门的许可，手续完备并经工程师审查后才能施工。在进行水产养殖的河道进行围堰时，要求施工单位根据上下游的污染情况，提出合理的围堰方案，以免影响养殖，造成纠纷。

（6）对施工过程中不符合环保要求的行为，工程师可以发出指令，责令改正。

（7）在本阶段应注意水环境质量的色度、石油类等监测指标，避免施工对水体造成影响，必要时可进行现场监测。

4. 其他工程环境保护要点

（1）在工程开工前，审批施工方案的环保措施，确定环保措施是满足工程要求的。

（2）根据工程情况，确定本阶段环保的巡视、旁站计划，对施工单位环保措施的执行效果进行复核。

（3）对取、弃土场的环保措施执行情况进行巡检，特别注意取、弃土场的排水、挡土措施。在取、弃土场的生态恢复阶段，根据工程实际情况，有重点地旁站。

（4）在特殊生态保护地区，禁止施工单位将施工废弃料堆置在田地里，并随时巡视检查执行效果。

（5）对施工过程中不符合环保要求的行为，可以发出指令，责令改正。根据需要进行现场环境监测，复核环境保护措施的成效。

四、环境保护的预防

1. 施工过程环境保护措施

（1）实行环境保护目标责任制　环境保护目标责任制是将环境保护指标以责任书的形式

层层分解到有关部门和人员并列入岗位责任制,形成环境保护自我监控体系。项目经理是环境保护第一责任人,是项目环境自我监控体系的领导者和责任者。

(2)加强检查和监控工作 项目对环境的影响程度,需要通过不断检查和监控加以掌握。只有掌握了项目环境的具体情况,才能采取有针对性的措施。例如,在工程项目进行过程中,就应加强对项目现场的粉尘、噪声、污水等的监测和监控工作,并根据污染情况采取措施加以消除。

(3)进行综合治理 一方面采取措施控制污染;另一方面,应与外部的有关单位、人员及环保部门保持联系,加强沟通。要统筹考虑项目目标的实现与环境问题,使两者达到高度的统一。

(4)严格执行相关法律法规 国家、地区、行业和企业在环境保护方面颁布了相应的法律法规。项目管理者应掌握这些法律法规,并在项目进行过程中严格执行。

(5)采取有效技术措施 在进行项目计划时,必须提出有针对性的技术措施,在项目进行过程中应按计划实施技术措施,并根据具体情况加以调整。

2. 施工现场的环境管理

(1)项目经理部应当遵守国家有关环境保护的法律规定,采取措施控制施工现场的各种粉尘、废气、废水、固体废弃物以及噪声、振动对环境的污染和影响。

(2)妥善处理泥浆水,未经处理不得直接排入河流。

(3)除设有符合规定的装置外,不得在施工现场熔融沥青或者焚烧油毡、涂料以及其他会产生有毒有害烟尘和恶臭气体的物质。

(4)采取密封式的圈筒或者采取其他有效措施处理高空废弃物。

(5)采用有效措施控制施工过程中的扬尘。

(6)禁止将有毒有害废弃物用作土方回填。

(7)对产生噪声、振动的施工机械,应采取有效控制措施,减轻噪声扰民。

(8)过程施工由于受技术、经济各种限制,对环境的污染不能控制在规定范围内的,项目经理部应会同业主事先报请当地人民政府建设行政主管部门和环境保护行政主管部门批准。

小 结

本章介绍了公路施工过程中路基工程的环境保护主要措施,路面工程环境保护措施,桥涵工程环境保护措施,排水工程环境保护措施,并介绍了施工过程中环境保护控制要点。

思考与练习

1. 简述公路工程施工过程中环境保护的意义。
2. 公路工程施工现场环境保护的主要措施包括哪些方面?
3. 简述路基开挖工程中应注意的环保问题。
4. 结合现有在建工程,列举环境潜在影响内容及防治措施。

第十二章 公路工程施工项目的档案管理

公路工程施工项目的档案管理不仅是公路建设管理中的一项重要工作，而且在公路的运营管理中也占有重要的位置。竣工文件的管理和工程外业的管理一样，都是工程建设管理的重要组成部分，在工程外业一开始就应按竣工验收办法的要求边整理、边归档，达到工程完成、竣工文件编制完成的目的。

第一节 公路工程施工项目档案管理概述

（1）公路工程施工项目的档案是指自建设项目立项开始直至竣工验收过程中所形成的具有保存、查考利用价值的各种形式和载体的历史记录。

（2）各参建单位所形成的档案应由各单位档案主管人员实行统一管理。相关人员应加强对本部门文件的收集和整理工作，确保竣工档案的齐全完整。

（3）各参建单位应加强对档案工作的领导，成立档案工作小组。总监办应指定一位专业工程师作为档案管理小组组长，全面组织总监办、驻地办和施工单位的内业管理。驻地办应指定一位专业监理工程师，施工单位的总工程师或技术负责人为档案管理负责人，主管此项工作，并纳入本单位的管理规章制度和各档案管理人员、工作人员的岗位责任制中。

第二节 公路工程施工项目档案管理体制、机构和任务

各公路建设指挥部对下级参建单位的档案工作实行业务领导和指导。各参建单位同时接受上级档案管理部门的监督和指导。

一、公路建设指挥部档案管理任务

（1）组织各参建单位档案人员进行业务培训，推广新技术，推进档案管理的现代化。

（2）对各参建单位档案工作进行业务指导和监督检查。

（3）组织竣（交）工档案专项检查、验收工作。

（4）按规定向各级接管单位移交档案。

二、其他各参建单位需设专人负责档案管理工作

（1）贯彻执行国家、省关于档案工作的法律、法规和指挥部的档案管理办法、相关制度，制定本单位的档案管理规章制度。

（2）对下一级单位的档案工作进监督和检查。

（3）对本单位档案进行统一管理。

（4）学习、研究和采用新技术，推进档案管理的现代化。

（5）参加竣（交）工档案专项检查、验收工作。

（6）按规定向指挥部主管部门移交档案。

三、公路工程施工项目档案工作人员的要求与职责

1. 档案工作人员的要求

档案人员应当熟悉档案专业理论知识，熟悉公路工程施工项目施工业务，忠于职守，遵守纪律，一般应具有大专以上文化知识和一定专业知识。

2. 档案工作人员的主要职责

(1) 严格遵守档案的各项管理制度。

(2) 认真学习档案相关的各类文件和管理办法，做到业务精通。

(3) 根据工程进展及时做好档案的收集、整理工作，熟悉所管档案的情况。

(4) 保证资料的齐全、真实、整洁、规范。

(5) 保护档案的安全，做好防护工作。

(6) 随时对各参建单位的档案工作进行指导、监督和检查。

(7) 做好档案利用服务工作，编制适用的检索工具，以便迅速准确地查调档案。

四、公路工程施工项目文件材料的归档

(1) 凡本单位在各项活动中形成的具有保存价值的文件材料，均由文书处理部门或文件材料形成部门按照编制办法的规定进行整理和电子化处理，并定期交由档案主管人员归档。

(2) 电子文件在移交前后均应进行备份，确保文件的安全。

(3) 文书档案一般应在第二年上半年进行组卷归档。声像档案一般在年终进行组卷归档。科技档案应按不同类别进行归档。

(4) 档案交接时双方应对归档的文件材料进行检查、清点、核对，并履行移交签字手续。

五、公路工程施工项目档案的管理

(1) 文书档案按年度、机构、问题等方式排列，科技档案按不同类别、项目排列。

(2) 各参建单位应设置临时档案设施（档案架或档案柜），认真做好防盗、防火、防光、防潮、防尘、防污染、防有害生物等工作，对磁带和光盘等声像资料的载体要做好防磁处理，确保档案的安全。

(3) 各参建单位对所保管的档案要进行定期检查，对破损、字迹模糊或变质的档案应及时修补或复制。

(4) 档案人员应建立接收、移出档案登记簿，及时对接收和移出的档案进行登记。

(5) 档案管理人员在调动工作时，应在离职前办好档案的交接手续。

六、公路工程施工项目档案的利用

(1) 各参建单位应编制适用的检索工具，以利于提供档案信息服务。

(2) 各参建单位应健全档案借阅和复制、复印制度，严格履行档案借阅手续。

(3) 外单位借用本单位一般档案时应说明借用的范围和用途，经档案形成部门同意后方可借阅。借阅重要档案要有单位的介绍信，并经本单位负责人批准方可借阅。

(4) 声像档案实行两套制，以复制件提供利用。借出的档案不得转借他人或擅自复制。

(5) 对电子文件采用网络的方式利用时，应采取身份认证、权限控制等安全保密措施。

(6) 借用档案的期限：文书档案为 15 天，科技档案为 1 个月，声像档案为 7 天。若因特殊情况需延长借期应办理续借手续，续借期限同上述期限。

(7) 借用档案人员对所借档案要负安全、保密之责，不得损毁、丢失和抽取、拆散，不

得自行转借、翻印，严禁在文件上涂改和作任何文字标记。

七、公路工程施工项目档案的移交

（1）各参建单位在档案收集、整理、组卷、装订、装盒等全部工作结束后，经自检合格，向指挥部递交档案验收申请，指挥部检查合格后上交指挥部档案主管部门，并履行交接手续。

（2）档案验收申请需注明所承建项目名称、各工程项目的主要工程数量表、形成档案套数、卷数。后附档案总目录（备电子版）。

第三节　公路工程施工项目竣工档案编制办法

公路工程施工项目各参建单位应将公路工程施工项目竣工文件材料的立卷归档工作纳入公路工程施工项目建设的管理工作中，建立公路工程施工项目文件材料管理领导人责任制，配备专人负责公路工程施工项目文件材料的立卷归档工作，确保公路工程施工项目建设竣工文件材料的完整、准确与系统。

一、公路工程施工项目文件材料的收集

凡是反映与公路工程施工项目有关的重要活动、具有查考利用价值的各种载体的文件材料，公路工程施工项目施工过程的文件材料必须按文件材料形成的先后顺序或公路工程施工项目建设项目完成进展情况，及时收集归入公路工程施工项目成套档案。

二、公路工程施工项目文件材料的收集分类

（1）公路工程施工项目在项目准备阶段和工程交、竣工验收阶段形成文件材料及工程管理性文件材料，由指挥部负责收集。

（2）公路工程施工项目勘察设计文件由勘察设计单位负责收集。

（3）公路工程施工项目施工阶段形成的文件材料，凡实行总承包的，文件由各分包单位负责其分包项目全部文件的收集，然后由总包单位进行汇总，并负责对分包单位的文件材料进行审核把关；凡由建设单位分别向几个单位发包的，由各承包单位负责收集其承包公路工程施工项目建设项目全部文件材料。

（4）公路工程施工项目监理文件由监理单位负责收集。

第四节　公路工程施工项目竣工文件材料的整理

公路工程施工项目竣工文件材料归档前，均需按要求由文件材料形成单位分别进行整理组卷。

一、公路工程施工项目竣工档案案卷组卷要求

（1）竣工档案案卷组卷要遵循科技文件材料的自然形成规律，保持案卷内科技材料的系统联系，并便于档案的利用和保管。

① 公路工程施工项目征地拆迁文件、招标文件、投标文件及评标文件、承包合同、合同谈判和工程交、竣工验收阶段形成的竣工验收文件、工程决算及审计报告等有关文件材料应由指挥部根据文件材料形成的阶段、性质、内容分类整理组卷。

② 公路工程施工项目设计文件材料包括地质勘察资料、初步设计、方案设计、技术设

计、总体规划设计、工程概预算、施工图设计等由设计单位按项目、阶段、单位和分部、分项工程、专业分别整理组卷。

③ 公路工程施工项目施工阶段形成的施工文件材料由施工单位负责组卷。其中开工报告、施工组织设计、施工计划、施工日志及中间验收等分别按合同段集中组卷。各项施工原始记录、监理记录按路线进行方向，结合单位工程（含分部、分项）及不同专业，分别整理组卷。

④ 公路工程施工项目监理工作形成的监理文件材料包括监理通知、开（停、复）工令、备忘录、有关会议纪要、施工质量检验分析、合同管理文件、计划进度管理文件、工程质量控制文件、工程技术管理文件、工程计量与支付文件、与总监及参建单位的来往函等，由监理单位按阶段、问题分类整理组卷。

（2）案卷内文件材料所反映的工程项目情况和有关管理活动内容，必须做到完整、准确、系统。

（3）案卷内文件材料必须书写工整，字迹、线条清楚，纸张利于长期保存，格式统一。书写材料必须用碳素墨水，禁止使用蓝墨水、圆珠笔和铅笔等不易长久保存的书写工具书写，凡属易褪色书写材料（如复写纸、传真件）应复印保存。各单位用纸要求必须统一品牌。

（4）案卷内不应有重份文件，件内不应有重页文件，但卷与卷之间有关联的文件，在归档过程中允许有一定数量的重复。

二、公路工程施工项目卷内文件材料排列及编制、填写要求

1. 卷内文件材料按以下要求进行排列

（1）管理性文件按建设程序、问题或重要程度排列。

（2）项目技术文件材料按管理、依据、检测实验、施工记录、评定、证明顺序排列。

（3）设备文件材料按依据性、设备开箱验收、随机图样、设备安装调试和设备运行维修等排列。

（4）竣工图按里程、专业、图号排列。

（5）卷内文件材料一般文字材料在前、图样在后。

2. 文件材料的编制要求

（1）施工文件　各类试验记录按时间排列组卷；各项施工原始记录按路线进行方向即施工桩号排列，同一桩号按施工工序排列组卷。

（2）监理文件　同施工文件。

（3）附属工程如房建、收费站等形成的文件材料，按城建档案管理实施办法立卷归档。表格采用城建部门统一下发的最新表格。

（4）照片、光盘等声像资料

① 整理、立卷　公路工程施工项目建设中形成的声像资料要全面反映项目建设的全过程，其中照片要按施工进展顺序和项目主要活动分别组成案卷，排列顺序。

② 照片档案　照片要放在专用的照片档案盒中保存。照片档案目录包括照片题名、照片文字说明、照片编号。

照片题名：在尽量保证基本要素内容完整的前提下，将文字说明改写成照片题名，照片题名不超过 30 个字。

照片文字说明：包括事由、时间、地点、人物、背景及摄影者。

a. 事由 照片影像所反映事件、事物的情由。

b. 时间 事件发生或事物变化、产生的时间和拍摄时间；

c. 地点 被摄物所在的具体地点。

d. 人物 照片影像上主要人物的姓名、身份。

e. 背景 对提示照片影像主题具有一定作用的背景。

f. 摄影者 照片的拍摄单位和拍摄人。

照片编号：案卷内照片的顺序号。拍照时要在现场进行标注，注明具体桩号、部位和日期。

③ 光盘等磁性载体文件 必须是可读文件，无病毒，清洁，无划伤，内容完整、准确。由文件形成部门编制归档说明，标注编号、编制人、编制日期、密级等。贴上标签，一式两份（A、B盘），一份作为保存件，不得外借。

3. 表格填写要求

(1) 表头填写

① 项目名称 ×××公路工程建设项目。

② 承包单位 中标单位全称。

③ 监理单位 中标单位全称。

④ 合同号 以签订合同的合同号为准。

⑤ 编号 工程施工表格表头编号，按下列原则统一进行编号，其顺序为：发件人号、表类表号、受件人号、序号。

⑥ 编号说明

a. 发件人、受件人代号 总监办、驻地办、承包人按其所在标段编列。

b. 序号 每一合同段每一分部工程的每一类表格均从1起按流水号编列。

例如：

表号：A3A11J2012，意义：A3标段致J2驻地办第012号"工程报验单"（A-11表）。

表号：YB08A10003，意义：业主代表批复给A10标段的第003号"索赔审批表"（B-08表）。

c. 编号要求打印，流水号手写。

(2) 表格内工程名称的填写 分项、分部、单位工程的填写一律以部颁《公路工程施工项目质量检验评定标准》规定名称为准。

(3) 表中单位及小数位数填写 以国际单位为准，汉字或字母，同时注意字母的大小写。小数保留位数必须符合试验规程要求。

(4) 施工表格填写 时间准确，记录数据真实，填写项目齐全，不允许漏记或事后补记。图样清晰、图表整洁，内容真实可靠。日期不允许简化（如：2011年不能填写成11年）。

(5) 试验、检测记录填写 试验数据的处理依据部颁《公路工程试验规程》办理，检测标准、检测方法、检测频率、评定方法以部颁（或设计）标准为依据进行填写处理；施工过程控制以指挥部下发文件为准执行。测量和试验要保留手写原始数据。

(6) 施工日志、监理日志、试验室日志、监理月报、旁站记录、巡视记录填写（除监理月报其余均为手写）。

施工日志必须详细写明日期、天气、工程内容、各工程施工作业段（桩号）及所配备的主要人员、设备、使用材料，完成的工程数量和质量情况。并附相应施工作业段的影视图像。

监理日志必须详细写明日期、天气、工程内容、工程地点（桩号）、使用材料、主要人员、设备投入使用情况及完成情况、施工中的问题、处理经过及工程质量抽检情况。

试验室日志应详细记载每天试验进行情况、完成情况、试验原始数据的可靠性，充分发挥试验数据的代表性。

监理月报应详细记录：

① 工程概况；

② 施工单位及材料供应情况；

③ 工程质量、工程进度；

④ 计量支付资金使用情况；

⑤ 设计变更；

⑥ 文明施工、安全生产；

⑦ 监理工作执行情况；

⑧ 施工外部环境；

⑨ 存在问题；

⑩ 下期主要工作计划及措施。

旁站记录、巡视记录按《公路工程施工监理规范》要求填写。

（7）表单输出和签字盖章

① 打印表格只允许用激光打印机。

② 所有内业表格中的人员签名必须由本人手签，不得代签或漏签，所签姓名要清晰可辨。在施工期形成一式一份内业资料，暂不盖章。待组卷、复印后再加盖红章。

③ 开工报告、施工组织设计、图纸会审纪要、技术交底等成册资料封皮加盖公章。

④ 竣工成果表（工程汇总表格）必须用打印机打印，签字需要本人手签。

三、公路工程施工项目案卷的编制要求

1. 案卷成卷

（1）每卷以页数不超过 200 页为限进行组卷。从有书写内容的页面编写页号，卷内目录、备考表不编页号。页号以卷为单位编写小流水号。页号是在单面书写的文件材料右下角填写页号，双面书写的文件材料正面在右下角，反面在左下角填写页号，图纸类材料在正面右上角填写页号。

（2）案卷内文件材料文字和数字必须保证字迹清晰、工整可辨、无涂改，表格要线条清晰、平整。

（3）归档材料必须留出装订线。文字文件或竖向表格留在左侧，横排文字文件或表格留在上侧，纸张的边距离文字或表格的边线在 3cm 为宜。

2. 案卷卷盒

统一制定。需填写项目如下。

（1）档号（卷盒正面和脊背） 填写档案分类号和案卷顺序号。

档案分类号依据《交通部科学技术档案分类编号办法》中所确定的公路工程施工项目三级类目进行分类。类目的代号固定不变。

档号形式如：GL5.1. ×—×××

GL　　　　　一级类目（公路）

5　　　　　　二级类目（公路工程施工项目）

1　　　　　　三级类目（公路）

×　　　　　　公路等级，分为三类："1"为国道、"2"为省道、"3"为城乡道

×××　　　　案卷流水号，流水号可以从"1"开始编写

档案分类号统一印制，只填写案卷顺序号。案卷顺序号暂用铅笔填写。

（2）档案馆号　不填写。

（3）编制单位　填写卷内文件材料的形成单位或主要责任者（填写方式为印章形式，印章统一制定）。

（4）编制日期　指本卷案卷内文件材料形成的起止日期。（例：2010 年 06 月 30 日至 2011 年 10 月 30 日）

（5）保管期限　按照《公路工程竣工文件材料归档范围及保管期限表》填写。

（6）密级　不填写。

（7）案卷题名（卷盒脊背）　应包括公路工程建设项目的批复名称、标段名称、单位工程（或分部、分项）名称和起讫里程、文件名称，还应同时标明结构、部位的名称。案卷题名应能准确反映出案卷的基本内容。

3. 卷内目录

卷内目录由下列项目组成（表 12-1）。

（1）归档日期　指该承建单位竣工档案全部归档完成的时间。可省略"年月日"字样，用"."代替（例：2010.06.30）。

（2）编制单位　同案卷卷盒的"编制单位"。

（3）档案编号　同案卷卷盒的"档号"。

（4）保管期限　同案卷卷盒的"保管期限"。

（5）编制日期　同案卷卷盒的"编制日期"。可省略"年月日"字样，用"."代替（例：2010.06.30）。

（6）卷内页数　指本卷案卷内文件材料的总页数（不含卷内目录和备考表）。

（7）案卷题名　同案卷卷盒的"案卷题名（卷盒脊背）"。

（8）顺序号　填写文件排列的顺序号，用阿拉伯数字从"1"起依次标注。

（9）文件编号　发文机关文书部门的发文号、文件材料的编号或图样的图号。文件材料上有则填，没有就空。

（10）责任者　填写文件材料的直接编制部门或主要责任者，可采取通用的标准简称。

（11）文件材料题名　文件材料标题的全称。原文上有标题的可完整的照录下来。原文上标题不能说明文件材料内容或没有的应重新拟写一个符合文件材料内容的标题，顶格拟写。

（12）日期　填写文件的形成时间。可省略"年月日"字样，用"."代替（例：2010.06.30）。

（13）页次　填写每份文件首页上标注的页号，最终件注起止页号。

（14）备注　留待对卷内文件变化时作说明用（如有与卷内文件材料内容相关的特殊载体的档案，要求在此标注具体载体的档号）。

卷内目录排列在卷内文件材料的首页之前。

表 12-1 科技档案卷内目录表样

归档日期		编制单位		档案编号	
保管期限		编制日期		卷内页数	
案卷题名					共 卷 第 卷
顺序号	文件编号	责任者	文件材料题名	日期	页次	备注
1						
2						
3						
...						

4. 卷内备考表

要标明此项案卷总卷数、本卷所属卷数和本卷总页数，以及在组卷和案卷使用过程中需要说明的问题。立卷人、检查人、监理负责人由相应人员签名、填写日期，并加盖名章。卷内备考表排列在卷内文件材料的尾页之后（表 12-2）。

表 12-2 卷内备考表表样

说明：

　　共 卷第 卷共 页

立卷人：（签字并盖章）

检查人：（签字并盖章）

年 月 日

监理负责人：（签字并盖章）

年 月 日

四、竣工图编制要求

（1）竣工图、表应全面、准确的反映工程竣工路线、路基、路面、桥梁、隧道、涵洞、路基防护、互通式立交工程、安全设施等全部施工的实际情况。原设计图、表涉及的内容在竣工图、表上均应反映，不得遗漏。

（2）工图纸均应按 A3 号纸大小装订，重新编制页码。结构复杂的结构物图纸（如房建类）除外。

（3）竣工图应逐张加盖竣工图章，用红色印泥盖在竣工图右下方空白处。

（4）原设计施工图在施工中无变更，可由竣工图编制单位在原设计施工图上加盖竣工图章作为竣工图；凡有一般性图纸变更及符合杠改或划改要求的变更的，可在原图上修改，并加盖竣工图章作为竣工图。

（5）原设计施工图在施工中有变更，且为结构、工艺、平面布置等重大改变或图面变更占图幅 10% 以上时，应重新绘图并加盖竣工图章作为竣工图。

五、公路工程施工项目归档文件材料的装订要求

统一装订。小于 A4 的纸张或易褪色书写材料（如复写纸、传真件）应复印，将复印件附在相应原件后进行装订（原件和复印件页码相同）；大于 A4 的纸张应适当折叠。

第五节 公路工程施工项目档案的移交与保管

一、公路工程施工项目档案的移交

各参建单位在项目完成时，应按要求向建设单位移交经系统整理过的全部文件材料的纸制档案一式三套、电子档案一式一套，并履行签字手续。另有一套由施工、监理单位自行保管。

建设单位负责按照立项审批、设计、施工、监理、竣工等不同阶段或性质，对移交的全部案卷进行系统排列。

二、公路工程施工项目档案管理实行质量终身制

工程档案整理编制完成，并提交到建设单位后，并不免除各参建单位应对其所承包项目的竣工档案的责任，项目法人及立卷人按各自的职责对所编制的竣工文件负终生责任，如发生重大事故，按国家有关规定追究相应行政和法律责任。

三、公路工程竣工文件材料归档范围及保管期限

1. 建设单位材料归档范围及保管期限（表 12-3）

表 12-3 建设单位材料归档范围及保管期限

序号	文 件 内 容	保管期限
一	可行性研究任务书	
1	项目建议书及批复	永久
2	工程可行性研究报告及批复	永久
3	项目评估	永久
4	环境预测、调查报告	永久

续表

序号	文 件 内 容	保管期限
5	设计任务书、计划任务书	永久
二	设计基础材料和设计文件	
1	工程地质、水文地质、勘察设计、勘察报告、重要土岩样说明	永久
2	水文、气象等其他设计基础材料	永久
3	初步设计文件	永久
4	施工图设计文件	永久
三	征用土地	
1	征地批复文件及红线图	永久
2	公路建设用地呈报表	永久
3	征地数量明细表	永久
4	拆迁、补偿协议书	永久
5	建设前原始地形、地貌声像资料	永久
四	施工审批文件	
1	项目开工报告	永久
2	质量监督文件	永久
3	审批的设计变更文件	永久
4	施工组织设计	长期
5	形象建设管理文件	长期
6	工程声像资料	长期
五	招投标文件	
1	招标、投标委托合同、协议书	永久
2	资格预审文件、资格预审评审文件	永久
3	招标、评标和投标文件	永久
4	中标通知	永久
5	承发包合同、协议书	永久
6	工程建设质量责任合同文件	永久
六	交、竣工文件	
1	交工验收资料	永久
2	竣工验收资料	永久
七	科研	
1	课题报告、任务书、批准书	永久
2	协议书、委托书、合同	永久
3	阶段报告、科研报告、技术鉴定	永久

2. 施工单位材料归档范围及保管期限（表 12-4）

表 12-4　施工单位材料归档范围及保管期限

项目	序号	文件内容	注意事项	保管期限
施工管理文件	1	标段开工报告		永久
	2	技术交底、图纸会审纪要		永久
	3	施工组织设计、施工方案		长期
	4	重要会议纪要、往来文件		长期
	5	各分项工程开工、停工、复工报告		长期
工程质量控制文件	6	测量复测、联测报告		永久
	7	外购材料（产品）合格证书		永久
	8	预制件成品、外购件成品检查记录		永久
	9	原材料试验结果汇总表		永久
	10	混合料试验汇总表		永久
	11	路基、路面、桥梁检测结果汇总表		永久
试验检测报告	12	各种原材料（土、砂、石、水泥、钢筋、沥青等主材）试验报告		永久
	13	混凝土及砂浆配合比试验报告		永久
	14	其他各种混合料验证试验报告		永久
	15	混凝土及砂浆强度试验报告	含在原始记录中	永久
	16	压实度试验报告	含在原始记录中	永久
试验检测报告	17	稳定土强度试验报告	含在原始记录中	永久
	18	石灰（水泥）剂量试验报告	含在原始记录中	永久
	19	油石比试验报告	含在原始记录中	永久
	20	筛分试验报告	含在原始记录中	永久
施工记录	21	隐蔽工程验收记录	含在原始记录中	永久
	22	各工序施工原始记录		永久
	23	工程质量事故、安全事故处理文件		长期
	24	专项检测及监控材料	含超声波、雷达检测记录	长期
	25	施工日志		长期
进度控制文件	26	总进度图（表）、计划、批准文件		长期
	27	分期进度、计划批准文件		长期
	28	有关进度的往来文件		长期
交、竣工文件	29	施工总结、技术总结		长期
	30	工程质量自检评定报告（单位、分部、分项）		永久
	31	工程交接证书		永久
	32	施工照片和音像资料		永久
	33	竣工表	一览表	永久
	34	竣工图	修改时注明依据	永久
	35	工程质量保修书		永久

3. 监理单位材料归档范围及保管期限（表 12-5）

表 12-5　监理单位材料归档范围及保管期限

序号	文件内容	保管期限
1	监理大纲	永久
2	监理规划	永久
3	各专业监理实施细则、规程规范	长期
4	开工、停工、复工令、许可证	永久
5	计划、质量、进度、投资控制文件、工程技术管理文件	长期
6	协调会审纪要、监理工程师指令、指示、往来文件	长期
7	工程材料监理检查、复检试验报告	永久
8	旁站记录、监理日志、巡视记录、监理月报	长期
9	各工序测控成果及复核文件、外观、质量文件等检查、抽查记录	永久
10	施工质量检验报告	永久
11	合同管理文件	长期
12	计划进度管理文件	长期
13	工程计量、支付	长期
14	与总监及业主往来文件	长期
15	工程质量事故、施工安全事故报告	长期
16	单位、分部、分项工程质量评定	永久
17	监理工作会议纪要	长期
18	监理工作总结	长期
19	特殊载体文件：磁带、照片、光盘等	永久

精选案例 4

绥满国道主干线亚布力至尚志公路扩建工程档案分卷有关要求

一、分卷要求

1. 归档顺序按指挥部下发《绥满国道主干线亚布力至尚志公路扩建工程档案归档范围》排列，每项单独成卷，每卷不超过 200 页为宜；

2. 竣工图归档时，如发生变更占图幅 10% 以上时，要求重新绘图，如小于 10% 可在原设计图上标示，必要时可框示绘扩大图；

3. 科技档案总目录中，"卷" 填写案卷题名中 "共几卷" 的数，"册" 填写案卷题名中 "第几卷" 的数，必须用 Excel 排版，A3 纸打印；

4. 移交档案时，总目录和已填写的竣工表格（一览表和汇总表）要求附带电子文档；

5. 原材料试验分别以分项为单元，按时间顺序排列；

6. 各项施工记录分别以分项为单元，按里程桩号排列，同一里程按施工部位或层次（即施工顺序）排列；

7. 各工序自检试验单放在相应施工记录中，抽检试验单抽出后施工单位自行保存；

8. 单位、分部、分项工程评定单独组卷；

9. 科技档案卷内目录及备考表不编页码；

10. 未尽事宜以黑龙江省交通厅文件《公路工程施工项目档案管理实施方案》为准。

绥满公路建设指挥部

二○○九年八月二十五日

科技档案卷内目录 ← 2号宋体加粗

归档日期	2009.09.30	编制单位	宏伟路桥股份有限公司	档案编号	GL5.1.1 -
保管期限	永久	编制日期	2007.09.10　至　2009.05.30	卷内页数	200

案卷题名	四号宋体 ← 绥满国道主干线亚布力至尚志公路扩建工程C5标段 5%水泥稳定砂砾底基层施工记录 → 五号宋体			共　卷　第　卷	

顺序号	文件编号	责任者	文件材料题名	日期	页次	备注
1			K0+000 ～ K1+000			
2		宏伟路桥	B- 05　工程检验认可书	2008.06.28	1	
		宏伟路桥	A- 11　工程报验单	2008.06.27	2	
		单位简称	… 五号宋体			
			K1+000 ～ K2+000			
			同上		10	

科技档案卷内目录

顺序号	文件编号	责任者	文件材料题名	日期	页次	备注

检查人:(签字并盖章)

年 月 日

卷内备考表表样

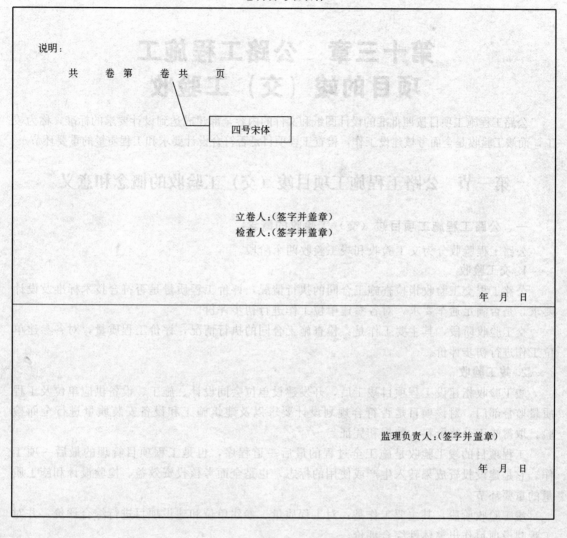

说明：

共　　卷第　　卷共　　页　　　　四号宋体

立卷人：（签字并盖章）
检查人：（签字并盖章）

年　月　日

监理负责人：（签字并盖章）

年　月　日

小　　结

　　本章按照公路工程施工项目档案的管理流程，讲解了工程档案管理的主体、内容，档案管理人员的责任，档案的收集、立卷、编制、填写、归档、保管、借阅等内容。特别介绍了公路工程施工项目竣工资料管理的内容。

思考与练习

1. 简述公路工程施工项目档案管理的主体及责任。
2. 简述公路工程施工项目档案管理的要求。
3. 公路工程施工项目档案如何收集？
4. 简述公路工程施工项目档案管理组卷要求。
5. 简述公路工程施工项目档案管理卷内文件、案卷、卷内目录的填写要求。
6. 简述公路工程施工项目档案管理归档内容。
7. 简述公路工程施工项目档案管理保管期限。

第十三章 公路工程施工
项目的竣（交）工验收

公路工程施工项目按照批准的设计图纸和文件的内容全部建成达到设计要求的标准，称为竣工，而竣工验收是全面考核建设工作，检查工程项目是否符合设计要求和工程质量的重要环节。

第一节 公路工程施工项目竣（交）工验收的概念和意义

一、公路工程施工项目竣（交）工验收的概念

公路工程验收分为交工验收和竣工验收两个阶段。

1. 交工验收

公路工程交工验收指检查施工合同的执行情况，评价工程质量是否符合技术标准及设计要求，是否满足通车要求，对各参建单位工作进行初步评价。

交工验收阶段，其主要工作是：检查施工合同的执行情况，评价工程质量，对各参建单位工作进行初步评价。

2. 竣工验收

竣工验收指建设工程项目竣工后，开发建设单位会同设计、施工、设备供应单位及工程质量监督部门，对该项目是否符合规划设计要求以及建筑施工和设备安装质量进行全面检验，取得竣工合格资料、数据和凭证。

工程项目的竣工验收是施工全过程的最后一道程序，也是工程项目管理的最后一项工作。它是建设投资成果转入生产或使用的标志，也是全面考核投资效益、检验设计和施工质量的重要环节。

竣工验收阶段，其主要工作是：对工程质量、参建单位和建设项目进行综合评价，并对工程建设项目作出整体性综合评价。

3. 交工验收与竣工验收的区别

（1）验收时间 交工验收在前，竣工验收在后。

（2）验收主体 交工验收由项目法人组织进行，而竣工验收应由政府相关建设主管部门、管理机构、质量监督机构、造价管理机构等单位代表组成的竣工验收委员会组织进行。

（3）验收性质 交工验收是项目管理机构行为，而竣工验收是一种政府管理机构行为。

二、公路工程施工项目竣工验收意义

竣工验收是全面考核建设工作，检查是否符合设计要求和工程质量的重要环节，对促进建设项目（工程）及时投产，发挥投资效果，总结建设经验有重要作用。

第二节 公路工程交工验收

一、公路工程交工验收的依据

（1）批准的项目建议书、工程可行性研究报告。

（2）批准的工程初步设计、施工图设计及设计变更文件。

（3）施工许可。

（4）招标文件及合同文本。

（5）行政主管部门的有关批复、批示文件。

（6）公路工程技术标准、规范、规程及国家有关部门的相关规定。

二、公路工程交工验收的条件

公路工程交工验收工作一般按合同段进行，并应具备以下条件。

（1）合同约定的各项内容已全部完成。各方就合同变更的内容达成书面一致意见。

（2）施工单位按《公路工程质量检验评定标准》及相关规定对工程质量自检合格。

（3）监理单位对工程质量评定合格。

（4）质量监督机构按"公路工程质量鉴定办法"对工程质量进行检测，并出具检测意见。检测意见中需整改的问题已经处理完毕。

（5）竣工文件按公路工程档案管理的有关要求，完成"公路工程项目文件归档范围"第三、四、五部分（不含缺陷责任期资料）内容的收集、整理及归档工作。

（6）施工单位、监理单位完成本合同段的工作总结报告。

三、公路工程交工验收的程序

（1）施工单位完成合同约定的全部工程内容，且经施工自检和监理检验评定均合格后，提出合同段交工验收申请报监理单位审查。交工验收申请应附自检评定资料和施工总结报告。

（2）监理单位根据工程实际情况、抽检资料以及对合同段工程质量评定结果，对施工单位交工验收申请及其所附资料进行审查并签署意见。监理单位审查同意后，应同时向项目法人提交独立抽检资料、质量评定资料和监理工作报告。

（3）项目法人对施工单位的交工验收申请、监理单位的质量评定资料进行核查，必要时可委托有相应资质的检测机构进行重点抽查检测，认为合同段满足交工验收条件时应及时组织交工验收。

（4）对若干合同段完工时间相近的，项目法人可合并组织交工验收。对分段通车的项目，项目法人可按合同约定分段组织交工验收。

（5）通过交工验收的合同段，项目法人应及时颁发"公路工程交工验收证书"。见表13-1。

（6）各合同段全部验收合格后，项目法人应及时完成"公路工程交工验收报告"。见表13-2。

四、公路工程交工验收的主要工作内容

（1）检查合同执行情况。

（2）检查施工自检报告、施工总结报告及施工资料。

（3）检查监理单位独立抽检资料、监理工作报告及质量评定资料。

（4）检查工程实体，审查有关资料，包括主要产品的质量抽（检）测报告。

（5）核查工程完工数量是否与批准的设计文件相符，是否与工程计量数量一致。

（6）对合同是否全面执行、工程质量是否合格做出结论。

（7）按合同段分别对设计、监理、施工等单位进行初步评价。

表 13-1 公路工程交工验收证书

交工验收时间： 合同段交工验收证书第　号

工程名称：		合同段名称及编号：	
项目法人：		设计单位：	
施工单位：		监理单位：	
本合同段主要工程量：			
本合同段价款	原合同	实际	
本合同段工期	原合同	实际	
对工程质量、合同执行情况的评价、遗留问题、缺陷的处理意见及有关决定（内容较多时，可用附件）			
（施工单位的意见） 施工单位法人代表或授权人（签字）　　　　单位盖章 年　　月　　日			
（合同段监理单位对有关问题的意见） 合同段监理单位法人代表或授权人（签字）　　　单位盖章 年　　月　　日			
（设计单位的意见） 设计单位法人代表或授权人（签字）　　　　单位盖章 年　　月　　日			
（项目法人的意见） 项目法人代表或授权人（签字）　　　　单位盖章 年　　月　　日			

表 13-2　公路工程交工验收报告

一	工程名称	
二	工程地点及主要控制点	
三	建设依据	
四	技术标准与主要指标	
五	建设规模及性质	
六	开工日期	年　　　月　　　日
	完工日期	年　　　月　　　日
七	批准概算	
八	工程建设主要内容	
九	实际征用土地数(亩)	
十	建设项目工程质量交工验收结论	
十一	存在问题的处理措施	
十二	附件	1. 公路工程交工验收合同段工程质量评分一览表 2. 公路工程交工验收证书

五、公路工程交工验收的主体

（1）各合同段的设计、施工、监理等单位参加交工验收工作，由项目法人负责组织。

（2）路基工程作为单独合同段进行交工验收时，应邀请路面施工单位参加。

（3）拟交付使用的工程，应邀请运营、养护管理等相关单位参加。

（4）交通运输主管部门、公路管理机构、质量监督机构视情况参加交工验收。

六、公路工程交工验收的质量评定

（1）合同段工程质量评分采用所含各单位工程质量评分的加权平均值。即：工程各合同段交工验收结束后，由项目法人对整个工程项目进行工程质量评定，工程质量评分采用各合同段工程质量评分的加权平均值。

（2）交工验收工程质量等级评定分为合格和不合格，工程质量评分值大于等于 75 分的为合格，小于 75 分的为不合格。

（3）交工验收不合格的工程应返工整改，直至合格。

（4）交工验收提出的工程质量缺陷等遗留问题，由项目法人责成施工单位限期完成整改。

（5）对通过交工验收的工程，应及时安排养护管理。

第三节　公路工程竣工验收

一、公路工程竣工验收的依据

（1）批准的项目建议书、工程可行性研究报告。

（2）批准的工程初步设计、施工图设计及设计变更文件。

（3）施工许可。

（4）招标文件及合同文本。

（5）行政主管部门的有关批复、批示文件。

（6）公路工程技术标准、规范、规程及国家有关部门的相关规定。

二、公路工程竣工验收的条件

按照公路工程管理权限，各级交通运输主管部门应于年初制订年度竣工验收计划，并按计划组织竣工验收工作。列入竣工验收计划的项目，项目法人应提前完成竣工验收前的准备工作。

公路工程竣工验收应具备以下条件。

（1）通车试运营2年以上。

（2）交工验收提出的工程质量缺陷等遗留问题已全部处理完毕，并经项目法人验收合格。

（3）工程决算编制完成，竣工决算已经审计，并经交通运输主管部门或其授权单位认定。

（4）竣工文件已完成"公路工程项目文件归档范围"的全部内容。

（5）档案、环保等单项验收合格，土地使用手续已办理。

（6）各参建单位完成工作总结报告。

（7）质量监督机构对工程质量检测鉴定合格，并形成工程质量鉴定报告。

三、竣工验收准备工作程序

（1）公路工程符合竣工验收条件后，项目法人应按照公路工程管理权限及时向相关交通运输主管部门提出验收申请，其主要包括以下内容。

① 交工验收报告。

② 项目执行报告、设计工作报告、施工总结报告和监理工作报告。

③ 项目基本建设程序的有关批复文件。

④ 档案、环保等单项验收意见。

⑤ 土地使用证或建设用地批复文件。

⑥ 经竣工决算的核备意见、审计报告及认定意见。

（2）相关交通运输主管部门对验收申请进行审查，必要时可组织现场核查。审查同意后报负责竣工验收的交通运输主管部门。

（3）以上文件齐全且符合条件的项目，由负责竣工验收的交通运输主管部门通知所属的质量监督机构开展质量鉴定工作。

（4）质量监督机构按要求完成质量鉴定工作，出具工程质量鉴定报告，并审核交工验收对设计、施工、监理初步评价结果，报送交通运输主管部门。

（5）工程质量鉴定等级为合格及以上的项目，负责竣工验收的交通运输主管部门及时组织竣工验收。

四、公路工程竣工验收主要工作内容

（1）成立竣工验收委员会。

（2）听取公路工程项目执行报告、设计工作报告、施工总结报告、监理工作报告及接管养护单位项目使用情况报告。见精选案例6。

（3）听取公路工程质量监督报告及工程质量鉴定报告。

（4）竣工验收委员会成立专业检查组检查工程实体质量，审阅有关资料，形成书面检查意见。

（5）对项目法人建设管理工作进行综合评价。审定交工验收对设计单位、施工单位、监理单位的初步评价。

（6）对工程质量进行评分，确定工程质量等级，并综合评价建设项目。见表13-3、表13-4。

表 13-3 公路工程竣工验收工程质量评分表

项目名称：

名　　称	实得分	权值	加权得分	备注
交工验收工程质量				
质量监督机构工程质量鉴定				
竣工验收委员会工程质量鉴定				
合　　计				
加权平均分			质量等级	

表 13-4 公路工程竣工验收评价表

项目名称：

序号	项目	评定内容	分值	实得分
一	主体工程质量	路基边线直顺度、路基沉陷、亏坡、松石、涵洞及排水系统完善状况，支挡工程外观和稳定情况； 路面平整度、裂缝、脱皮、石子外露、沉陷、车辙、桥头（台背）跳车现象、泛油、碾压痕迹等； 桥面平整度、栏杆扶手、灯柱、伸缩缝、混凝土外观状况； 隧道渗漏、松石、排水、通风、照明以及衬砌外观状况； 交通安全设施及交叉工程的外观及使用效果等	70	
二	沿线服务设施	房屋及机电系统等功能和外观；其他设施，如加油站、食宿服务等设施的使用效果及外观	10	
三	环境保护工程	绿化工程、隔音消声屏等，是否符合设计要求；施工现场清理及还耕情况；与自然环境、景观的协调情况	10	
四	竣工图表	内容齐全，书写打印清晰、装订整齐，符合相关要求	10	
合计			100	

注：1. 缺二、三项时，应得分仍按100分计。例如：缺项目二时，实得分应除以0.9；项目二、三均缺时，实得分应除以0.8，依次类推。

2. 主体工程评定内容缺项时，其应得分仍按70分计。

3. 工程质量评分以各委员打分的平均值计。

（7）形成并通过《公路工程竣工验收鉴定书》。见表13-5。

表 13-5　公路工程竣工验收鉴定书

一	工程名称	
二	工程地点及主要控制点	
三	建设依据	
四	技术标准与主要指标	1. 公路等级： 2. 设计行车速度： 3. 桥涵设计荷载： 4. 设计洪水频率： 5. 路基宽度： 6. 最大纵坡： 7. 最小平曲线半径： …
五	建设规模及性质	
六	开工日期	年　　　月　　　日
	完工日期	年　　　月　　　日
七	原批准概算	
	调整概算	
	竣工决算	竣工决算：　　　　　其中 建筑安装工程投资： 设备及工具器具购置费用： 其他基本建设费：
八	工程建设主要内容	
九	主要材料实际消耗	
十	实际征用土地数（亩）	
十一	建设项目工程质量鉴定结论及质量评价	（交工验收基本情况） （竣工验收前，质量监督机构鉴定情况） （竣工验收鉴定结论及质量评价）
十二	对建设、设计、施工、监理单位的综合评价	对建设单位综合评价： 对设计单位综合评价： 对施工单位综合评价： 对监理单位综合评价：
十三	建设项目综合评价及等级	（竣工验收委员会评价意见） 经竣工验收委员会综合评定和审议，对参建单位及建设项目综合评分如下： 建设管理综合评分：　　分 设计工作综合评分：　　分 监理工作综合评分：　　分 施工管理综合评分：　　分 建设项目综合评分：　　分 该工程建设项目综合评价等级为
十四	有关问题的决定和建议	

（8）负责竣工验收的交通运输主管部门印发《公路工程竣工验收鉴定书》。

（9）质量监督机构依据竣工验收结论，对各参建单位签发"公路工程参建单位工作综合评价等级证书"。见表 13-6。

表 13-6 公路工程参建单位工作综合评价等级证书

工程名称：
单位名称：
承担工程的内容：
竣工验收结论：
项目质量监督机构负责人（签字） 盖章（项目质量监督机构）
年 月 日

注：1. 项目参建单位包括项目法人、设计单位、施工单位、监理单位。

2. 竣工验收结论根据《公路工程竣工验收鉴定书》，填写参建单位承担任务的工程质量评定得分、等级和工作综合评价得分、等级。

五、公路工程竣工验收的主体

（1）竣工验收委员会由交通运输主管部门、公路管理机构、质量监督机构、造价管理机构等单位代表组成。国防公路应邀请军队代表参加。大中型项目及技术复杂工程，应邀请有关专家参加。

（2）项目法人、设计、施工、监理、接管养护等单位代表参加竣工验收工作，但不作为竣工验收委员会成员。

六、参加公路工程竣工验收工作各方的主要职责

1. 竣工验收委员会

负责对工程实体质量及建设情况进行全面检查。对工程质量进行评分，对各参建单位及建设项目进行综合评价，确定工程质量和建设项目等级，形成工程竣工验收鉴定书。

2. 项目法人

负责提交项目执行报告及验收工作所需资料，协助竣工验收委员会开展工作。

3. 设计单位

负责提交设计工作报告，配合竣工验收检查工作。

4. 施工单位

负责提交施工总结报告，提供各种资料，配合竣工验收检查工作。

5. 监理单位

负责提交监理工作报告，提供工程监理资料，配合竣工验收检查工作。

6. 接管养护单位

负责提交项目使用情况报告，配合竣工验收检查工作。

7. 其他

公路建设项目设计、施工、监理、接管养护等有多家单位的，项目法人应组织汇总设计工作报告、施工总结报告、监理工作报告、项目使用情况报告。竣工验收时选派代表向竣工验收委员会汇报。

七、公路工程竣工验收的质量评定

（1）竣工验收工程质量评分采取加权平均法计算，其中交工验收工程质量得分权值为 0.2，质量监督机构工程质量鉴定得分权值为 0.6，竣工验收委员会对工程质量的评分权值

为 0.2。

(2) 对于交工验收和竣工验收合并进行的小型项目,质量监督机构工程质量鉴定得分权值为 0.6,监理单位对工程质量评定得分权值为 0.1,竣工验收委员会对工程质量的评分权值为 0.3。

(3) 工程质量评分大于等于 90 分为优良,小于 90 分且大于等于 75 分为合格,小于 75 分为不合格。

(4) 对建设项目出现以下特别严重问题的合同段,整改合格后,合同段工程质量不得评为优良,质量鉴定得分按照整改前的鉴定得分,超出 75 分的按 75 分,不足 75 分的按原得分;建设项目竣工验收工程质量等级和综合评定等级直接确定为合格。

① 路基工程的大段路基沉陷、大面积高边坡失稳。

② 路面工程车辙深度大于 10mm 的路段累计长度超过该合同段车道总长度的 5%。

③ 特大桥梁主要受力结构需要或进行过加固、补强。

④ 隧道工程渗漏水经处治效果不明显,衬砌出现影响结构安全裂缝,衬砌厚度合格率小于 90% 或有小于设计厚度 50% 的部位,空洞累计长度超过隧道长度的 3% 或单个空洞面积大于 $3m^2$。

⑤ 重大质量事故或严重质量缺陷,造成历史性缺陷的工程。

(5) 对建设项目出现以下严重问题的合同段,整改合格后,合同段工程质量不得评为优良,质量鉴定得分按 75 分计算;并视对建设项目的影响,由竣工验收委员会决定建设项目工程质量是否评为优良。

① 路基工程的重要支挡工程严重变形。

② 路面工程出现修补、推移、网裂等问题的路段累计长度超过路线的 3% 或累计面积大于总面积的 1.5%;竣工验收复测路面弯沉合格率小于 90%。

③ 大桥、中桥主要受力结构需要或进行过加固、补强。

(6) 竣工验收委员会对项目法人及设计、施工、监理单位工作进行综合评价。评定得分大于等于 90 分且工程质量等级优良的为好,小于 90 分且大于等于 75 分为中,小于 75 分为差。

(7) 竣工验收建设项目综合评分采取加权平均法计算,其中竣工验收工程质量得分权值为 0.7,参建单位工作评价得分权值为 0.3(项目法人占 0.15,设计、施工、监理各占 0.05)。

(8) 评定得分大于等于 90 分且工程质量等级优良的为优良,小于 90 分且大于等于 75 分为合格,小于 75 分为不合格。

(9) 发生过重大及以上生产安全事故的建设项目综合评定等级不得评为优良。

(10) 根据《国务院关于促进节约用地的通知》(国发〔2008〕3 号)要求,竣工验收时需要核验建设项目依法用地和履行土地出让合同、划拨等情况。

第四节　公路工程项目的回访保修

公路工程项目交付使用后,在一定期限内施工单位应对工程项目进行工程回访。对由于施工责任造成的使用问题,应由施工单位负责修理,直至达到能正常使用为止。项目回访保修,体现了承包者对建设工程项目负责任的态度和优质服务的作风,并在回访保修的同时进一步发现施工中的薄弱环节，以便今后完善施工工艺、总结施工经验、提高施工技术和质量管理水平。

一、公路工程项目回访保修制度

项目回访保修制度属于公路工程项目竣工收尾管理范畴，在项目管理中，体现了项目承包者对建设工程项目负责到底的精神，体现了施工企业"为人民服务，对用户负责"的宗旨。公路工程项目保修制度是指公路工程在办理交工验收手续后，在规定的保修期限内，因勘察设计、施工、材料等原因造成的质量缺陷，应当由责任单位负责维修。质量缺陷是指工程不符合国家或行业现行的有关技术标准、设计文件以及合同中对质量的要求。

二、公路工程项目回访保修工作

在项目经理的领导下，由生产、技术、质量及有关工作人员组成回访小组，并制订具体的项目回访保修工作计划。回访保修工作计划应形成文件，每次回访结束应填写回访记录，并对质量保修进行验证。回访应关注发包人及其他相关单位对竣工项目质量的反馈意见，并及时根据情况实施改进措施。

1. 项目回访工作计划的内容

（1）回访主管保修的部门。

（2）回访执行保修工作的单位。

（3）回访时间及主要内容和方式。

2. 项目回访工作计划编制形式

工程项目回访保修工作计划由承包人的归口管理部门统一编制。回访保修工作计划编制的一般格式如表 13-7 所示。

表 13-7　回访工作计划

序号	建设单位	工程名称	保修期限	回访时间安排	参加回访部门	执行单位

单位负责人：　　　　　　　　归口部门：　　　　　　　　编制人：

3. 公路工程项目回访工作方式

公路工程项目的回访主要按电话询问、登门座谈、例行回访等方式进行。回访应以业主对竣工项目质量的反馈及特殊工程采用的新技术、新材料、新设备、新工艺等的应用情况为重点，并根据需要及时采取改进措施。

4. 项目工程质量保修书

承包人签署工程质量保修书，其主要内容必须符合法律、行政法规和部门规章已有的规定。没有规定的，应由承包人与发包人约定，并在工程质量保修书中提示。签发工程质量保修书应确定质量保修范围、期限、责任和费用的承担等内容。

精选案例 5

公路工程项目文件归档范围
第一部分 综合文件

一、竣（交）工验收文件

（一）竣工验收文件。

（二）交工验收文件。

（三）工程单项验收文件（环保、档案等）。

（四）各参建单位总结报告。

（五）接管养护单位项目使用情况报告。

二、建设依据及上级有关指示

（一）项目建议书及批准文件。

（二）工程可行性研究报告及批准文件。

（三）水土保持批准文件。

（四）环境影响评价及批准文件。

（五）文物调查、保护等文件。

（六）初步设计文件及批准文件。

（七）施工图设计文件及批准文件。

（八）设计变更文件及批准文件。

（九）设计中重大技术问题往来文件、会议纪要。

（十）施工许可批准文件。

（十一）上级单位有关指示。

三、征地拆迁资料

（一）征地拆迁合同协议。

（二）征地批文。

（三）征用土地数量一览表。

（四）占地图及土地使用证。

（五）拆迁数量一览表。

四、工程管理文件

（一）招标文件。

（二）投标文件、评标报告。

（三）合同书、协议书。

（四）技术文件及补充文件。

（五）建设单位往来文件。

（六）工程质量责任登记表。

（七）其他文件及资料。

第二部分 决算和审计文件

一、支付报表

二、财务决算文件

三、工程决算文件

四、项目审计文件

五、其他文件

第三部分 监理资料

一、监理管理文件

二、工程质量控制文件

（一）质量控制措施、规定及往来文件。

（二）监理独立抽检资料（注：编排顺序参照第四部分）。

（三）交工验收工程质量评定资料。

三、工程进度计划管理文件

四、工程合同管理文

五、其他文件

六、其他资料

监理日志，会议记录、纪要，工程照片，音像资料。

监理机构及人员情况，各级监理人员的工作范围、责任划分、工作制度。

第四部分 施工资料

一、竣工图表

（一）变更设计一览表。

（二）变更图纸。

（三）工程竣工图。

二、工程管理文件

施工组织机构及人员，岗位责任划分，施工组织设计，技术交底文件，会议纪要等。

三、施工质量控制文件

（一）工程质量管理文件。

1. 工程质量往来文件（质量保证体系，专项技术方案等）。

2. 工程质量自检报告及工程质量检验评定资料。

3. 工程质量事故及处理情况报告、补救后达到要求的认可证明文件。

4. 桥梁荷载试验报告。

5. 桥梁基础检验汇总资料。

6. 施工中遇到的非正常情况记录、处理方案、施工工艺、质量检测记录及观察记录、对工程质量影响分析。

7. 交工验收施工单位的自检评定资料。

（二）材料及标准试验。

1. 原材料、外购成品、半成品抽检试验报告及资料。

2. 外购材料（产品）出厂合格证书、检验报告及质量鉴定报告。

3. 各种标准试验、配合比设计报告。

（三）施工工序资料。

1. 路基工程。

（1）路基土石方工程。

① 地表处理资料。

② 不良地质处理方案、施工资料、检测资料。

③ 分层压实资料。

④ 路基检测、验收资料。

⑤ 分段资料汇总。

(2) 防护工程。

① 基坑放样、开挖处理、试验检测资料。

② 各工序施工记录、检测、试验资料。

③ 成品检测资料。

④ 砂浆（混凝土）强度试验资料。

(3) 小桥工程。

① 基坑放样、开挖处理、试验检测资料。

② 基础施工检查、试验资料，桩基检测资料。

③ 各分项施工工序检查、成品检测资料。

④ 砂浆强度、混凝土强度、台背回填压实度等试验报告及汇总表。

(4) 排水工程。

① 基坑放样、开挖处理、试验检测资料。

② 各施工工序检查、成品检测资料。

③ 砂浆、混凝土强度试验资料。

(5) 涵洞工程。

① 基坑放样、开挖处理、试验检测资料。

② 各施工工序检查、成品检测资料。

③ 砂浆强度、混凝土强度、台背回填压实度等试验报告及汇总表。

2. 路面工程。

(1) 施工工序检查资料。

(2) 材料配合比抽检（油石比、马歇尔试验等）资料。

(3) 压实度、弯沉、强度等试验检测报告及汇总资料。

3. 桥梁工程。

(1) 基坑放样、开挖处理、试验检测资料。

(2) 基础施工检查、试验资料，桩基检测资料。

(3) 墩台、现浇构件、预制构件等施工工序检查资料，成品检测资料。

(4) 各工序施工、检测记录。

(5) 砂浆强度、混凝土强度、台背回填压实度等试验报告及汇总表。

(6) 引道工程施工检测、试验资料。

4. 隧道工程。

(1) 洞身开挖施工、检查资料。

(2) 衬砌施工、检验资料。

(3) 隧道路面工程施工、检查资料。

(4) 照明、通风、消防设施施工、检查资料。

(5) 洞口施工检查资料。

（6）各种附属设施检验、施工资料。

（7）各环节工序检查、验收资料。

（8）隧道衬砌厚度、混凝土（砂浆）强度试验检测资料。

5. 交通安全设施。

（1）各种标志牌制作安装检查记录。

（2）标线检查资料、施工记录。

（3）防撞护栏、隔离栅及附属设施施工、检查资料。

（4）照明系统施工、检测资料。

（5）各中间环节检测资料。

（6）成品检测资料。

6. 房屋建筑工程。

按建筑部门有关法规、资料编制办法管理、汇总。

7. 机电工程。

8. 绿化工程。

（四）缺陷责任期资料。

四、施工安全及文明施工文件

（一）安全生产的有关文件。

安全组织机构及人员、岗位责任，安全保证体系，施工专项技术方案，技术交底文件等。

（二）安全事故的调查处理文件。

（三）文明施工的有关文件。

五、进度控制文件

（一）进度计划（文件、图表）、批准文件。

（二）进度执行情况（文件、图表）。

（三）有关进度的往来文件。

六、计量支付文件

七、合同管理文件

八、施工原始记录

（一）施工日志。

（二）天气、温度及自然灾害记录。

（三）测量原始记录。

（四）各工序施工原始记录（未汇入施工质量控制文件的部分）。

（五）会议记录、纪要。

（六）施工照片、音像资料。

（七）其他原始记录。

第五部分　科研、新技术资料

一、科研资料

二、新技术应用资料

经批准的所有科研、新技术资料均要整理归档。

精选案例 6

公路工程参建单位工作总结报告
第一部分　公路工程项目执行报告

一、概况

（一）建设依据。

（二）建设规模及主要技术指标。

（三）工程进度。

（四）项目投资及来源。

（五）主要工程数量。

（六）主要参建单位，包括设计、施工、监理等单位一览表。

二、建设管理情况

（一）前期工作。

1. 设计单位招标。

2. 施工单位招标。

3. 监理单位招标。

（二）征地拆迁。

（三）项目管理。

1. 项目管理机构设置及职能。

2. 质量控制措施与效果（包括发生重大及以上质量事故及处理情况）。

3. 安全生产（包括发生重大及以上生产安全事故及处理情况）。

4. 进度管理。

5. 工程变更。

6. 工程造价控制（包括工程决算、工程款支付）。

7. 廉政建设（包括措施建设和执行，有无人员违法、违纪，以及因不廉政被处分或被起诉）。

8. 其他情况。

三、交工验收及相关问题

（一）各合同段交工验收、存在主要问题及处理情况。

（二）交工验收、工程质量鉴定提出的及缺陷责任期、试运营期间出现的质量问题处理结果。

（三）档案、环保等单项验收及竣工决算审计。

四、科研和新技术应用

五、对各参与单位的总体评价

（一）对设计单位的评价。

（二）对施工单位的评价。

（三）对监理单位的评价。

六、对工程质量的总体评价

七、项目管理体会

注：对建设规模、标准、工程数量、造价等有较大变更或变更较多的，应增加附表与批复情况对比，并说明理由。

第二部分 公路工程设计工作报告

一、概况

（一）任务来源及依据。

（二）沿线自然地理概况。

（三）主要技术指标的运用情况。

二、设计要点

（一）路线设计。

（二）路基路面及防护工程设计。

（三）桥梁、涵洞、通道设计。

（四）隧道设计。

（五）立体交叉工程设计。

（六）环保、景观等工程设计。

（七）交通工程及沿线设施设计。

（八）房建等其他工程设计。

三、施工期间设计服务情况

四、设计变更情况

（一）重大设计变更理由。

（二）设计中存在问题的变更。

（三）设计变更一览表（与原设计工程量和造价比较）。

五、设计体会

第三部分 公路工程施工总结报告

一、工程概况

合同段工程起止时间、主要工程内容。

二、机构组成

主要人员、设备投入情况、管理机构设置。

三、质量管理情况

质量控制措施；施工中工程质量自检情况及工程质量问题的处理情况；对完工质量的评价。

四、施工进度控制

五、施工安全与文明施工情况

六、环境保护与节约用地措施

七、施工中新技术、新材料、新工艺的应用情况

八、工程款支付情况

承认工程款全部支付到位，一切劳务、机械、材料等债务纠纷与建设单位无关。

九、施工体会

第四部分 公路工程监理工作报告

一、监理工作概况

合同段监理组织形式、管理结构、人员投入情况。

二、工程质量管理

质量管理措施；施工过程中质量检查情况汇总；质量问题和事故处理情况总结；工程质量评定情况。

三、计量支付、工程进度和合同管理情况

四、设计变更情况

五、交工验收中存在问题及处理情况

六、监理工作体会

第五部分　公路工程质量监督报告

一、质量监督概况

二、质量保证体系监督检查

（一）建设单位质量管理。

（二）施工单位自检体系。

（三）监理单位抽检体系。

（四）动态管理。

三、监理工作监督检查

四、施工过程质量监督（工程实体质量、质量行为、存在问题处理结果及对工程质量的意见）

五、交工验收前工程质量检测

六、对设计单位、施工单位、监理单位的评价

七、对建设单位管理情况的评价

八、监督工作体会

第六部分　接管养护单位使用情况报告

一、试运营期间养护管理情况

二、运营交通量、收费、运营安全状况

三、项目总体使用情况（设施使用性能、功能满足情况）

四、修复完善和养护状况（包括维修费用）

五、存在的问题及建议

小　结

本章分别讲解了公路工程交工验收和竣工验收的依据、条件、程序、内容、主体、质量评定，以及回访保修制度。可以使学生对公路工程交工、竣工验收工作有全面的了解，以便更好地进行公路工程的交工、竣工验收工作。

思考与练习

1. 公路工程交工验收与竣工验收的区别是什么？
2. 公路工程竣、交工验收的依据各是什么？
3. 公路工程竣、交工验收的条件各是什么？
4. 公路工程竣、交工验收的程序各是什么？
5. 公路工程竣、交工验收的内容各是什么？
6. 公路工程竣、交工验收的主体各是谁？
7. 如何进行公路工程竣、交工验收的质量评定？
8. 公路工程项目回访保修制度是什么？

附　　录

公路工程施工组织设计编写目录

第一部分　工程概况

第二部分　编制依据

第三部分　指导思想和目标

第四部分　施工组织

3. 施工管理人员及专业技术人员配备表

三、工程质量管理组织

1. 工程质量管理组织机构

2. 工地试验室建设

3. 测量组人员配备表

4. 生产要素配备情况

(1) 施工任务划分及人员配备

(2) 机械设备配备表

(3) 测量试验仪器配备表

(4) 主要试验设备

(5) 主要材料需求计划表

5. 施工档案整理人员配备表

第五部分　工　期　控　制

一、总体工期控制

二、分项工程工期控制

三、工序控制横道图（附图）

四、施工进度斜线坐标图（附图）

五、工程管理曲线图（附图）

六、施工控制网络图（附图）

七、工作量曲线图（附图）

八、资金使用计划曲线图（附图）

九、工程量清单（附表）

第六部分　工程施工计划

一、施工总体思路、总体规划

二、基本情况说明

三、主线各层次施工段落

四、详细施工规划

五、分项工程劳动力配备表

六、材料使用计划

七、机械设备使用计划

八、年度检试验计划

第七部分　拌和场、站、试验室建设

第八部分　施工方法及工艺

第九部分　雨季施工安排

第十部分　工程质量管理

一、质量方针目标

二、内部质量保证体系，加强质量管理

第十一部分　重点过程控制

第十二部分　工程进度保证措施

第十三部分　文明施工规划

一、施工现场规划

二、生活区规划

三、标牌、标语、宣传板、彩旗

第十四部分　廉政建设

第十五部分　安全保证措施

一、目的

二、工作适应范围

三、工作职责

四、目标和指标分解

五、意识与能力

六、OHSMS危害控制措施

七、应急事件与突发事件控制措施

八、职业病预防措施

九、安全保障措施

十、安全施工与安全检查措施

第十六部分　环境保护措施

一、环境保护目标

二、环境保护及监察领导小组

三、生产、生活用水质量

四、空气质量

五、噪声控制

六、废物处理

七、环境及卫生

第十七部分　保证农民工利益的具体措施

第十八部分　附　　表

参 考 文 献

[1] 关柯. 建筑企业管理学. 北京：中国建筑工业出版社，1987.

[2] 丁士昭. 公路工程施工项目管理与实务. 北京：中国建筑工业出版社，2011.

[3] 陈茂明. 建筑企业材料管理. 大连：大连理工大学出版社，2010.

[4] 郭小宏，曹源文，李红镝. 公路工程机械化施工与管理. 北京：人民交通出版社，2009.

[5] 邓焕彬，朱建斌. 高速公路项目建设管理实务. 北京：人民交通出版社，2009.

[6] 廖正环，郭小宏. 高速公路机械化施工与组织管理. 北京：人民交通出版社，2001.

[7] 吴国进. 公路养护机械设备与管理. 北京：人民交通出版社，2003.

[8] 杨晓方. 公路工程项目管理. 北京：机械工业出版社，2009.

[9] 李继业，范世香. 公路工程项目管理. 北京：化学工业出版社，2010.

[10] 缪长江. 公路工程管理与实务. 北京市：中国建筑工业出版社，2010.

[11] 陈烈. 公路工程项目管理. 北京市：人民交通出版社，2002.